JN235884

マンガでわかる！
ビジネスの教科書

プロ直伝！

成功する事業計画書のつくり方

戦略コンサルタント・大学院講師
秦 充洋 著

増田 慎 マンガ

ナツメ社

付録

成功のためのファイルセット　ダウンロード方法と使い方

本書では、付録として『成功のためのファイルセット』をご用意しています。
次の方法で、お手持ちのPCよりダウンロードを行ってください。

1　インターネットブラウザを起動し、ナツメ社Webサイト
　(http://www.natsume.co.jp)を開く
2　本書「プロ直伝！ 成功する事業計画書のつくり方」のページを開く
3　ページ下部にある「サンプルデータ」以下の［ダウンロード］ボタンをクリック

①アイデア発想ツール　jigyou_01.ppt

アイデア発想時に使用するシートや本文で紹介しているワークショップの進め方など、事業アイデアを考える際に役立つフォーマット集です。クロストライアル（組み合わせカード、クロスSWOT）などが含まれます。

②事業計画書テンプレート　jigyou_02.ppt

事業計画書を作成するうえで役に立つテンプレートです。ストーリーの枠組みとともに、コンテンツのタイプ別にビジュアルデザインの構造や基本ルールも紹介しています。

③収支計画作成シート　jigyou_03.xlsx

本文で紹介しているキャッシュフローモデルを作成する入力シートです。実際の収支計画を作成する際のひな型になるようにエクセルシートとグラフのサンプルを収録しています。

④事業計画書サンプル「子育てナビゲーションシステム」

jigyou_04.pdf

本書のマンガの新規事業をもとに、事業計画書のサンプルを作成してみました。表現や書き方などで、皆さんの事業計画書作成時の参考にしてください。

はじめに

新しい事業を創造しようとする取り組みが、かなり活発化してきました。

私が担当しているMBAのクラスも企業向けワークショップも大入り満員ですが、一方でそうした機会がない人から、「事業計画の作り方がわからない」という相談を受けることも多くなりました。本書ではそのような声にお応えして「事業づくりのコツ」と、それを「計画書に落としこむ」アプローチを解説しています。

世にあふれるたくさんの理論や考え方やアプローチに迷わないように、「検討する順序」を明確にして「重要なエッセンス」に絞り込み、「体系的でわかりやすい」内容にすることを心がけました。これらは次のような私自身の経験やノウハウに加え、事業開発についての最新の知見を参考にしました。

・毎年一〇〇件以上のアドバイス経験（大企業、スタートアップ企業）
・自分自身の起業経験（東証マザーズ上場）
・大企業向けコンサルティングノウハウ（BCG）

本書で紹介した考え方は、チームや仲間で「共通言語化」すると最も効果が出ます。ぜひ、まわりの方々に紹介してお仲間を増やしてください。必ず大きな成果につながります。

読者の皆さんが、「情熱」と「論理」と「行動」で新しい価値を世の中に広げていかれることをお祈りしています。

秦　充洋

目次

第1章 何のための事業計画書？

そうだ!!
働くパパママの子育てをサポートするビジネスを考えればいいんだ！

このあいだから事業計画書を書いているのに一向に進まないし…

第2章 魅力的な事業アイデアを見つける

第3章 顧客は誰か、何を提供するのか

第4章 ビジネスモデルを設計する

第5章 しっかりと利益は出せるのか

第6章 人を動かす事業計画書

主な登場人物

青葉 さくら（あおば さくら）26歳

主人公。突然、会社から「新規事業立ち上げ」を命じられる。悪戦苦闘するも、持ち前の明るさで課題を解決していく。

若林 四郎（わかばやし しろう）35歳

青葉の「新規事業立ち上げ」のアドバイザーとなり、青葉が壁にぶち当たるたびに助言をする。5歳の娘がいるシングルファーザー。

名取 ゆり（なとり ゆり）34歳

青葉が構想する「新規事業」に対して次々と鋭い指摘をする。それにより青葉の新規事業のプランは強固なものとなっていく。

我が社で新ビジネスを立ち上げたいと思っている
そこで君に頼みがあるんだが…
え
ぶっ、部長〜私が事業計画をですか!?
そんな…ムリです〜
これからは君のような若い社員の発想が会社には必要なんだよ
……わかりました
とぼ
とぼ‥
とは言ったものの誰かに…相談しよう

どかっ
ごめん！ケガはない？
いえ それより あわてて どうしたんですか？
娘が保育所のブランコで頭をケガしたって連絡が入って…
ゴチーン
あわわわわわ
大変!! 早く行ってあげてください!!
ごめんね、後よろしくね～
お大事になさってください！
また若林さん早退なの～
こまるわよね～
若林さんも奥さんを亡くされて大変なのに…
子育てか～…
ん
！

そうだ!!
働くパパママの子育てをサポートするビジネスを考えればいいんだ!
まずは情報を集めて
子育ての本ね!
託児所も色んな種類があるんだ…
あれ、今日も残業か!
あと少しで完成なんです
がんばるぞー
数日後
ドキ
ドキ
ドキ
う～ん
なんかピンと来ないんだよねー
ズ～

もう一度作りなおしてくれるかな
ガーン
休日も返上してがんばって書いたのに〜〜!!
Books Vm
ビジネス本フェア
ヨロ
ヨロ
ビジネス
ビジネス本フェア
語学
すん
すん
ビジネス書
天気予報に学べ!
トコロテン理論Ⅰ
トコロテン理論2
今売れてマス
業計画書の書き方
誰でもわかる!
はじめてでも安心!
カンタン
図解でわかる
あなたの事業計画は大丈夫?
事業計画書の書き方
こういう本で勉強すればすぐに書けるのかな
うわ〜よけいこんがらがってきたかも…
おさがしの本はありますか?
ドキッ

あっ
若林さんじゃ
ないですか！
ぱぁぁぁぁ
どうしたの？
深刻な
顔して！
どよ
どよ
そりゃ
深刻な
気持ちにも
なりますよ
どよ
どよ
どよ
は
このあいだ
から
事業計画書を
書いて
いるのに
一向に
進まないし…
うう
ううう
若いって
理由だけで
頼まれたのに、
このまま
書けずに老いて
いったらと
思うと…
わーーん
ははは
老いていくって
何十年もかかる
わけないでしょ！
やだな～

どういう事業を考えていたのかな?
子育てを助けるようなシステムにしようかと…
へ~!いいじゃない!
ボクも事業計画は何度か書いているし協力するよ!
ホントですか!!
それに
パパー この本にしゅるー
うちも助かるし!
こんわんは!
こんばんは!

第1章

何のための事業計画書?

第1話　事業の魅力を伝えて人を動かす!

若林さん
事業計画書を見ていただいてもよろしいですか？
私なりにまとめたつもりなんですが上手《うま》くいかなくて…
どれ…
青葉さん…
ただやることを羅列《られつ》しているだけじゃ
事業計画書とは言えないかな…
旅行の計画表のように書いてみたんですがダメですか？
TRAVEL
ん〜
もしやることだけを羅列した旅行の計画表を見せられたら君は行きたいと感じる？
観光 12:30〜 ラーメン
7月19 14:25〜 東京駅発 はやぶさ 26号
21日 泉ヶ岳 登山

ん〜ん 義務で 行かされる みたいで… ちょっと…
そうだね
まずは テレビや ガイド・パンフレットを 見たりして
その場所の 魅力を 知ってから 細かい計画を 立てるよね
プラン
青葉さんは どうして この事業を したいと思ったの？
若林さんの 育児が 大変そう だったから…
子育て中の 人たちを 応援したくて ですかね
魅力的な テーマを 見つけたら その魅力を まわりの人に 伝えるために 書くんだよ
いろんな 情報や アイデアをわかりやすく 表現することで 「なぜ魅力的なのか」 「それで何を目指すのか」 を伝えてみんなの 気持ちを ひとつにする
情報
アイデア
いわば 道しるべに なるんだ
こっちですよー
計画書

まず1つめは事業コンセプト
目のつけどころってやつかな
私の場合は育児で大変そうな人が増えていくなあってことですか？
そうどういう変化に着目したのかっていうのが大事なんだ
どーん
育児の為の環境整備
コンセプト
じゃああとは実践ですね！
あおば
よーし
それはまだ
ズコー。
2つめはお客さん誰がどうしてお金を払ってくれるのか
顧客への提供価値だ
¥10,000
お客サマ

忙しい人の子育てをお手伝いして喜んでもらう、じゃだめなんですか？
顧客にはいろんな人がいるし子育て支援といってもいろいろあるよね
どんな人たちが本当に困っていてどんな支援だったら本当に嬉しくて
お金を払ってくれるのかを説明しないといけないよ
この2つの他に次のステップを踏んで検討していくといいよ
① 事業コンセプト
② 顧客への提供価値
③ バリューチェーン（提供する仕組み）
④ マネタイズモデル（収入を上げる方法）
⑤ キャッシュフローモデル（儲《もう》かるかどうか）

まわりの人に魅力を伝えよ!
部長!
新規事業の企画を考えたのでご意見いただけますか?
もうできたのか
う〜ん…
何のためにやるのかね?
えっ
既存事業をやっていたほうが儲かるんじゃない?
そもそも新規事業って必要なの?
これやるの大変じゃない?

やれって
言われたから
やっているのに
どう？
みんなの意見は
聞いた？
さんざんでした…
新規事業を
育てるのは
大変だし
本業のほうが
儲かるって…
ふふっ
新しいことを
やるというのは
そういうことさ
先の見えない話より
手慣れた
仕事の
ほうが安心確実
だからね
でもどんな事業も
そのうち
衰退するから
新しいことを
やっていかないと
いけないんだ
ん〜…
でも
古い考えの
人も多いし…
はい
どうぞ
!
ありがとう
ございます。

人を動かすには動機が必要だよ
何をするのか？どうするのか？の前にそれをするのは「なぜ」なのか？
なぜ？ですか…
たとえば2000万画素のデジカメだけど欲しいと思う？
2000万画素
え
2000万画素って言われてもどれくらいすごいのかもわからないし…
ガン？
どのくらいすごいのかもわからないのに…
二千万？
でもさ思い出の写真がこんなにきれいに残せるよって言われたらどう？
あ・
買いたいって思えますね

会社の中でも
お客様がこんなに要望されてあなたの部署にもメリットが
このままでは問題が
というようにね
なるほど
動機は人の内面から出るものだよ
そして何を（What）どうやるのか（How）
「子育て中の働くパパママをサポートしたい！」（Why）
Why
何のために？
What
何をするの？
How
どうやるの？
わかりました
やってみます！

事業計画書は「項目」を埋めたらでき上がり？

事業計画書は、いきなり項目を埋めればできるものではありません。作成目的や事業の内容によって、項目自体が変わります。

「事業計画書を書け」と言われても…

「事業計画を作ってくれ」
「事業計画書を書いてみてくれ」

企業ではいま、こういう指示や依頼を受ける人が増えています。

力量を見込まれてのことですから、素晴らしいことなのですが、主人公の青葉さんのように、そういう経験がないと、見よう見まねで何とかこなすことになりがちです。

苦労して作った事業計画書も、第三者からは次のような評価を受けるケースがよくあります。

・ピンとこない
・中身が詰まっていない
・単なる作文に見える
・カネの匂いが感じられない
・もっと思い切って（または、もっと現実的に）
・内容がよくわからない

この他にも、いきなり個別具体論に入ってしまって、全体像がよくわからないと言われたり、流行《はや》り言葉（ビッグデータ、ウエアラブルなど）に振り回されたりするケースがあります。

なぜ、こんなことになってしまうのでしょうか。

項目を埋めるだけではただの作文

多くの人がよく参考にするのは、「事業計画書に記載しておきたい○項目」といった書籍やＷｅｂの記事です。

事業計画書の作成では、「何を書くのか」というのがアウトプットになるわけですから、このような「項目」が気になるのはわかります。しかし、いきなり項目を埋めようとするのはいただけません。

まず**魅力的な事業ありき**で、**何をどう書くのか**はその後の話です。つまり、「魅力的な事業」が本体そのものであり、事業計画書はその「影」です。本体がしっかりしていなければ、影だけ一生懸命書いても形にならないのです。

また、各項目の間には「つながり」、いわば**ストーリー**が必要です。本来、事業というのは、いくつかの活動が収益向上に向けて論理と整合性でつながっているべきものです。よい事業計画書からは、この背後の

いきなり「項目」を埋めるのはダメ

せっかく頑張って作ったのに。そんなに言うなら自分で作ればいいじゃない……

そういうものさ。それよりいきなり本文を書き始めたのはいただけないな

でも、結局ああいう項目を書くんじゃないんですか？

項目自体は間違っていないけど、いきなり書き始めて書きにくくなかったかい？

うーん、確かに。頑張って書いたけど、無理やり埋めている感じで中身も上滑りしていたかも……

事業は生きているんだ。その全体像を検討してからじゃないと表現できないんだよ

つながりが読み取れるのですが、個々の項目を単に埋めるだけでは、このつながりが感じられません。だから、現実味がないものに感じられてしまうのです。

また、参考にした事業計画書の項目が、あなたの状況や読み手のニーズにフィットしない場合もあります。それでは、ピンとこないと言われてしまうし、作成している本人も書きにくいと思うはずです。

事業計画書の項目はケースバイケース

下表に一般的な事業計画書の項目を挙げてみました。事業計画書に必要な項目はほぼ網羅《もうら》されていて、実際の事業計画を書くのにとても役立つように工夫してあります。

しかし、これはあくまでも「ひな型」のひとつです。事業計画書に**何を書くべきか**は、「作成の目的」と、あなたの「事業の内容」によって変わります。世の中にたくさんの事業計画書のひな型が存在しますが、すべてに適合するようなひな型はありません。

たとえば、事業計画書の作成目的には次のようなも

事業計画書の項目（ひな型の例）

サマリー（要約）	①事業概要 ②事業の背景と目的	③ミッションとビジョン
事業の内容	①事業コンセプト ②対象となる顧客 ③具体的製品・サービス	④利益モデル ⑤競合に対する優位性 ⑥立ち上げ後の展開
実現と運営の方法	①立ち上げ準備と運営の流れ ②開発・資源調達 ③製造・運営	④営業・マーケティング ⑤企画・管理 ⑥事業上の問題点やリスク
収支・財務計画	①売上・利益の計画 ②損益分岐点ほか重要指標	③資金計画・資金調達計画
アクションプランと推進体制	①アクションプラン ②チーム体制	③代表者・責任者 ④会社・事業の概況

これはあくまでも「ひな型」。作成目的によって、事業計画書の項目も違ってくるよ。

のが考えられますが、それぞれ内容は異なるはずです。

・起業したいので、やるべきことを整理したい
・勤務先の新規事業を役員会で検討したい
・既存事業の今後の進め方を報告したい
・金融機関から融資を受けたい

あなたが起業家であれば、これまでにない価値を投資家に認めてもらうために、「事業の背景」や「目のつけどころ」、さらには起業家としての「あなた」を理解してもらうことに重点を置くべきでしょう。もし、金融機関からの融資を受けるのであれば、これまでの業歴や実績、キャッシュフローの状況などが重要になるでしょう。

「事業の可能性」を伝えよう

読み手の多くはわがままですから、彼らを動かすには、彼らのニーズにピタリと合ったものを提供しなければなりません。そのためには、網羅的であることよりも、事業計画書の作成目的となる「事業のポイント」が明確になるように、メリハリを意識したほうがうまくいきます。

網羅的に書こうとすると、冗舌《じょうぜつ》すぎるものになってしまうのです。まず、前述したひな型も含め、「項目を埋めなくてはいけない」という意識を捨てましょう。どうせこれらの項目は、相手によって内容を変えなくてはいけない程度のものです。

大事なことは、あなたの**事業の可能性**を伝えることです。そのためには、根本となる事業が魅力的なものでなくてはいけません。これができていれば、あとは作成目的に応じてアピールポイントを紙に落とせばよいのだと考えてください。

何を書けばいいのかわからないときに「ひな型」があるのは便利だけど、あくまでも参考。項目はケースバイケースだから、そのまま埋めても「事業の可能性」は伝わらないよ。まずは「事業の中身」を考えよう。

「事業の魅力と可能性」があってこその事業計画書

事業計画書で伝えるべき「事業の魅力と可能性」とは何でしょうか。そこからどのように事業計画書を構成していくかを解説します。

魅力的な事業の条件は何か?

主人公の青葉さんの想いは、部長になかなか伝わりませんでした。伝えるためには、P26のようなひな型の項目が役に立ちます。しかし、それはあくまでも項目でしかありません。事業計画書で大事なのは中身であり、伝えるべきことは**事業の魅力と可能性**です。

では、魅力的な事業とはどんなものでしょうか。

●売上が大きい
●成長している
●収益性が高い
●確実性が高い
●実行できる
●真似《まね》されない

たいていの会社では、この項目のうちのいくつかで評価されることが多いようですが、どの項目を重視するかの判断は状況によって異なります。

たとえば、ベンチャー企業にとっては有望な市場だったとしても、大企業からすると、その市場では自社の成長を支えるのに不十分という場合がほとんどです。

また、ベンチャー企業においては、事業の確度は低くとも、**いかにチャレンジして可能性を広げるか**という発想が重要になりますが、大企業の場合は、大きなリスクは取らず、**投資すれば確実にリターンの返ってくる事業**を評価することが多くなります。

新規事業の2つのタイプ

実は新規事業には、次の2つのタイプがあります。

①そもそも世の中に存在しない事業
②世の中にはすでにあるが、その企業・起業家には新しい事業

この2つの事業タイプの大きな違いは、**事業の確実性の有無**です。前者はまだ誰もやったことがないので、事業として成り立つのかさえわかりません。一方、後者はある程度の見通しが立ちます。当人たちにとっては新しくても、顧客の居場所、事業の進め方やノウハウなどは既存事業者を調べればわかるからです。

そのため、前者は「売上ポテンシャルは大きそうだが、事業の成立が不透明」、後者は「大きな伸びは期待できないが、高い確度で成果が出そう」といった評価が出てきます。誰もやったことのない事業は不確実

まずは「事業の中身」を詰めてから

事業の中身がないと、いい計画書が書けないのか。中身を詰めるのって大変そうですね

やっつけ仕事でいいならそれでもいいけど、やるからにはちゃんとやりたいんでしょ？

もちろんですよ！　でも、書けるところからどんどん書いちゃったほうが、手っ取り早いなぁって……

らしいなぁ。でも、結局、書くことがなくなって、抽象的な作文をこねてる感じになりがちだけどね

う〜ん、確かに

急がば回れ。まず中身をしっかり考えて、それから書いたほうがいいものが早くできるよ

ですが、競合がおらず、事業が成立すれば大きな収益が期待できます。一方、確度の高い事業は、市場規模が大きいかもしれませんが、競合がいるなどして参入後の成長ポテンシャルに限界があります。

事業検討で考えるべきは、事業の「可能性」を追求すれば、「確度」が低くなるという問題をどのように乗り越えるのかという点です。これをパスできるかどうかが、事業計画書作りの「一丁目一番地」です。

読み手によって項目を見直す

「魅力的で可能性のある事業」を考えたら、次はその事業の魅力と可能性を**誰にアピールするか**です。

ベンチャーキャピタル向けの事業計画の場合は、会社概要や背景説明から入り、事業の将来の成長性をアピールしなくてはいけません。銀行に借入のお願いをするのであれば、担保余力（追加融資の場合の担保の残りの価値）やキャッシュフローの目処《めど》が重要となります。社内新規事業なら、会社概要や業界動向などの背景説明にスペースを割く必要はありません。

「魅力的な事業」から「わかりやすい事業計画書」へ

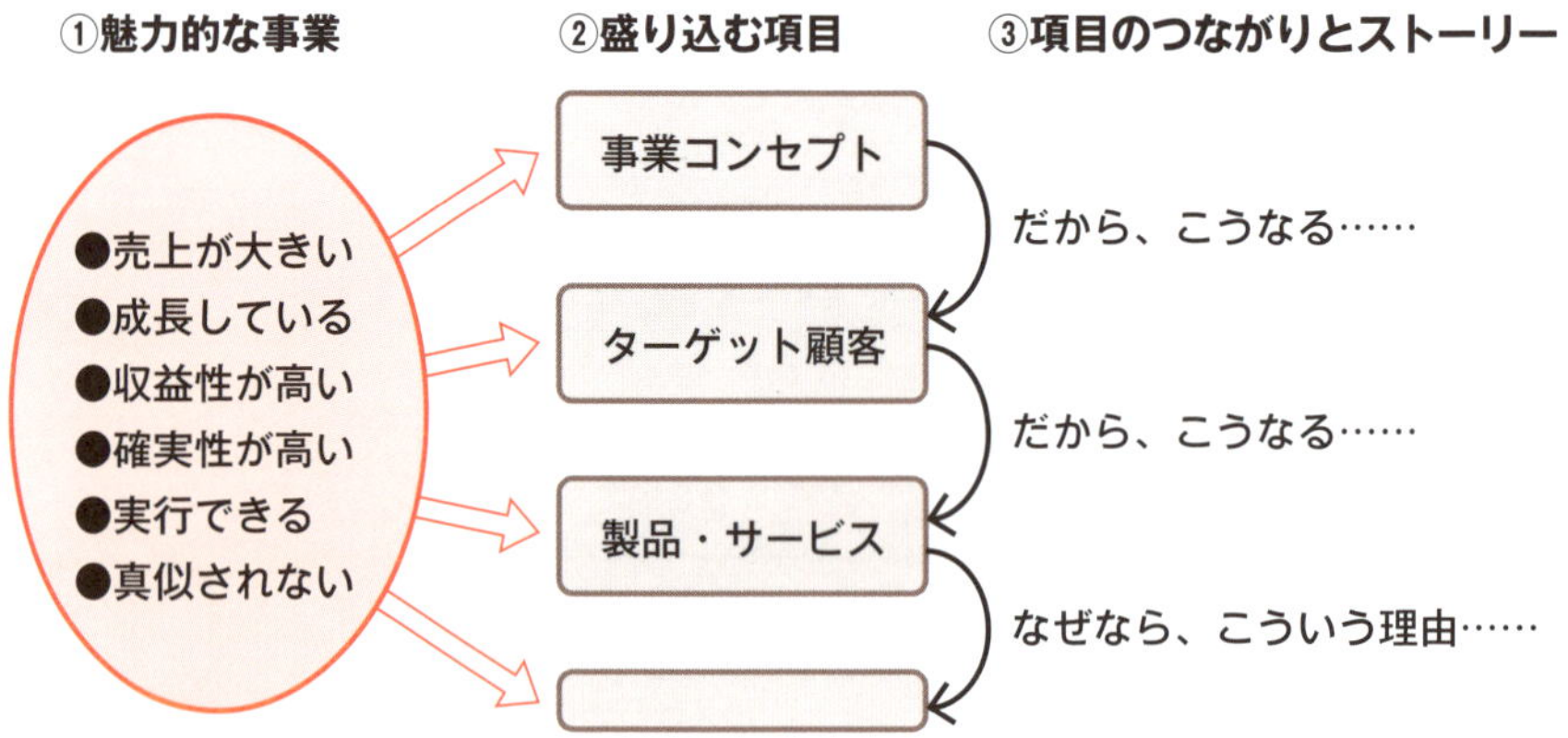
①魅力的な事業
②盛り込む項目
③項目のつながりとストーリー
●売上が大きい
●成長している
●収益性が高い
●確実性が高い
●実行できる
●真似されない
事業コンセプト
ターゲット顧客
製品・サービス
だから、こうなる……
だから、こうなる……
なぜなら、こういう理由……

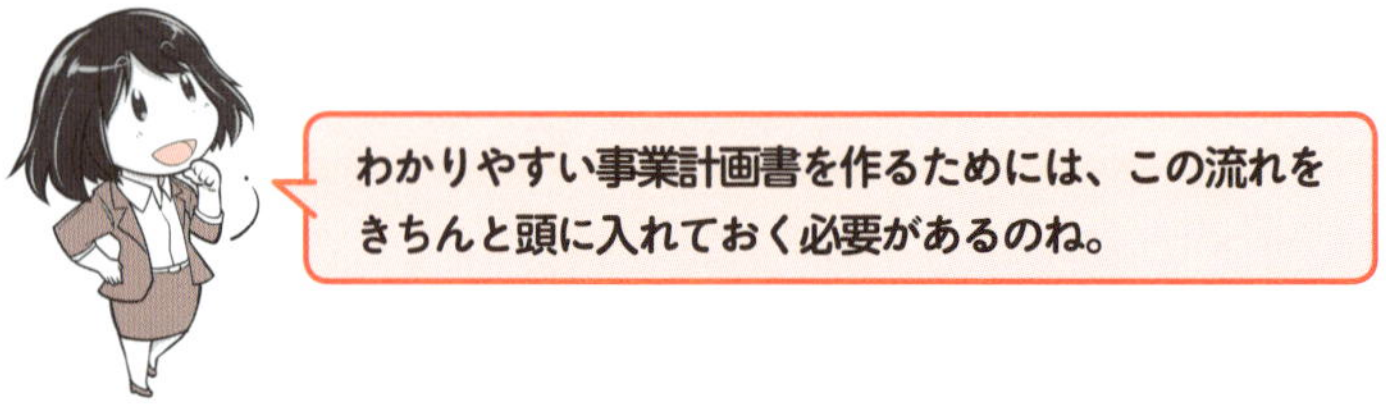
わかりやすい事業計画書を作るためには、この流れをきちんと頭に入れておく必要があるのね。

事業計画書が必要となるシチュエーションは、多様です。相手先の要請は何か、彼らに事業の魅力と可能性を伝えることのできる最適の構成は何なのかを、ひな型をチェックリストにしながら考えましょう。

項目のつながりとストーリーで読ませる

事業の中身もしっかりでき、目的に合わせた項目出しもできたとなると、すぐに項目を埋め始めたいところですが、ここで急ぐとやはりココロに響かない事業計画書ができ上がってしまいます。

そこで大事なのは、**ストーリー性**です。ストーリーといっても、テレビや小説のようなドラマティックなものではありません。

ポイントは「項目の並び順」です。当然ですが、作成者は、事業の内容や背景を基礎知識も含めて熟知していますが、読み手は違います。対象の顧客やその困り事（ニーズ）、使う技術やその普及状況などを知らない場合、読み手の頭の中に共通認識が刷り込まれるような順番で項目を並べる必要があります。

さらに、その項目がつながってストーリーとなっていることが重要です。人間誰しもバラバラに散らばっている情報を覚えるのは苦手です。

覚えてもらうコツは**項目のつながりとストーリー**です。対象顧客はこんな人たち、だからこんなことに困っている、それを解決するのはこのサービス、支払い能力からすればこの価格で大丈夫、競合はこの顧客層のニーズをカバーしきれていない……といった具合です。

このようにストーリー性のある事業計画書は、「事業の中身」がきちんと検討されていてこそ作成できるのです。まず事業の中身、それから盛り込む項目という順番を間違えないようにしましょう。

よい事業計画書は、「事業の中身」があり、「作成目的に適切な項目」が選ばれていて、その「並び方」もスッキリ、「前後のつながり」も明確なもの。こういうレベルを目指そう！

ダメな事業計画書の症例

せっかく頑張って事業計画書を作っても、思いもよらない反応が返ってくるもの。うまくいかない代表的な症例を見てみましょう。

ダメな症例①　分析ばっかり症候群

苦労して詰めた事業アイデアは、何とかして日の目を見てもらいたいものです。でも、なかなかよい反応が返ってこないこともあります。よくある例としては、「なんだか分析はたくさんしてあるけれど、結局何をやるのかよくわからない」というものです。

競争戦略やマーケティングには、さまざまな分析手法があります。役に立つものも少なくありませんが、**分析はあくまでも分析**。事業計画書はそれらを受けて、結局、事業として**何をやるのか**を明確に伝えることが必要です。ところが、網羅《もうら》的な事業計画書を作ろうとして、関係ない項目の分析に時間を使ってしまい、「分析ばっかり症候群」になっている例をよく見かけます。肝心の「何をやるのか」が薄い計画書では意味がないのです。

こうした「分析ばっかり症候群」の他にも、よく見かけるダメな症状として次のようなものもあります。

■抽象表現もやもや病

この症状は、「顧客ニーズの変化」「競合の激化」「よりきめ細かいサービスを」といった抽象的・一般的表現がたくさん出てきます。

（例）「顧客ニーズの変化に合わせた新製品を投入！」

一般的な用語で話がまとめられてしまって、どんな顧客ニーズの変化があるのか**具体的な中身**が伝わらないので、読んでる人はもやもやしてしまいます。せっかく具体的ヒアリングや分析があっても、それを一般論でまとめてしまっては事業のおもしろさが伝わりません。

■バズワード依存症

バズワードというのは流行《はや》り言葉という意味です。

バズワード依存症は、具体的な市場検討ができていないのに、何か可能性のありそうなイメージを示そうとして発症します。

（例）「ウエアラブル端末でビッグデータを活用！」

計画書の中にバズワードがたくさん飛び交っていて、何かスゴイ感じはしても、具体的にどんな分野のビッグデータを活用するのか、それを事業化するにはどうするのか、というところがぼんやりしていては、結局前に進みません。ただ、中には「ほほう、そういうものか」と納得してしまう相手もいるので、困ったものです。

事業計画書における「3大疾病《しっぺい》」

①分析ばっかり症候群	②思い込み妄想症	③やる意味欠乏症
●分析ばかりで、何をやりたいのか不明	●やることは明白だが、検証が希薄	●そもそも「やる意味」が語られていない
【症状】 分析はたくさんしてあるが、事業内容が具体的に説明されていないので、理解してもらえない	【症状】 検証がないままで、ニーズや売上の見込みなどが示されていても、それは「仮説」なので、説得力がない	【症状】 その事業の必要性や会社にもたらすメリットなどがハッキリしないので、社内の賛同も得られない

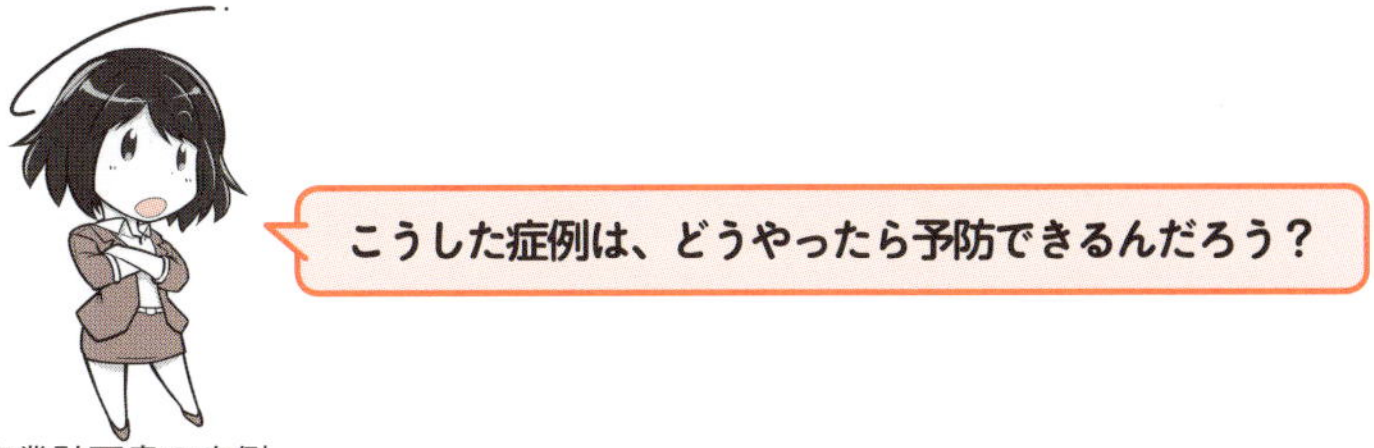
こうした症例は、どうやったら予防できるんだろう？

ダメな症例②　思い込み妄想症

「こういう顧客ニーズに対して、こういう製品を出せば当たるはず。売上はこのくらいを見込み、こういう販促をやればいいと思います」

このように、やりたいことや事実の見直しを羅列《られつ》した計画をよく見ますけれど、これだけでは「思い込み」、よく言って「仮説」でしかありません。仮説は検証される必要があります。きちんと**証明や検証**を入れて内容を固めた事業計画書でなければ、説得力がありません。

もし説得力を上げたいのであれば、次のような表現を基本パターンとすることが大切です。

・こういう顧客ニーズがあります、なぜなら…
・この製品は売れます、なぜなら…
・売上はこのくらい期待できます、なぜなら…
・競合は出てきません、なぜなら…

読み手は書き手より圧倒的に情報が少ないですし、同じ事柄についても違う判断をすることも多いわけで

失敗から学ぼう

先輩、せっかく書いたのに、何度もダメ出しされてショックです

その経験が貴重なんだよ。単なる項目を埋めるだけじゃダメだってよくわかったでしょ？

他の人たちも似たような苦労をしているんですね

そうだよ、一生懸命やっている人ほどこういう症状に陥《おちい》るんだ。適当にやっている人は悩まないからね

そうですよね。ありがとうございます！

共通する症状については、その分、対応策もある。しっかり身に付けていこう

す。だから、何らかの見通しを表明するからには、その時点でできる限りの検証を付けておかないと、「ふうん、そうかもしれないね」「それって本当？」で終わってしまいます。

ダメな症例③　やる意味欠乏症

　一生懸命リサーチをして具体的な内容も詰めて、「よしこれで万全だ」とその事業計画を社内に諮《はか》ると、「そもそも、新規事業なんてやる必要があるのかね？」と、「そもそも論」でひっくり返されてしまうという例は少なくありません。本業がそれなりにうまくいっている企業では、既存事業をやっていればよい、新規事業など意味がない、という意見のほうが多いのが普通です。新規事業に限らず、既存事業をよりよくしようという提案であったとしても、「このままでいいのでは？」と賛否が分かれます。

　そもそもなぜこのアクションが必要なのかが、事業計画書の中で語られていなければいけないのです。

　ある程度その新規事業の必要性を示せたとしても、さらに社内のポジションの高い人から「これをやる意義は何だ？」といった指摘が出てくることがあります。

　この指摘の真意は、単に事業として儲かる云々《うんぬん》だけではなく、新規事業によって「これまで果たせなかった顧客志向の会社に変わるきっかけになる」「これまでになかった信頼やブランドが築ける」など、自社の経営全般にかかわる**大局的な観点**もほしいということです。指摘をすべて事前にカバーしようとするのは困難ですが、こうしたやり取りを通して、あなたとまわりの協力者の認識が擦り合ってくるのです。

　次節では、これらの症例を防ぐための「よい事業計画書の条件」を考えてみましょう。

事業計画書を作成する目的や読み手のニーズはさまざまで、すべてをカバーすることは難しい。しかし、うまくいかないときには、共通した症例や落とし穴があるんだ。いかにそこを避けられるかが成功のポイントだよ。

よい事業計画書の条件

事業計画書は目的によって内容も千差万別ですが、よい事業計画書には特徴があります。よい事業計画書の条件を解説します。

「取り組む意義」を明確にする

事業計画書の作成に限らず、どんな仕事でも一番おそろしい一言《ひとこと》は、「そもそもそんなことやる意味あるの?」です。一緒に検討しているメンバーやまわりの人、特に作っている本人は「そもそものやる意義」など改めて考えません。そんなことはもう納得したうえで、日々の活動に邁進《まいしん》しているわけですから。

でも、チームの外では、その事業のことなど知らない人たちがほとんどです。そうした第三者に協力してもらうために必要なのは、プランの素晴らしさでも事業の確度でもありません。大事なことは**取り組む意義（Why）**です。人を動かすためには、次のような「なぜ?」にしっかり答えることが必要です。

- **なぜ当社は新規事業に取り組むべきなのか**
- **なぜこの事業を選ぶのか**
- **なぜこの顧客の悩みの解決は価値があるのか**
- **なぜそのタイミングはいまなのか**

事業計画書では、「事業化の背景」といった項目が「取り組む意義」に該当します。たいていの場合はせいぜい1～2枚でさらりと書いてあることが多いのですが、まったく知らない相手には、ここをもっとしっかり説明する必要があります。また、社内の人間などに対しても、この「取り組む意義」はうるさいくらい強調しておきましょう。それをおろそかにすると、「そもそも、やる意味があるの？」と足元をすくわれてしまいます。

ですから、よい事業計画書の条件の1つめは、**何のためにやるのか**を明確にすることです。

「取り組む内容」を具体的に述べる

よい事業計画書の2つめの条件は、**取り組む内容が具体的**であることです。事業計画書だから当然だろうと思うかもしれませんが、前節の「ダメな症例」のように内容が抽象的で何をどうするのかさっぱりわからない、という事業計画書はとても多いのです。「なぜ？」が食欲を刺激する前菜だとしたら、**何をどうやるのか（WhatとHow）**はメインディッシュです。

読み手には、事業や提供する製品・サービスの具体的イメージをもってもらう必要があります。そして読み手に行動を起こさせるためには、具体的な取り組み

「なぜ取り組むの」「なぜそうなるの」という2つのWhyが重要

取り組む内容がきっちり書けているだけじゃダメなんですね

いや、そこが「きっちり」書けていれば、相当レベルは高いよ。たいていはまずそこで引っかかる

そこは何とかクリアできたみたいです

じゃあ、次に「取り組む意義（Why）」だね。共感してもらうのはとても大事だよ

改めて取り組む意義を問われるなんて、夢にも思いませんでした

そうだろうね（笑）。あとは「内容の根拠（Why so）」だね。2つのWhyを押さえよう

の内容を示して、「この事業ならばいける！」と納得してもらわなければなりません。「なんとなくよさそう」と思わせる程度の事業計画書では、読み手が行動を起こすところまでつながりません。

稀代《きだい》のプレゼンの名手だったスティーブ・ジョブズ（元アップル社CEO）は、「これまでになかった未来を周囲に実感させること」で有名でした。彼はビジョンを語ると同時に、具体的なプロダクト（製品）やサービスのイメージを伝えることで優秀なチームを動かし、通常ではあり得ない事業を可能にしたのです。

検証・証明によって「根拠」を示す

実は、大きくて夢のある事業構想を立てることはさほど難しくありません。自分の思うままに絵を描けばいいだけだからです。しかし、それでは第三者を納得させることはできません。

そこで、3つめのポイントは**根拠を示すこと（Why so?）**です。描いた絵の確かさを検証・証明することが必要です。たとえば、次のような点です。

具体的な内容は「2つのwhy」が支えている

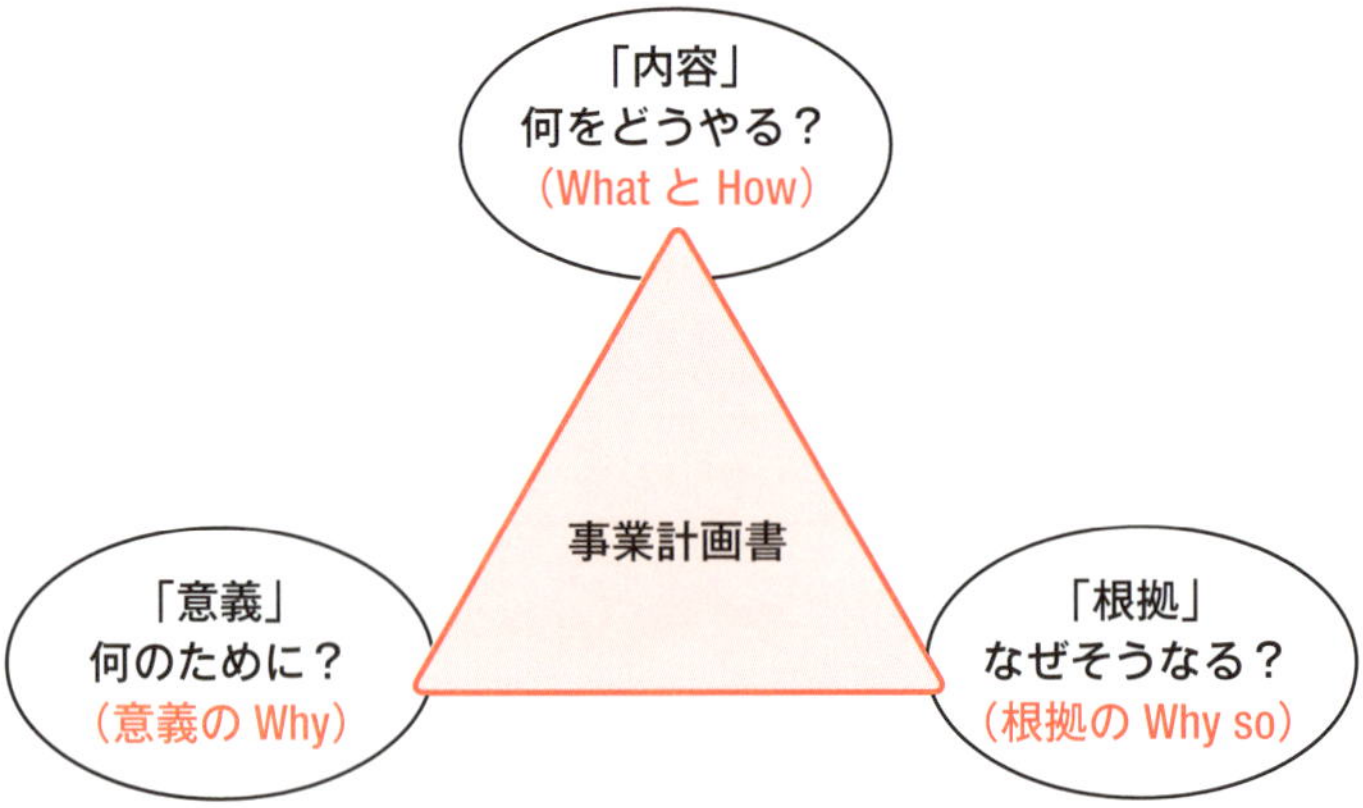
「内容」

何をどうやる？

（What と How）

事業計画書
「意義」

何のために？

（意義の Why）

「根拠」

なぜそうなる？

（根拠の Why so）

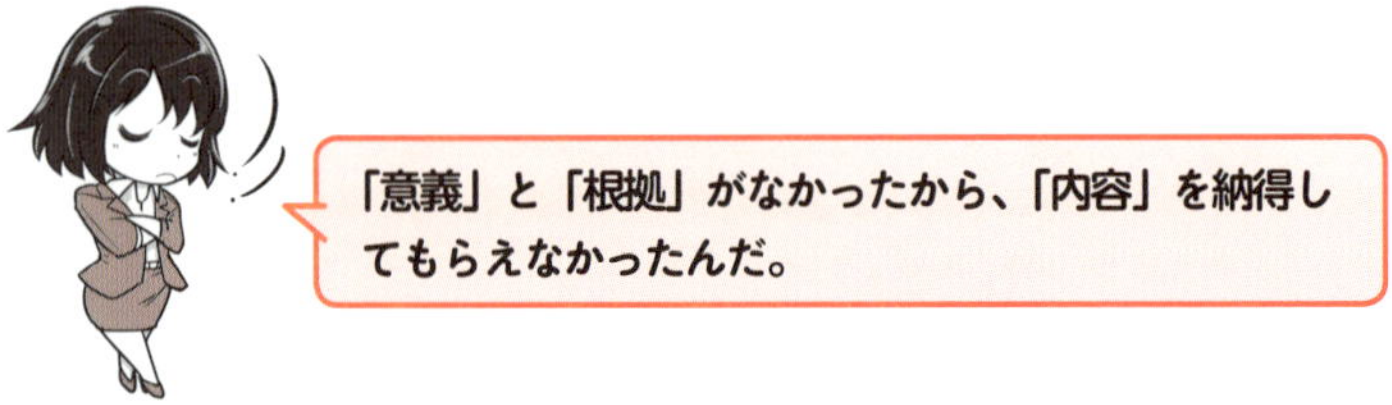
「意義」と「根拠」がなかったから、「内容」を納得してもらえなかったんだ。

・顧客ニーズはどこにどのくらいあるのか
・目指す顧客満足度が実現できる目処《めど》はあるのか
・期待通りのプロダクトは本当にできるのか
・計画通りの売上が上がるのか　など

主な検証・証明方法は次の2つがあります。

①記事や統計などのパブリックデータの分析
②顧客や関係者等へのインタビューやアンケート

よく使われるのは前者で、これは読み手に不足しがちな基礎知識や認識を共有させるのに役立ちます。しかし、ありものだけでは不十分なので、事業の可能性に確信をもってもらうには、やはり直接インタビューやアンケートが有効です。

その結果を事業計画書のしかるべき部分で反映させ、読み手が可能性を実感できるように工夫することが重要です。

3つのポイントは仕事全般にも通じる

ここまで述べてきたように、事業計画書を作る際には、**何のために、何をどうやるのか、なぜそうなるのか**、という3つのポイントを押さえることが大切です。

これらのポイントを考えていくことが魅力的な「事業の中身」を詰めていくことになり、さらにこの3つのポイントが相互に支え合って、説得力のある事業計画書が生まれます。

これらを「仕事の目的を共有する」「具体的な仕事の方法を示す」「そのやり方で成果がでることを証明する」と言い替えれば、仕事全般にも通じます。これらをぜひ**日常の仕事習慣**にしてください。

生活習慣病は生活習慣の改善で予防、事業計画書の3大疾病《しっぺい》は仕事習慣の見直しで予防というわけです。

最初に「何のためか（意義）」を押さえたうえで、「何をどうやるか（内容）」を述べ、内容の裏付けとなる「なぜそうなのか（根拠）」を客観的に証明するんだ。これが説得力のある事業計画書の基本骨格だよ。

「事業の中身」はどのように考える？

事業計画書で肝心なのは「事業の中身」です。魅力的で可能性のある事業をどのような方法で考えるのか、その基本を解説します。

インプットと
5つのステップで
事業を考えるのね！

事業機会の発見にはインプットが重要

事業計画書を作成するには、まず時間と資金を投資するに足る**事業の中身**をきちんと詰めていく必要があります。そのうえで関係者に理解してもらえるように**計画書に落とす**という順序が必要です。

肝心の「事業の中身」を考えるためには、まず**事業機会（事業を展開できるチャンス）を発見**しなければなりません。

実は、事業機会は世の中にあふれています。Ｗｅｂやアプリのサービスは花盛りですし、エネルギー関連やヘルスケア関連、農業から飲食業に至る食関連、ハードウェアやソフトウェアのものづくり関連、多種多様なサービス業、あるいは切り口を変えてみればＢ２Ｃ（消費者向け）やＢ２Ｂ（法人向け）など、さまざまな事業機会が考えられます。

これらの中から、新しい事業機会を見つけるには、**情報のインプット**が重要です。頭の中に何の情報も入っていない状態では、事業のアイデアなど出てきません。インプットなしに事業を考えようとするのは、冷蔵庫に何も入っていないのに料理を作ろうとするようなものです。

インプットなくしてアウトプットなし、これが事業機会発見の鉄則です。

多様な情報が新しい発想の扉を開く

情報をインプットする際のポイントは、**いつもと違う情報**に着目することです。いつものやり方で情報を集め、いつものメンバーといつものように議論していては、結局いつも同じアイデアしか出てきません。

そこで、たとえば次のような情報に目を向けてみましょう。

①ビジネス環境の注目すべき変化
②これまでになかったニーズや顧客の登場
③新しい技術やインフラの普及
④有力な事業パートナーの登場
⑤他業界で成功を収めているビジネスモデル
⑥画期的な課金モデル

2番目に挙げた「顧客」については、どうしても既存顧客や身近な消費者を思い浮かべがちですが、**新しい顧客**や**多様な消費者像**を理解することが大切です。

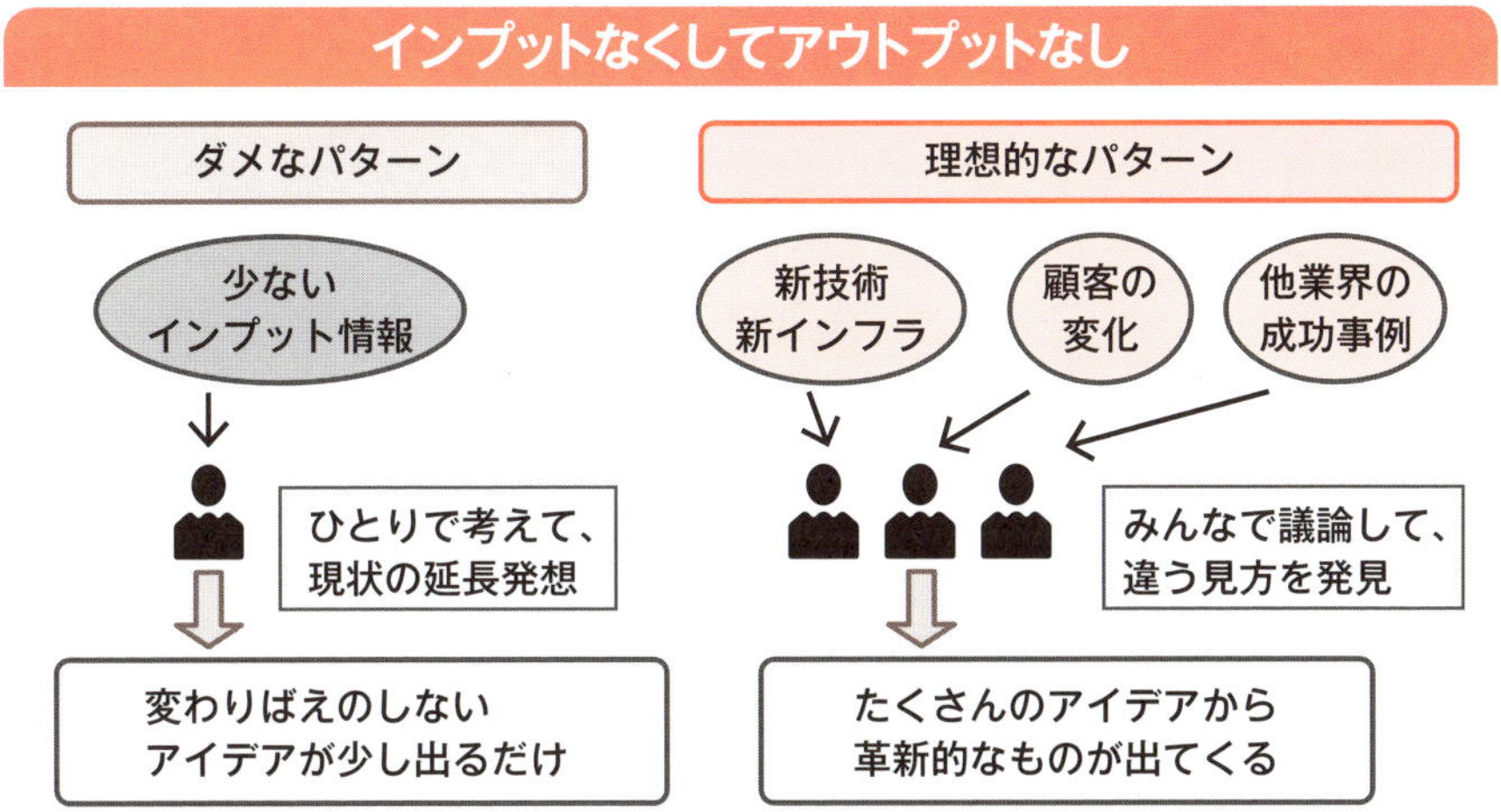
インプットなくしてアウトプットなし
ダメなパターン
少ない
インプット情報
ひとりで考えて、
現状の延長発想
変わりばえのしない
アイデアが少し出るだけ
理想的なパターン
新技術
新インフラ
顧客の
変化
他業界の
成功事例
みんなで議論して、
違う見方を発見
たくさんのアイデアから
革新的なものが出てくる

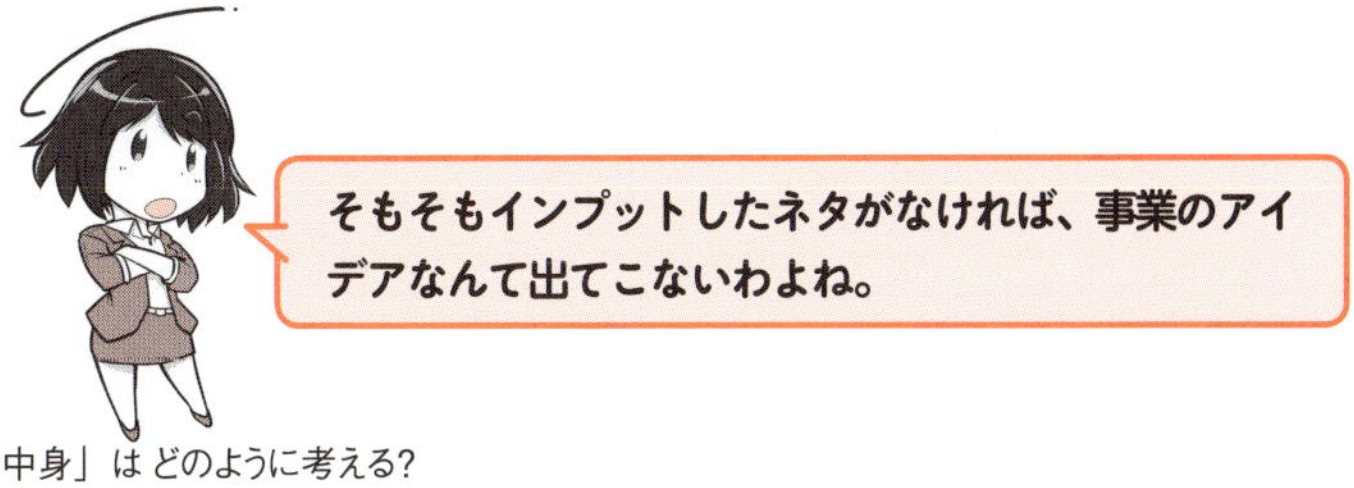
そもそもインプットしたネタがなければ、事業のアイデアなんて出てこないわよね。

また、3番目の「技術」についても、**自社の技術や業界固有の技術だけにとらわれない**ことが大切です。スマートフォンの普及が多くの事業機会を生んだように、業界横断で影響を与えるような技術やインフラに注目することが必要です。

このようなインプットは、えてしてあなたの業界内からではなく、もっと離れた他の業界や領域からもたらされます。そして、それをもってきてくれるのは、日頃付き合っている人たちとは違う分野の人たちです。

交流で視野を広げて多様な情報をインプットして、それらを結び付けることで、これまでになかった新しい発想の扉が開くのです。

5つのステップで事業の中身を検討

事業のアイデアが出たら、実際に「事業の中身」を考えて事業を構築していくために、次の5つのステップを順番に検討していきます。

①事業コンセプト
②顧客への提供価値

5つのステップをしっかり押さえよう

なるほど、事業計画はこういう順番で考えていくんですね

ちょっとした仕事だってたいてい手順があるでしょ？事業計画作りも同じなんだよ

それを知らないでやっていたから、効率が悪かったんですね

このステップは、うしろの項目を検討するために必要な項目がきちんと前で検討されるようになってるんだ

そうか、だから行ったり来たりすることが少なくて済むんですね

その分、各ステップの検討はきっちり集中して進めていこう！

③バリューチェーン
④マネタイズモデル
⑤キャッシュフローモデル

まず「①事業コンセプト」は、どの領域で何を行うのかを考えます。次の「②顧客への提供価値」では、その事業によって誰にどんなメリットを提供できるのかを明らかにします。

そして「③バリューチェーン」を検討して、事業の提供価値をターゲット顧客にどのように届けるのか、オペレーション（運用システムや資源調達など）とマーケティング（販売のための活動方法など）を設計します。

さらに、「④マネタイズモデル」でお金のもらい方や価格を決め、最後に「⑤キャッシュフローモデル」を検討します。キャッシュフローモデルは①から④までを踏まえたうえで、どのくらいの利益が生じるかを明らかにするものです。

こうした5つのステップは、事業内容を明確にするうえで大変有効なアプローチですが、各ステップの中でヌケやモレが出るかもしれません。そこで、ひととおり検討したあとで、さらに検討モレをなくすために以下の**6W2H**でチェックします。

・なぜ＝**Why**
・誰が、誰に＝**Who／Whom**
・何を、どうやって＝**What／How**
・いつ、どこで＝**When／Where**
・いくらで＝**How much**

この「6W2H」がきちんと埋まっているかを意識することで、細かな検討モレを排除することができ、説得力のある緻密《ちみつ》なプランニングが可能になります。

事業の中身を考えるには、まず「情報のインプット」が必要。そのインプットをもとに発想したアイデアを、5つのステップに沿って検討していくことで、事業内容を明確にすることができるんだ。

事業の中身を考える5つのステップ（1）

事業を考える5つのステップでは、まず「事業コンセプト」と「顧客への提供価値」を検討します。これが事業の魅力を左右します。

まずは事業コンセプト、
そして顧客への
提供価値ね！

事業コンセプト──(1)アイデアを多く出す

どんな事業を行うかは、前節で述べた5つのステップで考えていきます。5つのステップとは、「①事業コンセプト」「②顧客への提供価値」「③バリューチェーン」「④マネタイズモデル」「⑤キャッシュフローモデル」を順番に検討していくというものです。

まずは**事業コンセプト**です。このステップでは、顧客の変化や新技術の登場などさまざまな情報のインプットや、あなたの問題意識、自社の強みなどをもとに、どの領域で何を行うのかを決めます。

事業コンセプトを検討する場合のポイントは、**できるだけ多く事業のアイデアを出す**ことです。アイデアを出すというのはなかなか大変なことなので、最初に思いついたアイデアに「これはおもしろい！」と飛びついてしまいがちですが、ここは少し我慢です。他にもおもしろい事業アイデアがあるかもしれません。

30～50件を目安に事業アイデアを出しましょう。大ざっぱなものでよいので、ともかくアイデアをより多く出すようにして、さらにそれらを組み合わせたりして発展させるのです。アイデアが出るたびにいちいち細かい検討をしていると、たくさんのアイデアが生まれません。個々のアイデア自体はイマイチでも、次のアイデアが生まれるきっかけになったりするものです。

事業コンセプト―⑵アイデアを絞り込む

ある程度の数の事業アイデアが出たら、次にアイデアを絞り込んでいきます。目安としては、10件以下くらいまで絞り込みましょう。

実はこの**絞り込み**が、事業コンセプトの決定において最も重要なのです。せっかくの有望なアイデアを不用意に切り捨ててしまわないことが大切です。

しかし、アイデアを絞り込むといっても、何を基準に絞り込めばよいのでしょうか。

多くの場合は、市場の大きさや実現性の高さなどを基準に事業アイデアを選んでしまうようですが、そこに落とし穴があります。市場が大きいということは、それだけ注目が集まり、**競合他社も狙っている分野**だということです。また、実現性が高いということは、**競合他社も簡単にその事業を行える**ということです。そうした競争の激しい市場に参入して勝つためには、

アイデアと事業コンセプトの違いは?

アイデアと事業コンセプトって、ちょっと違いがわかりにくいですね

アイデアは思いつき、事業コンセプトはそれをもとに取り組みイメージを示すものなんだ

事業コンセプトは、もう少し内容が詰まって絞り込まれている感じですか?

そうだね。アイデアは思いつきなので、どんどん出して発想を広げればいいんだ

そこからよさそうなアイデアを拾ってコンセプトに仕上げていくんですね

それ相応に勝つための工夫が必要になってきます。

そこで敢《あ》えて、いまは参入している企業などが少ない、まだ市場が影も形もない、あるいは現段階では実現が難しいといった事業アイデアに着目してみる、という方法もあります。革新的な事業アイデアの実現には、チャレンジがつきものです。それを避けて通ろうとするから、ありきたりな事業になってしまうのです。

結果的に有望だった事業アイデアは、当初、有望に見えなかったものが少なくありません。事業アイデアの有望性をどのように見極めて、事業コンセプトに絞り込むかは、第2章で詳しく解説したいと思います。

顧客への提供価値―(1)顧客層を絞り込む

大まかな事業コンセプトが決まったら、次のステップは**顧客への提供価値**の検討です。

ここで**ターゲット顧客**を絞り込み、その顧客への**提供価値**を明確にしていきます。マーケティングで言うところの**STP**（セグメンテーション・ターゲティング・ポジショニング）のことです（第3章参照）。

事業構築の5つのステップ

	内 容	ポイント
①事業コンセプト	・どの領域で何をするのか？	・新しい組み合わせを見つける ・アイデアをできるだけ多く出す
②顧客への提供価値	・誰にどんな価値を提供するのか？	・初期ターゲットを絞り込む ・価値の明確化と検証を行う
③バリューチェーン	・価値提供に必要な機能や体制は？	・オペレーションとマーケティングを考える ・コスト要素を明らかにする
④マネタイズモデル	・誰からどんな方法でいくら支払ってもらうのか？	・課金対象者、利益モデル、課金方法、価格設定を考える
⑤キャッシュフローモデル	・自社の収益プランは儲かるのか？	・儲かるように各要素のバランスを調整する ・投資リターンとリスクを示す

事業コンセプトの段階で、ある程度はターゲット顧客のイメージがあるかもしれませんが、まだ絞り込みが不十分でしょう。たとえば、「若い女性向けのサービス」を考えるとします。しかし、一口《ひとくち》に若い女性と言っても、10代と20代ではニーズが大きく異なるでしょうし、都市と地方、実家住まいとひとり暮らしという違いでも、消費行動が異なってきます。

そのサービスに**最も合致したターゲット顧客**が、もっと具体的に存在するはずなのです。それがいったいどういう人たちで、どんなニーズがあり得るのか、どこに集まっていそうなのか、ということを考えることがこのステップのスタート地点です。

ターゲット顧客は、絞り込めば絞り込むほどニーズが際立ちます。もっと言うと、**ニーズが際立つようにターゲット顧客の絞り込み**を行うことが必要です。たとえば、ターゲットは「高齢者」という程度では、ニーズがハッキリしません。そこで、「ひとり暮らしの高齢者」にターゲットを絞り込めば、買い物や食事作りなどが大変といったニーズが際立ってきます。

アイデアも絞り込みが大切

「絞り込み」って何度も出てくる言葉ですね

そうだね、アイデアも顧客も絞り込んだほうがいいんだよ

どうしてですか?

事業を実現するって、アイデアを実際に実行するってことでしょ。具体的じゃないと動かないよね

そうか、抽象的なアイデアや対象顧客のままで、あれもこれも実行するのは無理ってことですね

うん。具体化するというのは、絞り込むってこととほぼイコールなんだよ

大きな市場を狙いたいという心情からか、ターゲット顧客の絞り込みがおろそかにされるケースが多いのですが、事業構築にとってターゲット顧客の絞り込みは「イロハのイ」です。

顧客への提供価値――(2)価値を明確化

ターゲット顧客と同時に検討するべきものが、**提供価値（バリュープロポジション）**です。言い換えれば「提供する製品・サービスが顧客にもたらすベネフィット（利益）」のことです。

マーケティングの名言で「顧客が欲しいのはドリル機ではなく、開けられた穴だ」というものがあります。売る側はドリル機を売っているつもりなので、機械の性能やスペックをアピールするのですが、買う側にすればそんなことはどうでもよく、結局穴が開けられれば何でもよいわけです。

つまり、「提供価値」の検討とは、その製品・サービスがもつ性能や機能を明らかにすることではなく、顧客の目線から見て、**どんなベネフィットを提供でき**

アイデアの選択肢は広げてから絞り込む

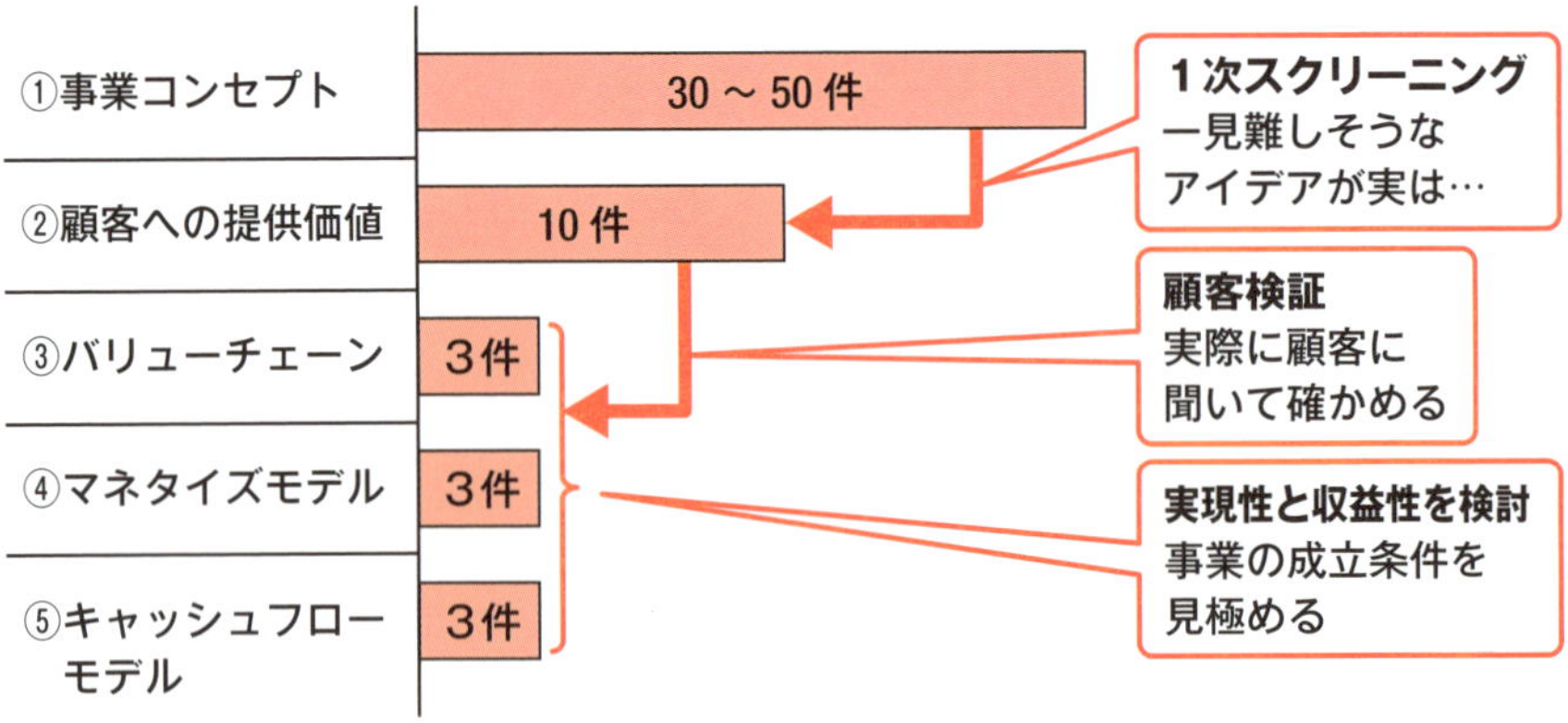
①事業コンセプト
30 ～ 50 件
②顧客への提供価値
10 件
③バリューチェーン
3件
④マネタイズモデル
3件
⑤キャッシュフローモデル
3件
1次スクリーニング
一見難しそうなアイデアが実は…
顧客検証
実際に顧客に聞いて確かめる
実現性と収益性を検討
事業の成立条件を見極める

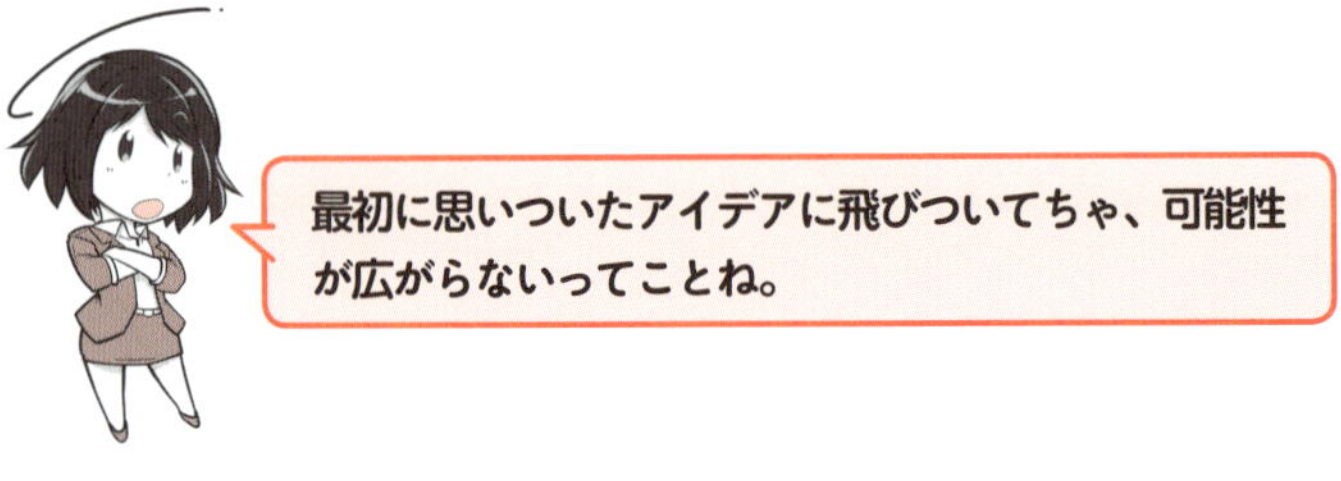
最初に思いついたアイデアに飛びついてちゃ、可能性が広がらないってことね。

るのかを明らかにすることなのです。

また、その価値が顧客に評価されるかどうか、競合他社との差別性があるかどうか、さらに顧客自身が気付いていないニーズの掘り起こしができるか、という点も重要なポイントになります。これについても第3章で詳しく解説します。

顧客への提供価値――(3)顧客検証を行う

事業アイデアは、「こういうサービスは売れるはずだ」「こういうターゲット顧客には、こんなニーズがあるはずだ」という考えから出てくるわけです。しかし、それはあくまでも**仮説**にすぎません。

そこで、実際に提供する製品・サービスが、ターゲット顧客のニーズに合っているのかどうかを検証する必要があります。これを**顧客検証**と言います。

多くの場合、詳細検討が終わってから顧客検証を行うことが多いようですが、実際にフタを開けてみたら、そもそもの仮説が間違っていたというケースが少なくありません。それではそこまでに検討してきた時間と労力が無駄になってしまいます。ならば、できるだけ早い段階で、ターゲット顧客や関係者に検証アプローチをしておこうというわけです。

検証の実施方法は、アイデア出しの段階で行う初期ヒアリングと異なります。ターゲット顧客に**実際の製品・サービスの試作品や具体的イメージを提示する**という方法で、いわゆる「先行マーケティング」や「営業トライアル」の性格をもつものです。

そこでもしミスマッチがあるなら、どこが問題なのかきちんとフィードバックをもらい、マッチするまでコンセプトやターゲットを見直します。

「事業コンセプト」は最初の思いつきに固執せず、たくさんアイデアを出して考えよう。「顧客への提供価値」では、顧客層を絞り込み、その顧客にとってのベネフィットを明確にできるかがポイントだよ。

事業の中身を考える5つのステップ（2）

顧客検証のうえでニーズが明らかになった事業については、その事業を展開するための具体的な仕組みの設計を進めていきます。

バリューチェーン

前節で解説した顧客検証が済んだら、いよいよ事業の詳細設計を進めます。事業の実現には、製品・サービスを顧客にきちんと提供するための**オペレーション**と、製品・サービスを顧客に知らせて利用してもらうための**マーケティング**が必要です。これらの活動を合わせて**バリューチェーン**と呼んでいます。

これまでになかった新しい価値を実現するには、それに応じた新しいオペレーション体制が必要になります。同様にマーケティングについても、その製品・サービスの新しい価値を顧客に理解してもらうためには、従来と違う方法が必要になるでしょう。

さらに、新規事業のバリューチェーン設計では、他社とのアライアンス（連携）も検討課題になります。ベンチャー企業はもちろんのこと、大企業でも自社の経営資源だけでは、新規事業に不十分な場合があるので、優れたノウハウや資源をいかに外部から調達するかという視点が大切になります。

マネタイズモデル

バリューチェーンの次は、**マネタイズモデル**（レベニューモデル）を検討します。これは、「誰からどういう名目でお金をもらうか」という仕組みを設計するステップです。提供した製品・サービスに見合った対価を受益者（その製品・サービスを使うことで利益を得る人）から直接もらうというものが基本ですが、**広告モデル**や**フリーミアム**などの応用モデルも検討することが重要です。

たとえばテレビ放送は、直接の受益者（視聴者）から対価をもらわず、スポンサーからの広告料で収益を上げています。これは「広告モデル」と言い、受益者にモノを売りたい第三者から対価を得る仕組みです。一方、「フリーミアム」とは、無料提供で受益者を広げたあとで、さらに高度な機能や価値を提示して受益者に課金するというものです。

また、**価格の設定**も重要です。バリューチェーンを設計すれば、コスト項目が出てくるので、それを考慮して価格水準を決めます。

さらに、事業パートナーへの収益配分も、ここで検討します。

バリューチェーンで強みを作る

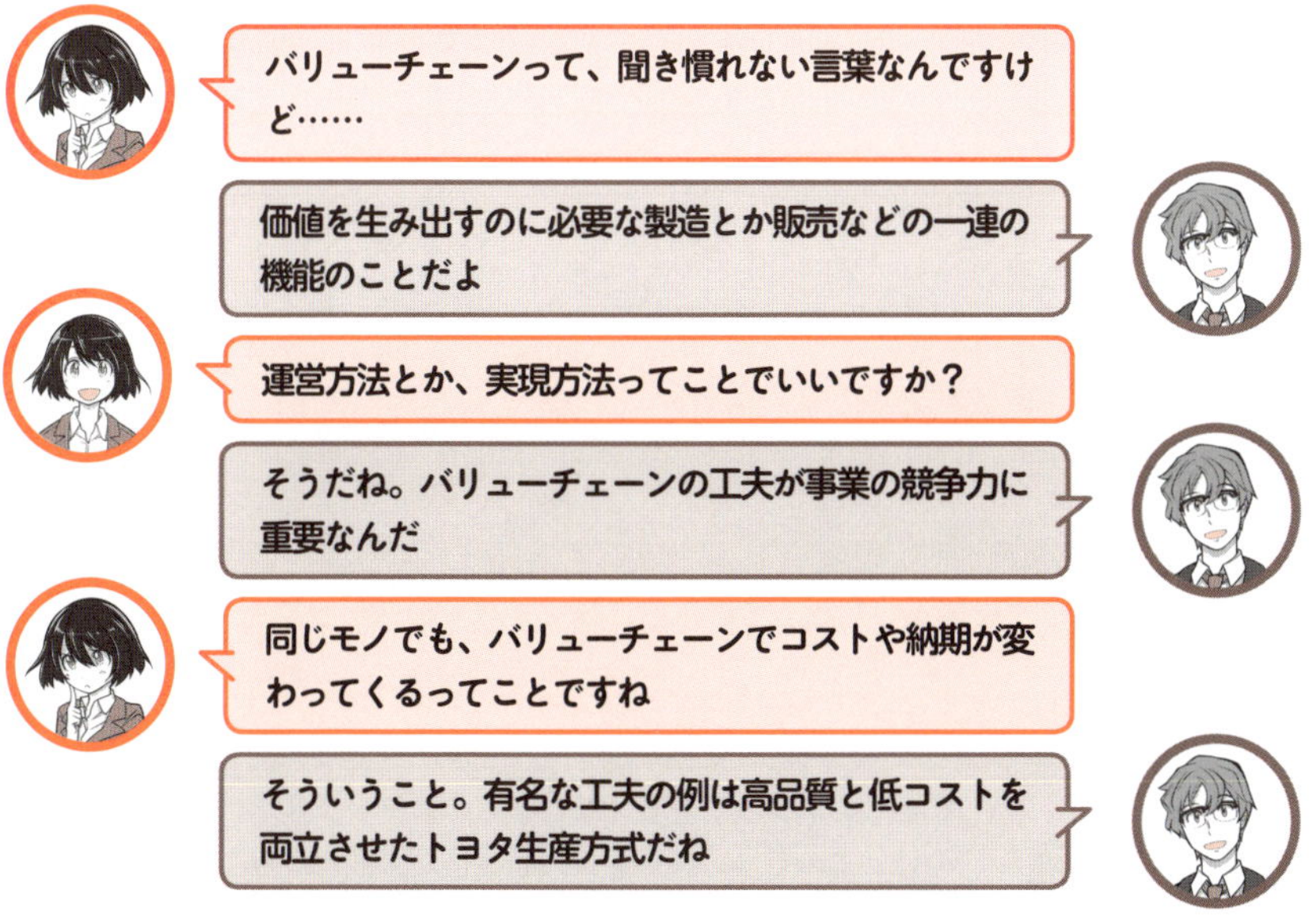
バリューチェーンって、聞き慣れない言葉なんですけど……
価値を生み出すのに必要な製造とか販売などの一連の機能のことだよ
運営方法とか、実現方法ってことでいいですか？
そうだね。バリューチェーンの工夫が事業の競争力に重要なんだ
同じモノでも、バリューチェーンでコストや納期が変わってくるってことですね
そういうこと。有名な工夫の例は高品質と低コストを両立させたトヨタ生産方式だね

キャッシュフローモデル

最後の**キャッシュフローモデル**の検討では、利益が生み出せるかどうかを調整します。

事業の利益は、ターゲット顧客の市場規模やコスト、価格設定などが決まって初めて検討が可能になります。つまり、キャッシュフローモデルは、前段階の事業コンセプトからマネタイズモデルまでを踏まえて検討する必要があるのです。新規事業を考える際に、最初の段階で「そのアイデアは儲《もう》かるのか？」と問われることがありますが、その答えは、この最終ステップにならないと出てこないということです。

顧客開拓ペースや想定価格、コスト見積りなどを調整しながら、投資額などの条件を満たすキャッシュフローモデルを組み上げます。財務や会計の知識がないとそんなものは作れないと思うかもしれませんが、最低限の会計知識と表計算ソフトを使えば誰でも作れます。その解説は第5章で行います。

修正する場合もステップの順序を守る

どこかのステップでうまくいかないときは、問題のあるステップまで戻って再検討

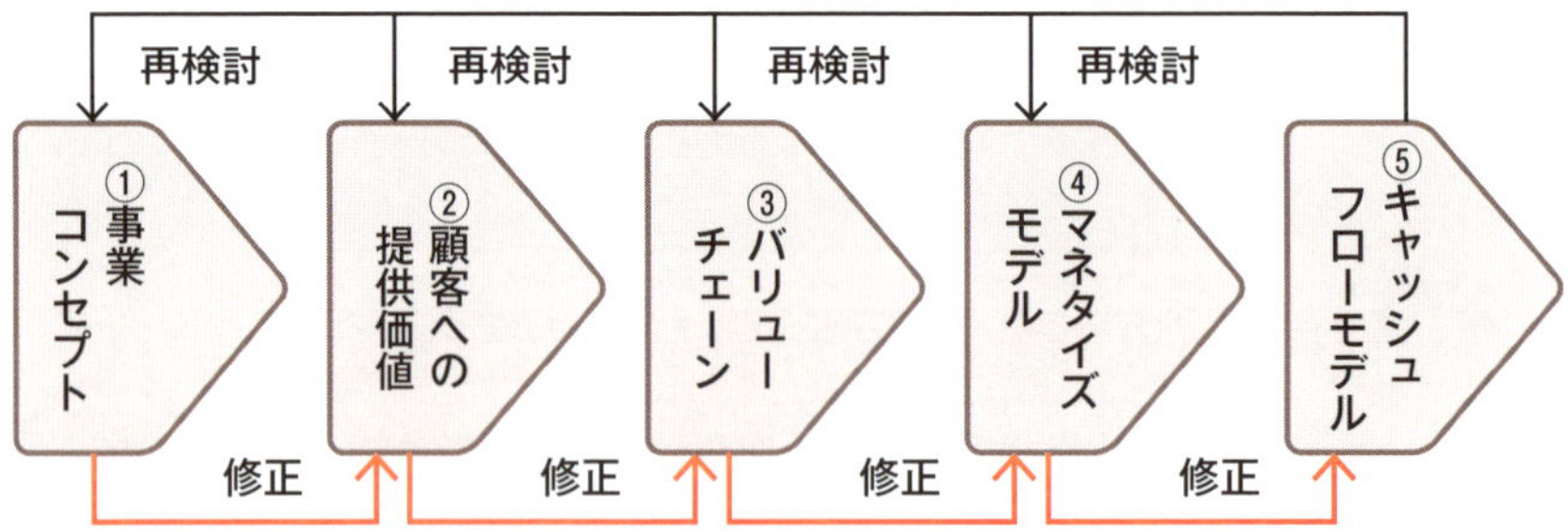

問題のあるステップを修正したら、その後ろに続くすべてのステップも順番に修正する

ひとつのステップを変えると後ろのステップ全部が変わるのは、この5つのステップに整合性が必要だからなんだ。

各ステップには整合性が必要

「事業の中身を考える5つのステップ」の検討は、**事業コンセプト、顧客への提供価値、バリューチェーン、マネタイズモデル、キャッシュフローモデル**と、ステップの順序通りに行うことが大切です。

　事業コンセプトを決めたら、次に実行方法、バリューチェーンの検討に行きがちですが、ターゲット顧客が違えば、必要な提供価値も異なってきます。当然、提供価値が異なれば、マーケティングの方法も変わります。つまり、先に顧客への提供価値が決まらないと、バリューチェーンは決まらないのです。

　マネタイズモデルも同様です。ターゲット顧客と提供価値によって、対価を得る方法も価格も変わってきますし、バリューチェーンのコスト見通しなしに価格設定をしたら、赤字になってしまうかもしれません。やはりマネタイズモデルの検討の前に、顧客への提供価値とバリューチェーンを決める必要があるのです。

　しかし、順序通りに進めても、壁に突き当たることがあります。このコンセプトだと顧客への提供価値が明確でない、体制構築がどうしても難しい、結局利益が出ないなど、見直しを余儀なくされます。その場合、問題のあるステップに戻って再検討します。

　しかし、問題があるステップだけ修正すれば済むわけではありません。前述のように各ステップには関連があるので、たとえば顧客への提供価値を修正したら、それに続くバリューチェーンとマネタイズモデルのステップも修正しなければなりません。大事なことは、5つのステップが**首尾一貫して整合性が取れていなくてはいけない**ということです。

バリューチェーン以降のステップでは、事業の具体的な仕組み作りを検討していくんだ。最後のキャッシュフローモデルで事業の経営判断をするけれど、そこまでの各ステップは一貫性に注意して検討しよう。

目指せ！人を巻き込む事業計画書

どんな事業もひとりではできません。ゼロから始めて大きな事業に育てるまで、いかにまわりを巻き込んでいくかが重要です。

まずは自分で納得できることが重要

新規事業のネタやアイデアは、いたるところに転がっています。しかし、そのアイデアを本当に新規事業として展開していくためには、顧客が付くのか、実現できるのか、実現のためには何が必要か、儲《もう》かるのか、などといった点を詰めていく必要があります。

これらは、ただ頭の中で考えているだけではいけません。何らかの形でアウトプットして、自分自身でまず検討し、さらにまわりの関係者にも確認してもらう過程で、実現の可能性が見えてくるのです。

ですからまずは、自分のために事業計画書を書いてみましょう。本当に限られた時間と資源を費やすに足る事業なのかどうか、ここまで述べてきた**5つのステップ**を踏んで検討してみてください。

この時点では、事業計画書としての見栄えや他人向けの説得材料など不要です。新規事業の内容が**自分自身で納得できるものかどうか**が重要です。これが事業計画の作成の第一歩です。

最初の事業計画書は議論の叩き台

さらにそのアイデアを形にしていくためには、まわりに協力者を見つけ、**その人たちを巻き込んでいく**ことが不可欠です。

もうある程度、新規事業のイメージがある場合には、あなたがその事業についておもしろいと思った点、可能性を感じた点を、**まわりの人に伝わるように**書き出してみましょう。

ただし、それをそのまま「これはスゴイだろう」と押し付けたり、論破しようとしてはいけません。この段階では、あくまでも叩き台です。まわりの人との侃々諤々《かんかんがくがく》の議論を通じて、あなたの「思いつき」を実行に足る事業へと進化させるようにするのです。

また、これから内容を検討していくという場合には、検討プロセス自体にまわりを巻き込んでいきましょう。その際にも5つのステップが役に立ちます。どんな新規事業がよいのか、まだ答えは見えていなくても、5つのステップに沿って検討すれば答えが見えてきます。

いずれのケースでも共通して言えることは、人間は自分がその検討や決定に関わる機会が多いほど、コミットメント（責任をもつ意識）が高くなるということ

まわりとの議論のプロセス

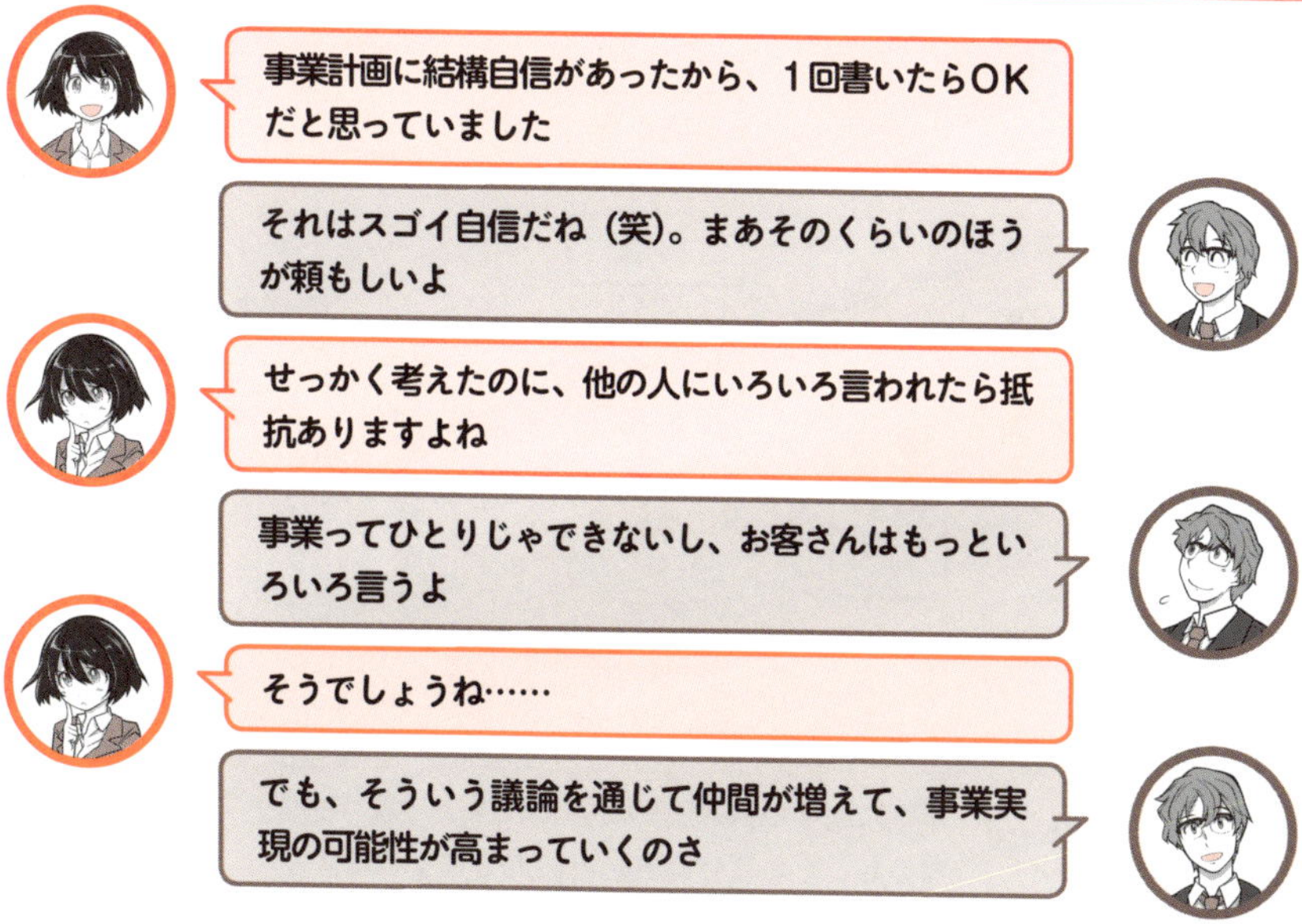
事業計画に結構自信があったから、1回書いたらOKだと思っていました
それはスゴイ自信だね（笑）。まあそのくらいのほうが頼もしいよ
せっかく考えたのに、他の人にいろいろ言われたら抵抗ありますよね
事業ってひとりじゃできないし、お客さんはもっといろいろ言うよ
そうでしょうね……
でも、そういう議論を通じて仲間が増えて、事業実現の可能性が高まっていくのさ

です。最初のきっかけはあなたの「思いつき」だったとしても、仲間を巻き込んで検討を進めていく中で、**みんなの事業計画**になっていくのです。

外部協力者を得るための事業計画書

事業の展開には、サプライヤー（必要な物品の仕入先）や提携先など、外部のさまざまな関係者の理解と協力も必要です。そこで事業計画書は、外部協力者との有力なコミュニケーションのツールとなり得ます。

外部協力者には、**事業パートナー**と**資金パートナー**の2種類があります。

事業パートナーは、オペレーションやマーケティングなどの事業面をサポートしてくれる外部関係者です。事業パートナーにとっては、その事業の将来の可能性、収益や安定性、パートナー間の相乗効果などが興味のポイントになります。

一方、資金パートナーは、資金面を支援してくれる投資家や銀行などが該当します。出資を行う投資家の場合は、将来の株式売却の可能性を重視し、融資を行

共通認識が推進者と関係者、顧客を結ぶ

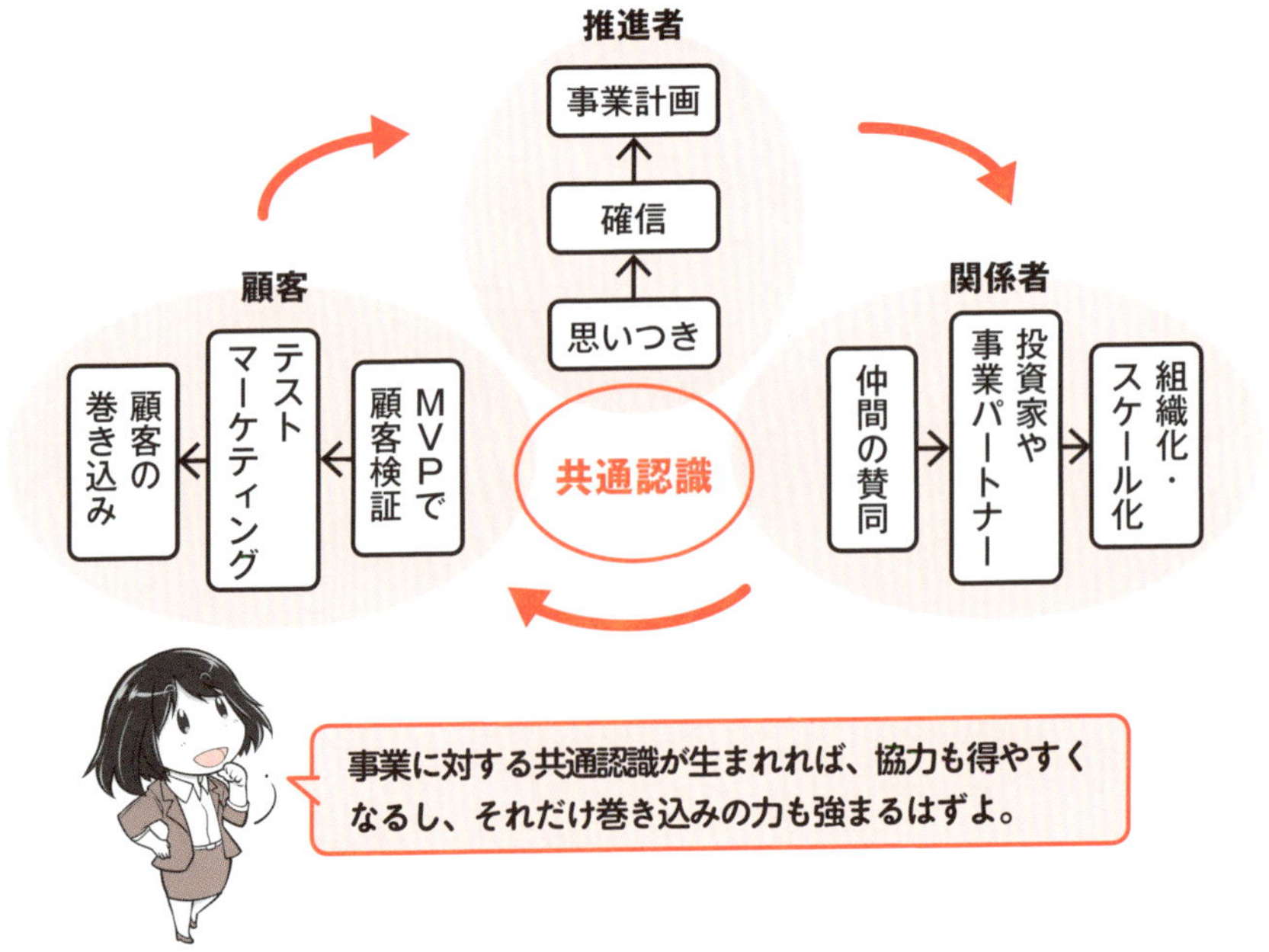
推進者
事業計画
確信
思いつき
関係者
仲間の賛同
投資家や事業パートナー
組織化・スケール化
顧客
MVPで顧客検証
テストマーケティング
顧客の巻き込み
共通認識
事業に対する共通認識が生まれれば、協力も得やすくなるし、それだけ巻き込みの力も強まるはずよ。

う銀行の場合は、事業としての安定性を重視します。

事業パートナーや資金パートナーの協力を得るためには、このようなそれぞれの関心事について事業計画書でしっかり説明を行うことが大切です。

また、外部協力者に対する事業計画書では、その事業の背景や意義なども示すようにしましょう。社内のいつもの相手といつものテーマを検討する場合ならいざしらず、外部の協力者でなおかつ初めて新規事業を知る人には、より丁寧《ていねい》な説明が必要です。事業の背景や意義、つまり**Why（なぜ？）**をきちんと伝えることが特に重要になります。

事業計画書が共通認識を生む

事業計画書は、一度作成したら終わりではありません。いろいろな人に見てもらうと、思いもよらないコメントや反応が返ってくることもあります。それを検討していくことで、事業計画書が磨かれていきます。状況の変化や検討の進展、場合によっては新しいアイデアなどによって、事業計画書をどんどん進化させていけばよいのです。

初期段階の事業計画書はあなたの「思いつき」にすぎないものかもしれませんが、まわりの人を巻き込んで内容の検討が進んでいけば、実現の可能性も高まっていきます。その過程で仲間や協力者が広がり、関係者の間で事業の進め方や将来ビジョンが共有化され、「共通認識」が生まれていきます。

議論の中で形成されるこの**共通認識こそが、事業実体をもつうえでの背骨**となります。言い換えれば、あなたが事業計画書を通じて作り出すべきものは、関係者みんなの「共通認識」なのです。

事業計画書は、キミの「思いつき」を実現させるための重要なツールだ。まずは叩き台になる事業計画書で議論を進め、まわりの仲間、外部協力者を巻き込みながら共通認識を作り出そう！

コラム

「事業計画の5つのステップ」と「経営理論」との関係

5つのステップが骨格、分析と理論は肉付け

日常的にさまざまな事業計画を拝見していると、大きく2つのタイプに分かれることに気付きます。ひとつは、「これをこうやります！」しか書いていないタイプ。唐突感満載で、説得力に欠けます。もうひとつは、経営理論に基づいてＰＥＳＴやクロスＳＷＯＴ、アンゾフのマトリクス、５フォースといった分析が丹念に説明されているタイプ。しかし、そういう計画書ほど、分析で力尽きるのか、「結局何をやるのか」が抽象的な内容に終わっています。

たしかに企業を取り巻く状況を適切に把握して、その中で持続可能な利益を上げるためにどうすればいいのかを考えるうえで、さまざまな分析や理論はとても役立ちます。けれど、分析はあくまでも分析ですし、理論は一般論です。そこから個別の状況に即して、「何をやるのか」ということが事業計画の中心でなくてはいけません。

それをきちんと決めていこうというのが、第１章のＰ42以降で紹介した「事業計画の５つのステップ」です。分析や理論は、「何をやるのか」を決めるための理由や根拠、いわば肉付けであり、事業計画の骨格はあくまでも５つのステップです。

5つのステップで事業推進のポイントも押さえられる

事業計画書をコンパクトに書くのであれば、この５つのステップだけでいいのです。５つのステップの中には、「誰に何をどうやって提供するか」という事業を進めるうえでのポイントが入っています。

これに近い考え方をしているのが「マーケティング」です。マーケティングでは、顧客ターゲットを決めたうえで自社と競合との差別化（ポジショニング）を考え、さらに具体的に製品、価格、プロモーション（販促）、流通（販売チャネル）を決めていきます。これらは、５つのステップにおける「顧客への提供価値」と「マネタイズモデル」での検討要素となっています。

ただし、これだけでは価値を生み出すためのオペレーション（資源調達や運用システム）などが検討し切れないので、５つのステップでは、「バリューチェーン」などのステップを加えて補っています。

第2章

魅力的な
事業アイデアを見つける

第2話　アイデアは「インプットの組み合わせ」

若林さん…
なかなか進まなくて…
せっかく思いついたアイデアに自分でブレーキかけてない？
はい…
アイデアって寂しがりやの怖がりさんなんだ
出てくるときはドンドン出てくるし
きいてきいて
きいて
むく
むく
アイデア
ダメ出しされるともう出てこない
16t
ぎゅ
せっかくアイデアが出てきたらすぐダメ出ししないでいったん出し切るんだ！
出てきていいよ
ひとりで考え込むよりも他人と議論するほうがいいよ
ホワイトボードを使ったりしてね
制作プラン
アイデアに広がりも出るし書きながらだと整理しやすいですよね

でも新しいアイデアってそう簡単に出てこなさそう…
なかなか思いつかない…
ZERO
それはゼロから新しいアイデアを作ろうとしているからじゃないかな
ほとんどの事業はすでにあるものの組み合わせでできているんだ
iPod = mp3プレーヤー + ダウンロード
セブン銀行 = 金融 + コンビニ
食べログ = ネット + 外食
わ～気付かなかった!!
たとえばインターネットで託児所を予約とか
さすがにそれはもうありそうだね
まずアウトプットの前にインプットをしないと
INPUT

土曜日
そうだ今日は髪を切ろうと思ってたんだ…
みなさんは保育園を増やすだけで少子化が防げると思いますか?
はたけやまてるこ
畠山照子
あるアンケートの結果では…
保育園を増やせば3人子どもをつくるかという質問に
「せいぜい2人。お金がないから」という答えがありました
子育て支援は保育園の数だけではありません企業が潤い所得が増えることも大切なのです!
そこでみなさん…
所得か…

SORA
毛先をかるい感じですね
はい
おつかれさまです
子育て中のスタッフの活用が難しくてね～
あ、育児中の方なんですね
キャリアを積んだ優秀なスタッフだし意欲もあるからもったいなくて…
お子さんが病気のときに急きょ他のスタッフに代わってもらったりして不満も出るし…
なるほど…
子育てで悩んでいるのは
パパやママだけじゃないんだ…

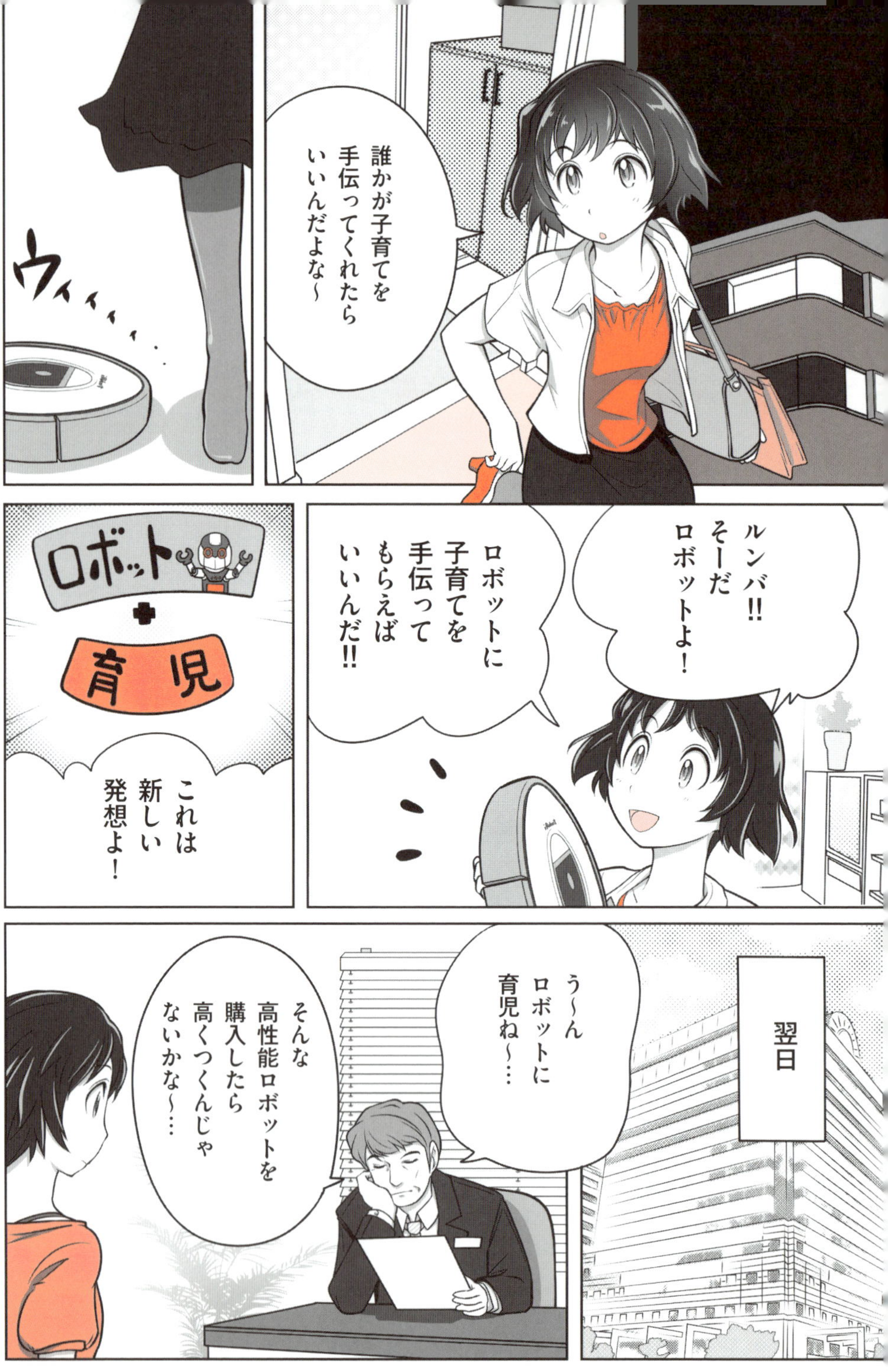
誰かが子育てを手伝ってくれたらいいんだよな～
ウィィィィ…
ルンバ!! そーだ ロボットよ!
ロボットに子育てを手伝ってもらえばいいんだ!!
ロボット
育児
これは新しい発想よ!
翌日
う～ん ロボットに育児ね～…
そんな高性能ロボットを購入したら高くつくんじゃないかな～…

部長がロボットなんか普及しないって…
新しいことをやるんだから壁はあって当然じゃない
一見して無理っぽいであきらめない！
やるかやらないかの前にやるとしたら「どうやるか？」が大切だよ
やるとしたらどうやるか…
たとえばクックパッドを知ってるよね
もちろん！便利ですよね
Cookpad
ボクも毎日見てごはんを作っているんだけどさ
へー

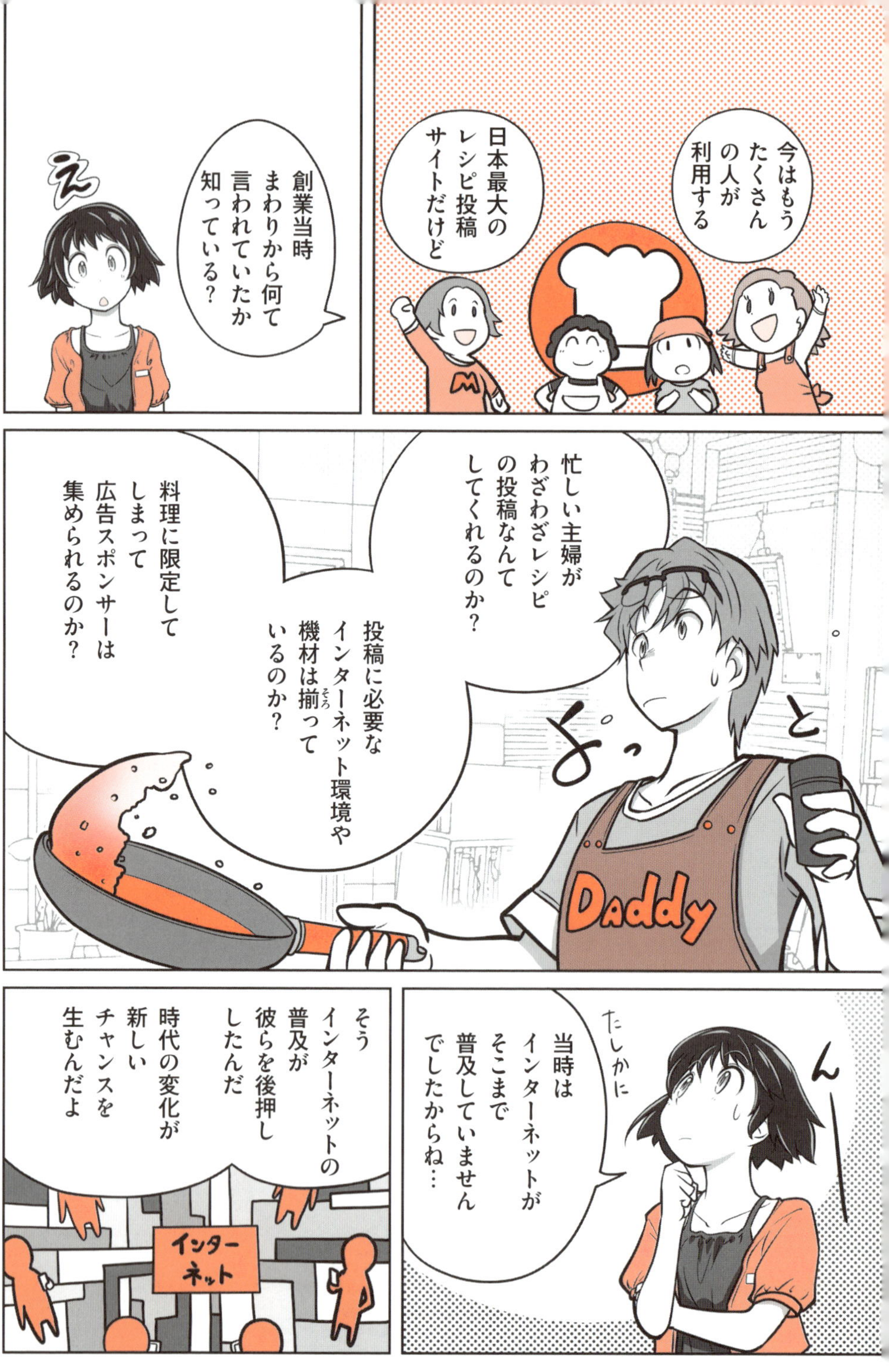
今はもうたくさんの人が利用する
日本最大のレシピ投稿サイトだけど
創業当時まわりから何て言われていたか知っている？
え
忙しい主婦がわざわざレシピの投稿なんてしてくれるのか？
投稿に必要なインターネット環境や機材は揃《そろ》っているのか？
料理に限定してしまって広告スポンサーは集められるのか？
ふっ と
Daddy
ん－
たしかに
当時はインターネットがそこまで普及していませんでしたからね…
そう インターネットの普及が彼らを後押ししたんだ
時代の変化が新しいチャンスを生むんだよ
インターネット

インターネットやモバイル機器のさらなる普及
PC
スマートフォン
モバイルタブレット
先進国の少子高齢化
老
老
若
若
原子力や化石燃料から自然エネルギーへの関心
OIL
石炭
ソーラー
現代社会の変化としてこのようなものが挙げられるね
テレビでもよく取り上げられていますね
社会の変化やニーズか…私、経験も少ないし自信がなくて…
逆に経験者はなかなか新しい発想が出てこないんだ
青葉さんの素朴な疑問や問題意識を大事にしてほしいな

「新しい組み合わせ」で事業アイデアを発想する

魅力的な事業アイデアを生む基本は、「新しい組み合わせ」を考えることです。具体例をここで紹介しましょう。

ｉＰｏｄも組み合わせによって誕生

実際に事業アイデアを考えるとなると難しいことも多く、主人公の青葉さんも最初からつまずいているようです。彼女のようにゼロから発想しようとしても、アイデアはなかなか出てきません。

事業アイデアの発想法にはさまざまなものがありますが、既存のもの同士の**新しい組み合わせ**を見つけるという方法が定番アプローチです。

今から約１００年前、経済学者のシュンペーターは、革新的な事業によって社会に大きな変化をもたらすイノベーションの重要性を指摘しました。そして、「それを生み出すには、既存のもの同士でもかまわない。新しい組み合わせ（新結合）を作ることだ」と述べています。

新しい組み合わせによる新規事業の例としては、アップル社の携帯型デジタル音楽プレイヤー「ｉＰｏｄ」があります。ｉＰｏｄは音楽ビジネスの世界を変え、その後の同社の大復活につながるもとになった伝説的なプロダクトですが、実はｉＰｏｄの登場以前から携帯型デジタル音楽プレイヤーの市場は存在しましたし、音楽ダウンロードサービスも存在しました。

しかし、それぞれ別に存在していて、当時のユーザーは不便な状況に置かれていました。そこでアップル社は、音楽プレイヤーと音楽ダウンロードサービスという2つの既存のプロダクトをトータルに組み合わせることで、成功を収めたのです。

フリーミアムは新しいビジネスモデル？

その他にも、すでにあるもの同士を組み合わせて生まれた事業の例はたくさんあります。

たとえば「コンビニＡＴＭ」は、コンビニにＡＴＭを設置することで、現金引き出しなどの利便性を圧倒的に向上させました。最近普及している「スカイプ英会話」は、メッセージアプリと英会話を組み合わせることで、都合のよい時間での受講を可能にし、英会話学習の機会を飛躍的に広げました。

さらに、近年注目の**フリーミアム**という課金方法。これは、スマートフォンでのゲームアプリなどでよく使われていて、最初は無料で多くの人に利用してもらい、その後にさらなるサービスを望む人に課金して収

点と点を結び付ける発想が重要

組み合わせでアイデアが生まれるというのは、なるほどって思いました

いろんな発想法があるけれど、源流のひとつはこの組み合わせだと思うよ

昔から言われていることなんですね

最近では、アップル社の元CEOスティーブ・ジョブズの「点と点を結び付ける」というスピーチが有名だよね

アップル社の成功の要因って、組み合わせのうまさにもあったんですね

そう、遠く離れた点と点を結び付ければ、すごいイノベーションが起こるという好例だね

益を得るという仕組みです。

フリーミアムは、ゲームアプリ以外にもクックパッドやヤフーオークションなど、多くのWebサービスで導入され、ネット時代の新しいビジネスモデルとして話題になりました。しかし、その仕組み自体は、さほど新しいものではありません。デパートやスーパーマーケットの食品売り場では昔から試食コーナーがあり、まず試食をしてもらって、美味《おい》しければ買ってもらうという販売方法が行われています。つまり、フリーミアムは、食品売り場の試食販売のようなお試し利用とWebサービスとを組み合わせたものなのです。

これらの例を見てわかるように、それぞれの要素は既存のものであっても、その組み合わせによって新しい事業の価値を生み出せるということです。

スマホとの「新しい組み合わせ」

世の中にはさまざまな技術やツール、インフラが存在します。それらは特定の用途に使われていることが多いのですが、**他の用途に応用できないか**と考えるこ

思いもよらぬ組み合わせがイノベーションを生む

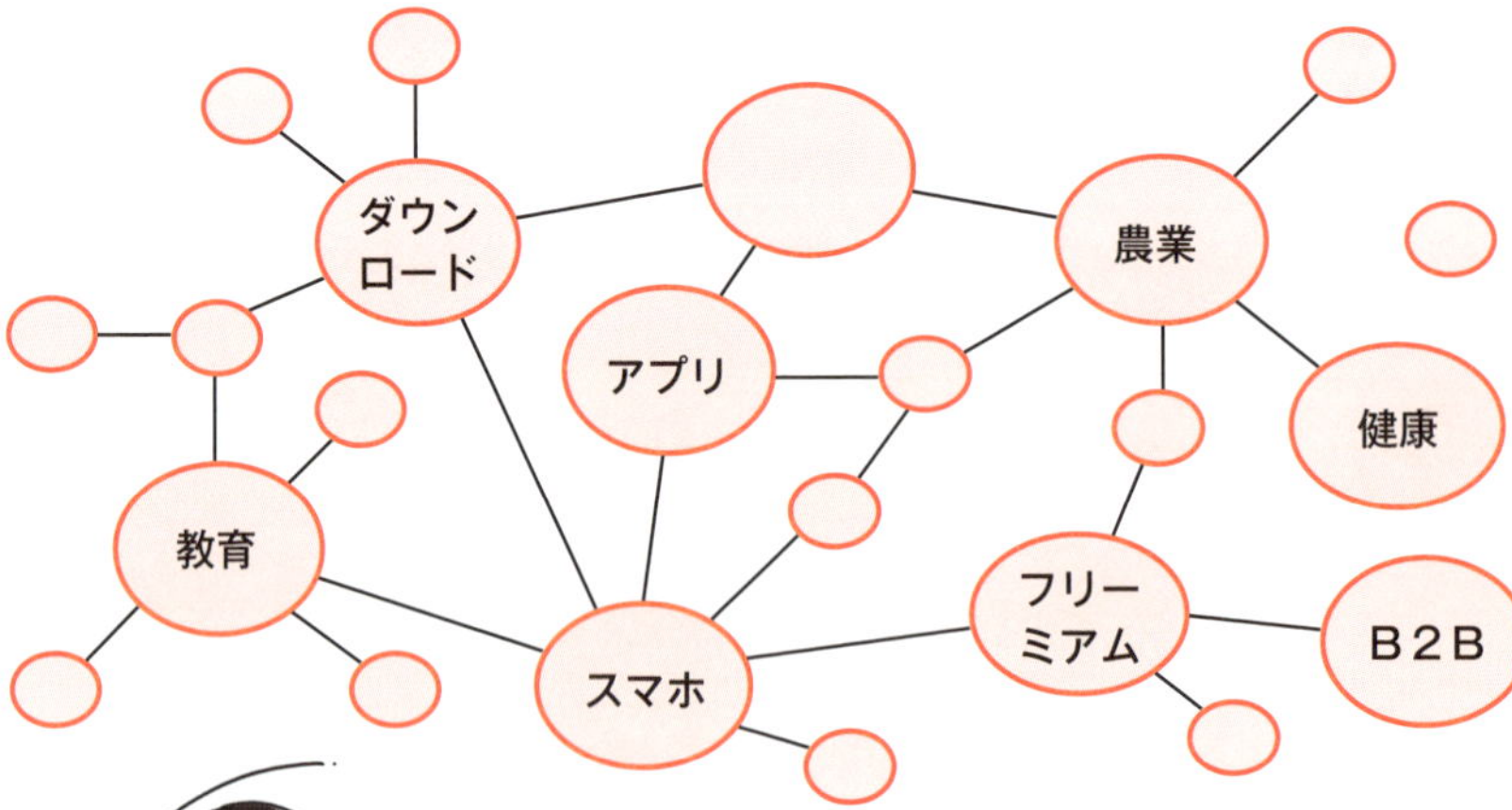
ダウンロード
農業
アプリ
健康
教育
フリーミアム
B2B
スマホ

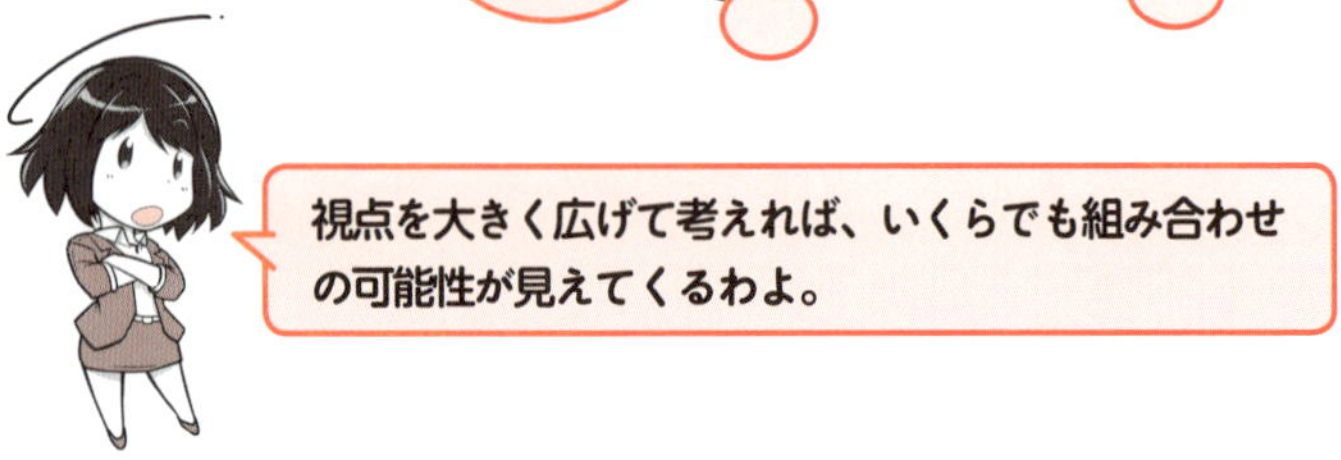
視点を大きく広げて考えれば、いくらでも組み合わせの可能性が見えてくるわよ。

とが、新しい事業アイデアへとつながります。

たとえば、スマートフォンです。従来の携帯電話の用途は、単に電話やメール、ネット閲覧《えつらん》でしたが、スマートフォンはパソコンに近い汎用《はんよう》的な情報機器で、テザリングと言ってネット接続の中継機となる機能もあります。パソコンをもたない顧客層にも、アプリを通じてさまざまなサービスを提供することもできます。このようにさまざまな用途に応用することで、さらなる事業機会の可能性が広がっています。

前述のフリーミアムも、スマートフォンによって簡単に代金のネット決済が行えることが、普及要因のひとつになっています。

また、スマートフォンを中継して他の端末をネットに接続できることから、最近は「ウエアラブル端末（リストバンド型など身に着ける端末）」との組み合わせによる健康サービスなども登場しています。

思いもよらぬ組み合わせが変化を生む

これらの組み合わせで特に大きな変化を生み出すのは、**思いもよらぬ組み合わせ**です。同じ業界内でよく知られている技術や仕組みの組み合わせでは、壁にぶつかり、事業の可能性としても限界があるでしょう。

その限界を乗り越えるには、他の業界の技術や仕組み、新しく普及したインフラなどを組み合わせるのです。そうすれば、これまで自分の業界内では困難と思われてきた製品・サービスを生み出せたり、大幅なコストダウンが可能になったりする場合があります。

自分の業界だけではなく、**他の業界にも目を向けて組み合わせの可能性を探り続ける**ことが、事業アイデアを考える際の重要ポイントなのです。

事業アイデアは「新しい組み合わせ」で考えることが重要。すでに世の中にあるもの同士の組み合わせでも、その業界にとって新しければ、十分魅力的な事業を生み出すことができるよ。

何を組み合わせるか（1）ー技術と市場

技術と市場の組み合わせは多くの成功事例を生んでいます。そうした組み合わせを見つけるポイントを紹介します。

技術と市場の組み合わせによる成功例

事業アイデアの発想方法として最も多いパターンは、**技術と市場の新しい組み合わせ**です。

これには、メーカーからIT事業、サービス業に至るまでたくさんの成功事例があります。たとえば、次のようなものです。

●iRobotのロボット掃除機ルンバ
⇓地雷除去技術×家庭用掃除機市場

●Googleのネットサービス
⇓ページランク検索技術×ネット広告市場

●富士フイルムの化粧品
⇓フィルム技術×化粧品市場

富士フイルムの化粧品事業は、なかなか興味深い成功事例です。

写真フィルムの市場は、デジタルカメラの登場でどんどん縮小しました。しかし、実はその写真フィルムのコア技術の中に化粧品に重要なコラーゲン生成技術があったのです。富士フイルムはその技術を使って、分子量が極めて小さく肌の奥まで浸透するコラーゲンを生成し、それを投入することで、化粧品市場に見事に参入することができたわけです。

マーケットインとプロダクトアウト

技術と市場の組み合わせを見つけるのは、なかなか難しいものです。技術や製品をもっている会社側はどんなユーザーがいるのかをよく知らない場合が多いし、ユーザー側はどんな技術があるのかを知りません。

そうした状況でのアプローチの方法としては、**マーケットイン**と**プロダクトアウト**の2つの方法が知られています。

マーケットインとは、顧客ニーズに合わせた製品・サービスを開発しようという発想です。一方、プロダクトアウトとは、自社の技術を活かした製品・サービスの開発を優先する考え方です。これについては第3章P142以降で詳しく解説しますが、よくこんな質問を受けることがあります。

「当社では、マーケットインで考えろと言われているので、顧客ニーズなどを聞いて製品企画をしています。でも、うまくいっている企業を見ると、とにかくスゴイ製品を世に問うプロダクトアウトで成功する例

お客さんを驚かせるモノを作る

マーケットインと言っても、お客さんの言うとおりに製品を作るだけじゃ、ダメなんですね

競争相手もマーケットインでやらなくてはと、お客さんから似たような話を聞いてくるしね

そっか、同じような話を聞いて同じように作るから、同じような製品ができる……

マーケットインが強調されるのは、これまであまりにプロダクトアウトだった反動だね

お客さんが思いつかなかったモノを作って、「こういうのが欲しかった！」と言ってもらいたいですね

そのために何をしなくてはいけないかを考えていこう

もあるようです。このあたりはどう考えればよいのでしょうか？」

結論から言ってしまうと、プロダクトアウトとマーケットインのどちらを先に考えるかは関係なく、最終的に**プロダクトとマーケットがフィット**していればよいのです。これを**PMF（プロダクト・マーケット・フィット）**と言います。技術と市場を組み合わせる場合、このPMFが事業の成否を分けるカギとなります。

マーケットインの落とし穴

PMFがなぜ重要なのか、その理由についてもう少し説明しましょう。

たとえば、マーケットインで顧客の声をたくさんヒアリングし、その市場を狙ったとしましょう。しかし、競争の激しい世の中ですから、同じような事業機会は他社にすぐに見つけられてしまうでしょうし、顧客の抱える課題（ニーズ）がすぐに解決できる程度のものなら、他社が解決策となる製品やサービスをとっくにリリースしている場合が多いでしょう。

プロダクト・マーケット・フィット（PMF）とは？

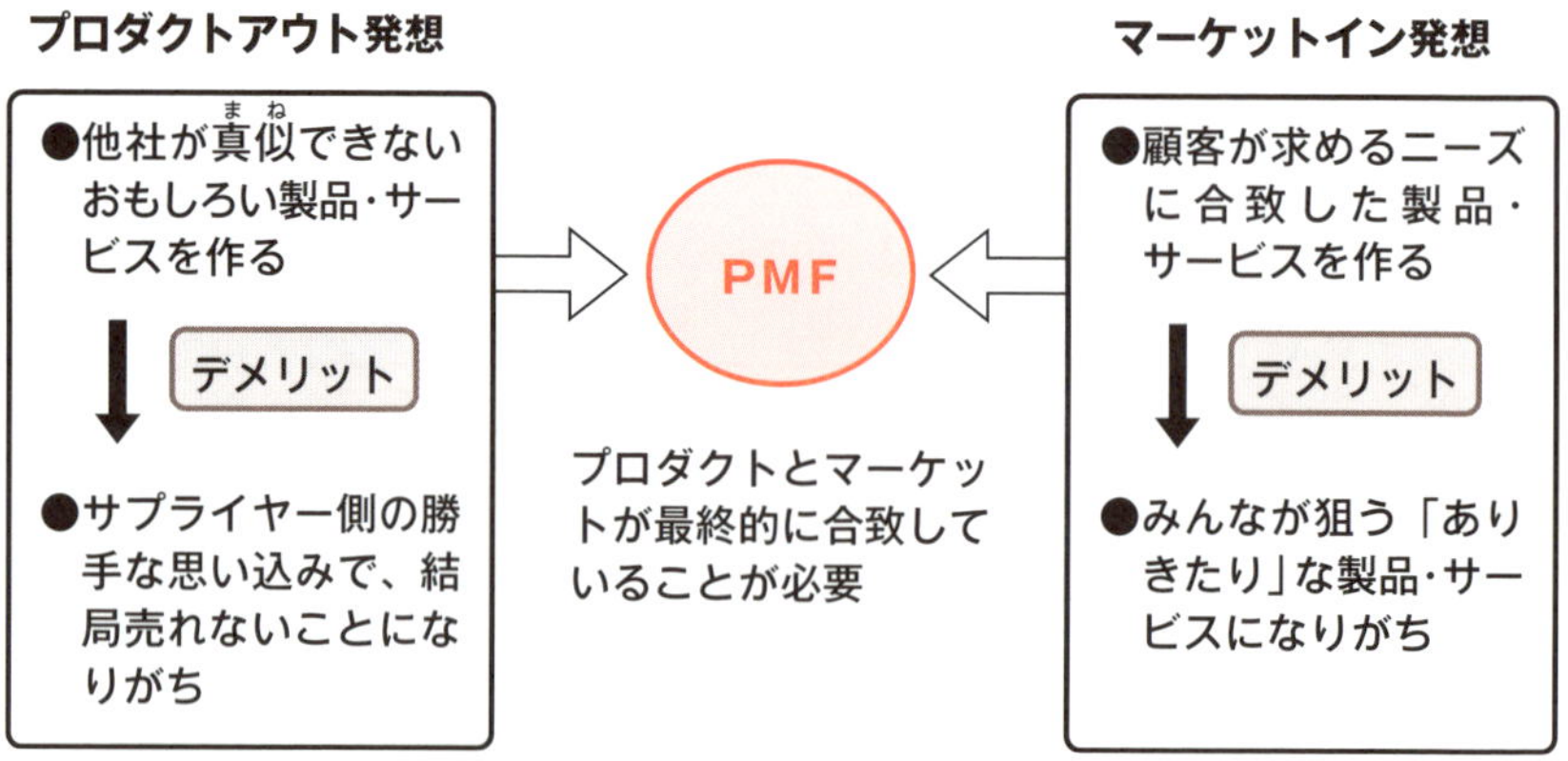

プロダクトアウト発想
●他社が真似《まね》できないおもしろい製品・サービスを作る
デメリット
●サプライヤー側の勝手な思い込みで、結局売れないことになりがち
PMF
プロダクトとマーケットが最終的に合致していることが必要
マーケットイン発想
●顧客が求めるニーズに合致した製品・サービスを作る
デメリット
●みんなが狙う「ありきたり」な製品・サービスになりがち

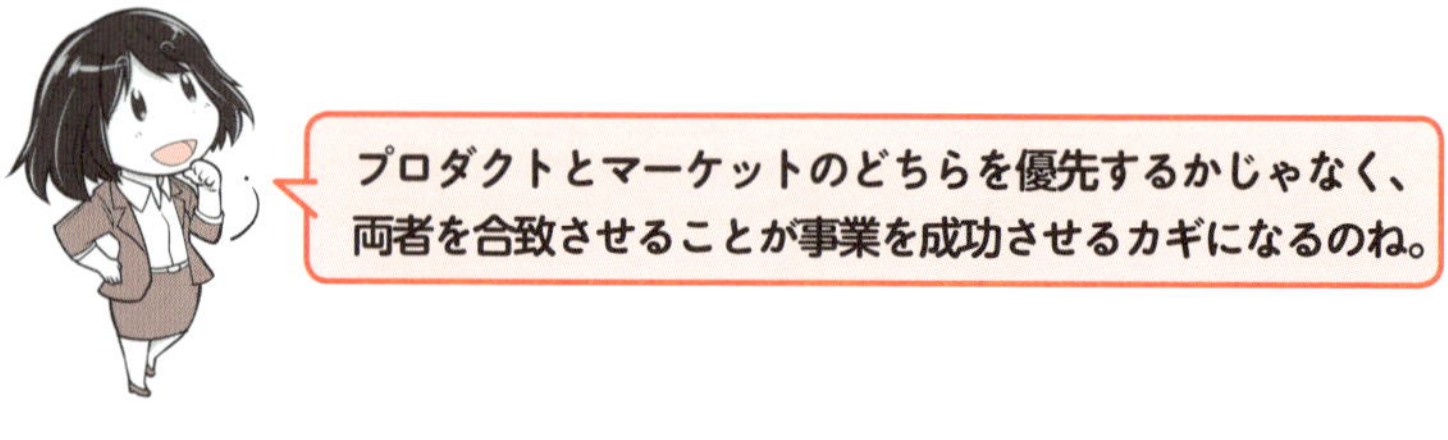

プロダクトとマーケットのどちらを優先するかじゃなく、両者を合致させることが事業を成功させるカギになるのね。

生半可《なまはんか》な課題の理解や技術では、**ありきたりの製品やサービス**にしかならないのです。競争に勝つためには、顧客が抱えている課題をしっかり理解して、その解決策となる製品・サービスを提示しなければなりません。

さまざまな技術や仕組みを組み合わせ、**これまでなかったような製品やサービス**で顧客を驚かせることが必要であり、それがビジネスの醍醐味《だいごみ》でもあるのです。

新しい市場を探す「用途開発」を

今度は、プロダクトの側から考えてみましょう。技術開発をしていると、その過程で思いもよらないおもしろい技術が出てきたりします。それらを「できちゃった技術」などと呼びます。

できちゃった技術は、磨きをかければ企業の最大の強みになるかもしれません。しかし、その技術をどういう市場に投入すればよいのか判断できなければ、収益が見込めないので、追加投資も難しくなります。

そうした場合は、新しい市場を探す**用途開発**が非常に重要になってきます。用途開発では、市場における顧客ニーズの理解や、それをもとにした組み合わせの発想力が不可欠です。たとえば、地雷除去技術の用途開発によって家庭用ロボット掃除機が登場し、手榴弾《しゅりゅうだん》技術の用途開発によってエアバッグが登場したのです。

日本企業は特許件数を誇っていた時期もありましたが、事業化の面では米国などに負けていると言われます。その最大の理由が、用途開発の弱さです。既存技術や新しい技術をもっているなら、現在の自社の事業領域にこだわらず、プロダクトとマーケットの両方に着目し、**それを適用できる市場を探す**ことが大切です。

技術と市場の組み合わせは、事業アイデアを発想するポイントのひとつ。技術と市場のどちらを先に考えようとかまわないけれど、技術と市場をフィットさせることが重要だよ。

何を組み合わせるか（2）—多様な組み合わせ

販売方法や生産方法なども、アイデアを発想する際の組み合わせ要素になります。多様な要素の組み合わせ例を見てみましょう。

競争力を高める要素に注目

事業アイデアを生む組み合わせは、「技術と市場の組み合わせ」だけではありません。

経済学者のシュンペーターはイノベーションをもたらす要因として、次のようなものを挙げています。

・新しい製品の開発
・新しい生産方法の導入
・新しい販売先の開拓
・新しい原料や半製品の供給元の獲得
・新しい組織の構築

つまり、その事業が魅力をもつためには、単に技術と市場だけではなく、事業の競争力を高めるオペレーションやマーケティング、サプライチェーン（部品供給や運営のための仕組み）、ビジネス体制など、**さまざまな要素の組み合わせ**が大切だということです。

トヨタ自動車の例を見てみましょう。トヨタ自動車が作っているもの自体は自動車ですし、展開している地域も他社と大きく変わるものではありません。しかし、トヨタ自動車は世界有数の自動車メーカーとなっています。

その背景には、トヨタ生産方式というオペレーショ

ンの存在があります。トヨタは、自社の自動車事業の強みの源泉としてこの生産方式を組み込むことで、高品質な自動車を低コストで生産して競争力を高めることができたのです。

事業の仕組みもアイデアに取り込む

本章の冒頭でもふれましたが、事業アイデアのもとになる要素自体は、まったく新しいものである必要はありません。他の業界などにおいて、**すでに当たり前になっている要素**でもよいのです。

ただし、その要素の範囲は広く、技術や市場はもちろん、生産方法や販売方法など**事業展開の仕組み**についても、組み合わせ要素として事業アイデアに取り込むことがポイントです。

たとえば、トヨタ生産方式は、必要な部品を必要な分だけ前工程に取りに行くことによって、生産ラインのムリとムダをなくしたものです。実はこの方式は、当時、米国に出張中だった同社幹部が、スーパーマーケットで消費者が欲しいものを自分でレジにもってい

主な「組み合わせ」の要素

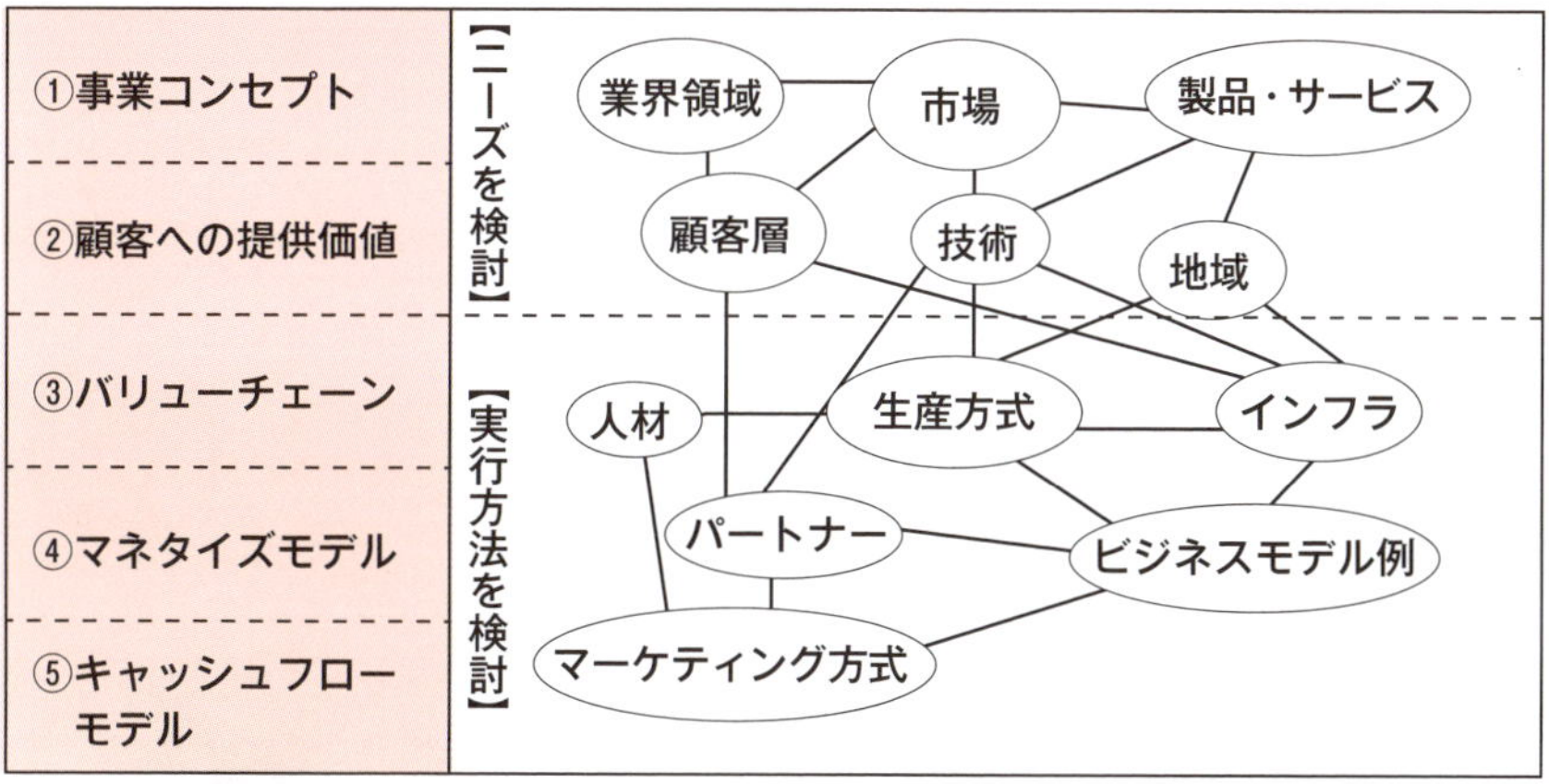
①事業コンセプト
②顧客への提供価値
③バリューチェーン
④マネタイズモデル
⑤キャッシュフローモデル
【ニーズを検討】
【実行方法を検討】
業界領域
市場
製品・サービス
顧客層
技術
地域
人材
生産方式
インフラ
パートナー
ビジネスモデル例
マーケティング方式

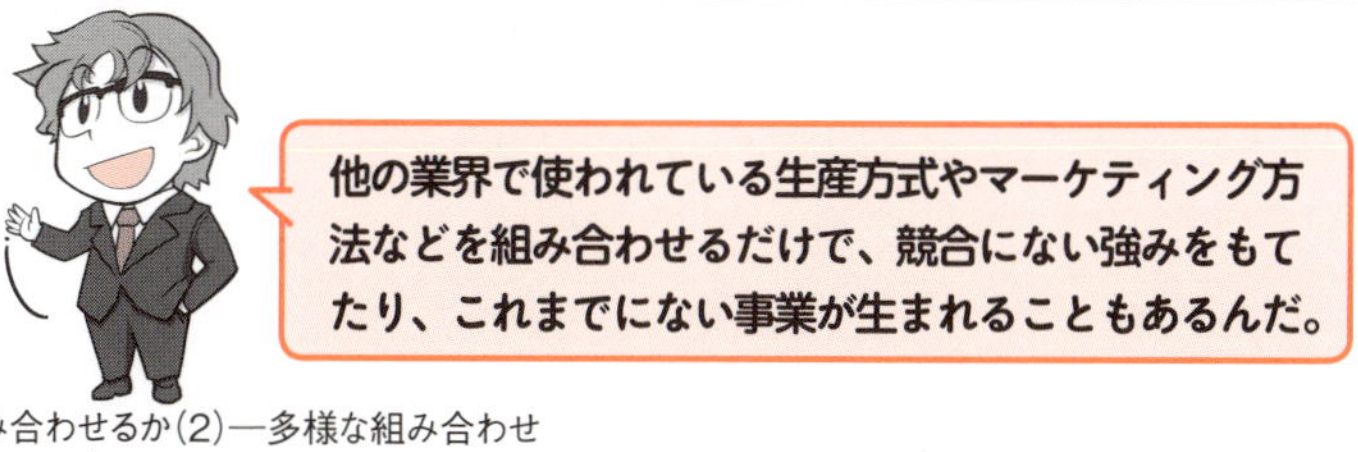
他の業界で使われている生産方式やマーケティング方法などを組み合わせるだけで、競合にない強みをもてたり、これまでにない事業が生まれることもあるんだ。

くやり方を見て、発想されたものだそうです。

スーパーマーケットの売り場の仕組みをまったく畑違いの自動車の生産ラインにもち込むことにより、トヨタ生産方式が生まれたわけです。

ネット事業の「新しさ」のカラクリ

事業展開に必要な仕組みをアイデアに取り込んだ代表例として、さまざまなネット事業が挙げられます。

インターネットの登場以降、枚挙に暇《いとま》がないほどたくさんのネット事業が生まれました。しかし、ネット事業はゼロから生まれたわけではなく、すでに存在していた事業をインターネットというインフラにうまく適合させて生まれたものです。

たとえば、楽天はネットと小売りの組み合わせ、食べログはネットとレストランガイドの組み合わせ、ライフネット生命はネットと生命保険の組み合わせで生まれた事業です。

インターネット自体がこれまでになかったものなので、どんな既存のものと組み合わせても、必然的に新

インフラの普及は次の事業の苗床

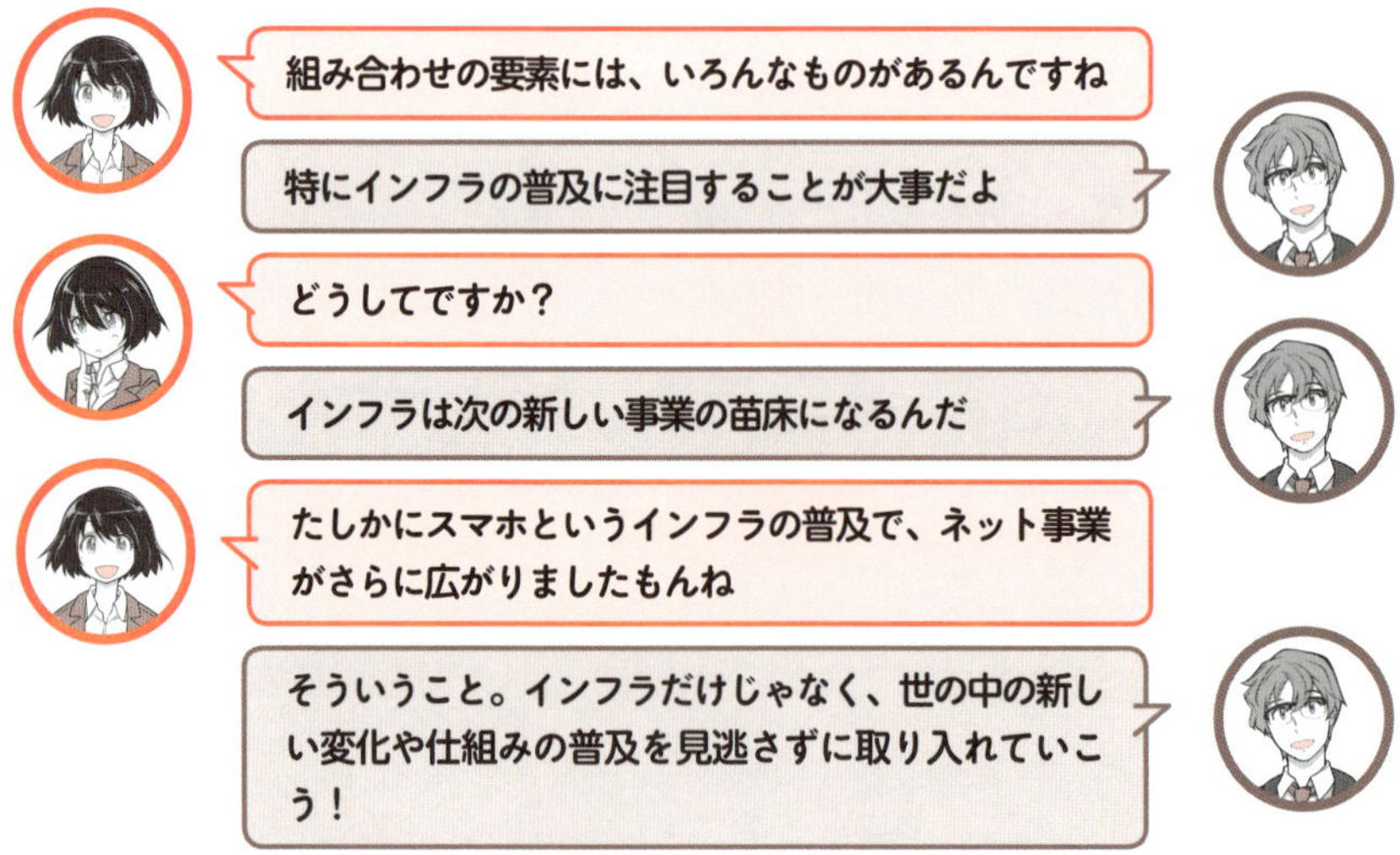
組み合わせの要素には、いろんなものがあるんですね
特にインフラの普及に注目することが大事だよ
どうしてですか？
インフラは次の新しい事業の苗床になるんだ
たしかにスマホというインフラの普及で、ネット事業がさらに広がりましたもんね
そういうこと。インフラだけじゃなく、世の中の新しい変化や仕組みの普及を見逃さずに取り入れていこう！

しい事業になり得るわけです。これが、インターネット関連事業がどんどん生まれてくるカラクリです。このようなチャンスはもう終わってしまったわけではなく、スマートフォンやタブレットなどの新しい端末の普及で、それらと既存要素との組み合わせによる新しい事業の可能性はさらに拡大しています。

複数の要素を組み合わせよう

事業アイデアを考える場合、どれか一対《いっつい》の要素だけを組み合わせるのではなく、**いくつかの要素を組み合わせる**こともできます。競争や模倣《もほう》が激しい市場に、むしろ一対の要素を組み合わせただけの事業を投入しても、不十分でしょう。

どんな市場や顧客にどんな製品・サービスを提供するのか、オペレーションや調達の工夫で品質や生産スピードを向上できないか、マーケティングや課金システムなどの新しい工夫はないかなど、さまざまな要素を検討することが必要になってきます。さらに、それらの要素を有効に組み合わせることが、競争力のある事業アイデアを生み出す秘訣です。

そうは言っても、たくさんの要素を組み合わせることは難しそうなので、「ゼロから新しい事業を考えたほうが簡単だ」と思う人がいるかもしれません。けれど、仮にまったく新しい事業を思いつけたとしても、あらゆる要素にインフラや前例がないとなれば、実現のハードルは相当高くなります。

既存の要素から事業アイデアを発想する場合なら、個別の要素は他業界などで検証済みです。先行する他業界でのやり方を参考にしながら検討することができ、失敗のリスクを抑えることもできるわけです。

事業アイデアを発想する際、事業の仕組みも含めて組み合わせの要素はたくさんあるんだ。競争の激しい市場で勝ち抜くためには、いくつかの要素を組み合わせる工夫が必要だよ。

なぜ新しい組み合わせを見つけるのが難しいのか

事業の「新しい組み合わせ」がなかなか出てこない……。なぜ、組み合わせが出てこないのか、まず理由を知ることが大切です。

インプット不足ではどうしようもない

事業アイデアを「既存のもの同士の新しい組み合わせ」で発想しようとしても、実際にやってみると、そう簡単にはいかないものです。その主な理由として、次の3つが挙げられます。

●インプットが不十分
●固定観念にとらわれている
●選択肢が多すぎる

まずは、**インプットが不十分**という問題です。いくら組み合わせを考えようとしても、組み合わせるべき「ネタ」がなければどうしようもありません。ゼロからイチを創り出すことはできないのです。

そこで、組み合わせを考えるためには、新しい顧客層や顧客ニーズの変化、新しい技術やインフラ、有力な事業パートナー、他業界で成功しているビジネスモデルのパターン、画期的な課金方法（第5章P200以降を参照）など、組み合わせ要素についての情報をインプットすることが必要になってきます。

固定観念とは?

しかし、仮にインプットが十分であったとしても、

固定観念にとらわれているために、新しい組み合わせが見つけられないケースも多いのです。

人間の記憶や知識は、頭の中に混然《こんぜん》となって収まっているわけではありません。頭の中には分類ラベルが貼られた引き出しがたくさんあり、その引き出しごとに関連する記憶や知識が固まりとなって整理されているのです。そのため、何かの記憶や知識が必要になったときに、その記憶や知識の分類を判断し、分類に該当する頭の中の引き出しを開ければ、関連する情報も比較的容易に得られるというわけです。

たとえば、この人は高校時代の同窓生、この人は会社の仲間などという分類がされているので、同窓会があれば「○○君はどうしているだろう?」などと思い出したりできます。仕事においても、過去の経験があれば、その経験の分類ラベルにある関連知識を使って、効率的に仕事を進めることができます。

このように記憶や知識が組み合わさった固まりは、**フレーム**と呼ばれます。人にはそれぞれ個別のフレームがあって、その人の理解の仕方や考え方を規定して

「新しい組み合わせ」が見つからない理由

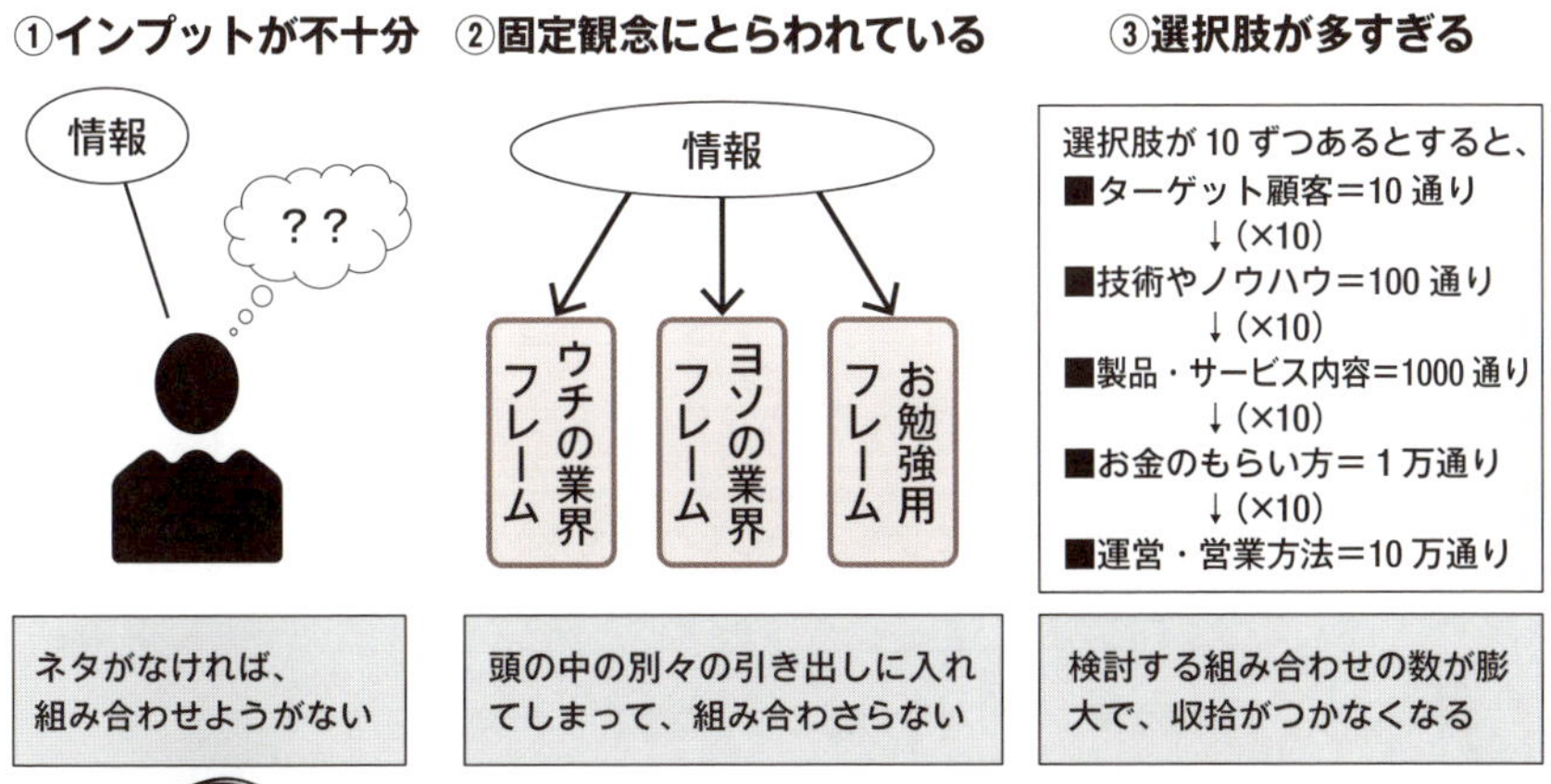

①インプットが不十分
情報
??
ネタがなければ、組み合わせようがない
②固定観念にとらわれている
情報
ウチの業界フレーム
ヨソの業界フレーム
お勉強用フレーム
頭の中の別々の引き出しに入れてしまって、組み合わさらない
③選択肢が多すぎる
選択肢が10ずつあるとすると、
■ターゲット顧客=10通り
↓(×10)
■技術やノウハウ=100通り
↓(×10)
■製品・サービス内容=1000通り
↓(×10)
■お金のもらい方=1万通り
↓(×10)
■運営・営業方法=10万通り
検討する組み合わせの数が膨大で、収拾がつかなくなる

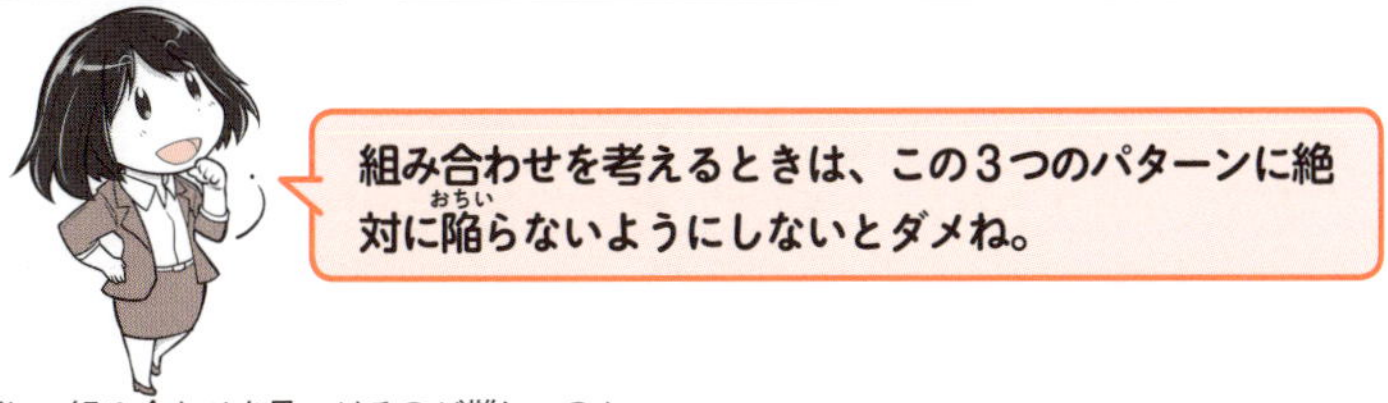

組み合わせを考えるときは、この3つのパターンに絶対に陥《おちい》らないようにしないとダメね。

います。これが固定観念の正体です。

固定観念を乗り越えることが必要

この業界はこういうものだ、この商売はこういうものだ、この技術はここで使うものだと、フレームに当てはめて覚えることは特段悪いことではありません。既存の事業を従来の環境のもとで進めるうえでは、そうしたフレーム内で判断したほうが効率的なのです。

しかし、「新しい組み合わせ」を発想するためには、このフレームを乗り越えなければなりません。

前述した富士フイルムの化粧品事業は、「この技術はフィルムの技術」と思い込んでいたら実現できなかったでしょうし、ロボット掃除機ルンバも、「この技術は地雷除去の技術」と思い込んでいたら実現しなかったはずです。新しい事業アイデアを考える場合には、**これまでの固定観念にとらわれてはいけない**ということです。

事業アイデアを議論していて、よく出てくるセリフに「それはいまの技術では不可能」「そんなことはでき

アウトプットのクセをつけよう

組み合わせを見つけるのって大変そう。何かコツはあるんですか？

アウトプットのクセをつけるんだ。新しいアイデアを出すのが苦手な人は、ここが弱い

インプットを増やすんじゃなくて？

彼らは勉強熱心で情報収集はしていても、頭の中の「お勉強引き出し」にしまい込んで忘れちゃうんだ

大事なドングリを埋めたところを忘れちゃうリスみたいですね

そうなんだよ。これはウチの仕事に関係ないと言わずに、いつもアウトプットしていれば、頭の中の引き出しが開きやすくなるよ

るはずがない」というものがありますが、それは正確に言えば、「私の固い頭で思いつく範囲では不可能」と言っているにすぎません。固定観念を排除したうえで、できる方法を考えるという姿勢が大切です。

選択肢が多すぎると思考停止に

事業アイデアが出ない3つめの理由は、組み合わせの**選択肢が多すぎて検討できない**というものです。たしかに、インプットをすべて検討するとなると、組み合わせの数は莫大《ばくだい》なものになります。

事業アイデアのための検討項目としては、「ターゲット顧客」「技術やノウハウ」「サービス内容」「課金方法」「運営方法や営業方法」などがあります。たとえば、ターゲット顧客と技術を組み合わせる場合に、ターゲット顧客の選択肢が10、技術の選択肢も10あったとしたら、組み合わせは100通りにもなります。

さらに、「サービス提供の仕組みはどうするか」「営業はどう行うか」などと5項目を検討するとして、項目ごとの選択肢が10あれば、組み合わせは10の5乗で何と10万通りになってしまいます。あれもこれも考えなくてはいけなくなって思考停止という状態です。

そうならないための処方箋《しょほうせん》は、前章で紹介した「5つのステップ」に沿って検討することです。「決めるべき項目とその順序」を無視し、同時にあれこれつまみ食いで検討するので、迷路に陥《おちい》るのです。「コンセプトはコレ、提供価値はコレ」とステップの順番に決めていけば、1つに決まります。もちろん行ったり来たりはありますが、ステップを意識していれば、混乱はありません。

インプット不足や固定観念を解消する方法は次節以降で解説します。

新しい組み合わせを見つけるのが難しい理由は、「インプット不足」「固定観念」「多すぎる選択肢」の3つだ。これらを乗り越えて事業を検討するためには、アプローチ方法を知っておく必要があるよ。

事業発想のアプローチ（1）ーインプットの着眼点

新しい組み合わせを見つけるには、まずはインプットがスタート地点。では、どんなインプットが必要となるのでしょう？

インプットには3つの着眼点がある

新しい組み合わせを見つける第一歩として、まず何をインプットするべきなのでしょうか。

正直なところ、どんなインプットが役立つかは、あとになってみないとわからないので、自分の事業のテーマに合わせて工夫していくしかないのですが、その中でもある程度、事業や事業発想を後押ししてくれる着眼点がやはり存在します。それは次の3つです。

①環境の変化
②対象業界以外の事例やビジネスモデル
③現場・現物・現実

インプットの効率的なアプローチは、この3つの着眼点をもとに情報の収集・分析を行うというものです。

環境変化がチャンスを生む

まず大事なのは、**環境の変化**に着目することです。もし、世の中に何の変化も起こらなければ、ほとんどの事業機会は既存事業者で埋め尽くされてしまうでしょう。しかし、現実には環境は常に変化するので、既存事業者が対応していない分野が出てきます。そこに隙間《すきま》が生まれ、新しい事業機会が生まれるのです。

この環境変化をとらえる手法としては、**PEST分析**があります。これは政策、経済、社会、技術という4つの切り口に着目して、事業機会に影響を与える変化を極力ヌケモレなく洗い出す手法です。たとえば、政治なら法律や税制、行政サービスの改正など、経済なら景気動向や金利・為替動向など、社会なら人口動態や価値観の変化など、技術なら技術革新や新技術の動向などの情報を収集し、その変化を事業に活かせないかを検討するわけです。

ただ、「PEST分析をやってみたけれど、うまくいかなかった」という声もよく聞きます。そうした人はPEST分析の際に、自社の業界の視点からしか変化を見ていなかったのではないでしょうか。たとえば、インターネットが登場したとき、「あれは通信業界の話で、わが社の事業とは関係ないものだ」とタカをくくっていた企業は、大きな事業機会を見逃すことになりました。

PEST分析では、「自社の業界特有の変化」だけではなく、**関連業界や業界横断的な観点でインパクト**

どんな情報をインプットすればいいの？

①環境の変化

- ●PEST分析で変化を把握
  - ・政策（Political）
  - ・経済（Economic）
  - ・社会（Social）
  - ・技術（Technology）
- ●３つのレイヤー（層）で変化を把握
  - ・自社や業界内
  - ・周辺業界や関連業界
  - ・業界横断

②他業界の成功事例

- ●事業化の発想
- ●ビジネスモデル
- ●顧客ニーズのパターン
- ●マーケティングの工夫
- ●オペレーションの工夫

その他…

③現場・現物・現実

- ●現場担当者や関係者の声
- ●顧客の生《なま》の声
- ●実際の数値・データ
- ●顧客の「あるべき姿」とのギャップ
- ●具体例や典型例

その他…

インプットには、日頃の問題意識や情報への感度が問われるのね。

を生む変化にも着目することが重要となります。

対象業界の外側の変化にも着目

2つめのインプットの着眼点は**対象業界以外の事例やビジネスモデル**です。これに対して、「新事業が狙う業界はほぼ決まっているので、その業界と関係のない情報を集めてもムダだ」と考える人がいますが、そうした考え方は誤りです。

既存事業者に対抗して新しいことを始める場合、その対象業界の現状やトレンドをインプットするだけでは、既存事業者を出し抜くような新規事業のアイデアは生まれません。もちろん対象業界の顧客層や業務の仕組みを知ることは、新規参入の前提として必要なことですが、やりすぎると既存事業者と認識が変わらなくなり、独自の視点を失うリスクも出てきます。

そうした状態に陥《おちい》らないためには、その業界にはなかった**新しいインプットをもってきて組み合わせる**ことが必要なのです。

新規事業の対象が製薬業界なら、たとえば「医師へ

未来の変化は予測できるか？

環境の変化が大事なのはわかりますが、先のことなんてわからないですよね？

そうだけど、人口動態などは相当な確度で見通しがわかるよね。パターンが明確な変化もあるんだよ

へえ、そうなんですか！

たとえば、新市場の広がりや新技術の普及はS字カーブを描くことが多い

最初はゆっくりペース、それから急に立ち上がって、その後ゆるやかな拡大ペースになるんですね

そう、新市場や新技術を狙う場合は、その立ち上がりのタイミングを読むのがポイントになるんだ

の営業規制強化」という変化がありますが、単に「どうやって薬を売り込むか」にこだわるだけでは、よいアイデアは出てきません。製薬業界の視点から少し離れて、当の医療業界の変化を見てみると「チーム医療（医師と他職種の連携）の拡大」というトレンドがあり、さらにその外側では、スマートフォンやクラウドサービスの普及が製薬業界にも影響する可能性があります。対象業界の外側の変化に着目することで、新しい機会が生まれるのです。

現場・現物・現実の確認が必要

インプットの3つめの着眼点は、**現場・現物・現実**です。先ほど紹介したPEST分析では、新聞や雑誌などからの二次情報が多くなります。しかし、それらはあくまで一般論の情報です。参考にはなっても、個別の顧客のニーズやあなたの事業テーマに合致する変化かどうかは、現場・現物・現実を見て確認することが必要です。

えてして既存事業者の現場担当者は商売の数字に追われて、ニーズの確認活動を怠《おこた》りがちですし、意思決定者は現場と距離が遠くなります。ここに新規参入者が新しいチャンスを見つける余地があるのです。

実際に自分の足を運んで顧客の声を聞いたり、変化をもたらす技術などの情報を収集したりすることが大切です。このとき注意すべきことは、ただ漠然《ばくぜん》と現場に行ってヒアリングしてみても、何も見えてこないということです。対象業界以外の成功事例などをベンチマーク（基準）として頭に入れたうえで現場・現物・現実と比較すると、そのギャップから新規事業の可能性が見えてきます。この点については、第3章で詳しく解説します。

新しい事業を生み出すためには、対象業界になかった「新しいインプット」が必要なんだ。そのためには、環境の変化、対象業界以外の事例、現場・現物・現実という3つに着目して情報収集をしよう。

事業発想のアプローチ(2)―クロストライアルのすすめ

固定観念は、新しい組み合わせの発想を阻害《そがい》します。そんな固定観念を排除する工夫として、「クロストライアル」を紹介します。

ランダムな組み合わせで
アイデアを
出してみるのね！

固定観念の壁を壊す工夫を知ろう

数多くのインプットを行っても、それだけで「新しい組み合わせ」が生まれてくるわけではありません。

前述したように、人間の頭の中にはたくさんの引き出しがあり、そこに記憶や知識が「既存の組み合わせ」として分類整理されています。この引き出しこそが、**固定観念**の正体です。

新しいインプットを行ったとき、それが勝手に引き出しの壁を越えて既存の知識と結び付いてくれれば、苦労せずに新しい組み合わせが生まれます。しかし、この固定観念という引き出しの壁は厚く、簡単には新しい組み合わせは生まれないのです。

何もアクションを起こさないと、新しいインプットは頭の中の「お勉強引き出し」にしまい込まれ、出番を失ってしまいます。そこで、頭の中の引き出しの壁を壊して、無理やり新しいインプットを組み合わせようとする意志と工夫が必要になってきます。その工夫のひとつが**クロストライアル**です。

クロストライアルとは?

クロストライアルを簡単に言うと、インプットした

「ネタ」を**試しに組み合わせてみる**というものです。具体的には、インプットから気になるキーワードをリストアップし、その組み合わせを作ってみて事業アイデアを考えていくわけです。

キーワードには、「社会の要請やトレンド」「注目すべき顧客の不満」「新しい顧客層の出現」「変化が予想される事業分野」「普及してきた技術やインフラ」「興味深いビジネスモデル」などを盛り込むようにします。

たとえば、子育て、ヘルスケア、農業、センサー、次世代ものづくり、クラウドソーシング（ネット経由で受託者を探す仕組み）、クラウドファンディング（ネット経由で資金提供者を探す仕組み）、マイクロシェアリング（細かな空き時間やスペースなどを共有する仕組み）、スポーツなどのキーワードが出たとしましょう。これらを2つ、3つと合わせると、ユニークなアイデアが出てきそうに感じませんか。

・子育て×センサー×クラウドソーシング
・農業×次世代ものづくり×マイクロシェアリング
・ヘルスケア×クラウドファンディング×スポーツ

キーワード出しのためには日頃の問題意識が必要

クロストライアルって、おもしろいです！　けっこうアイデアって出るものですね

何人かでホワイトボードを使って行うのがコツだよ

なるほど。でも、キーワードを考えるのがちょっと大変かな……

キーワードが思いつかないのは、日頃の問題意識が薄いからだよ

世の中の動きを常に見て、インプットしておかないとダメということですね

うん。あとは検討したいテーマに関連したキーワードを入れるようにすると、出てくるアイデアの方向付けもできるよ

本格的なクロストライアルでは、出てきたキーワードの組み合わせをすべて挙げて、有効な事業アイデアにならないかを1つずつ検討していきます。

効果を実感できるビジネス大喜利《おおぎり》

私のワークショップでは、クロストライアルの効果が実感できるように、カードを使ったグループワークを行っています。これは、ソフトバンクの孫正義《そんまさよし》社長が米国留学中、発想力強化のために行っていたというものをアレンジしたものです。

具体的なやり方を簡単にここで紹介しておきます。

①3～5名で実施。白紙カードを1人につき8枚とホワイトボードを用意する。

②各自が注目キーワードを8つ挙げ、カードにそれぞれ1つずつ記入する。

③記入後、全員分のカードをまとめてシャッフルし、上から2枚をピックアップする。

④ピックアップしたカードに書かれていたキーワードのペアを、ホワイトボードに「△△×□□＝」

固定観念の壁を壊すクロストライアル

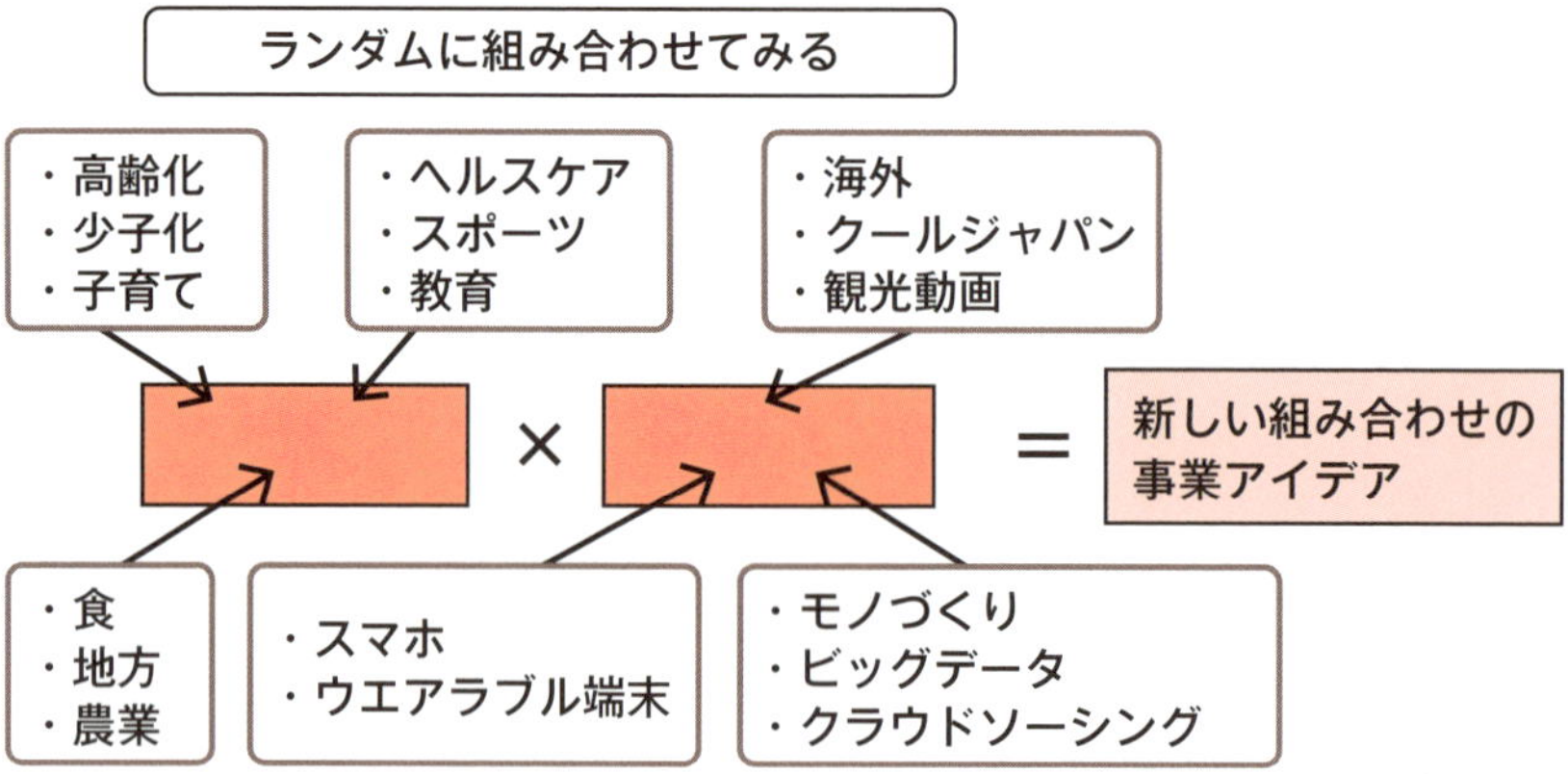

ランダムに組み合わせてみる
・高齢化
・少子化
・子育て
・ヘルスケア
・スポーツ
・教育
・海外
・クールジャパン
・観光動画
×
＝
新しい組み合わせの事業アイデア
・食
・地方
・農業
・スマホ
・ウエアラブル端末
・モノづくり
・ビッグデータ
・クラウドソーシング

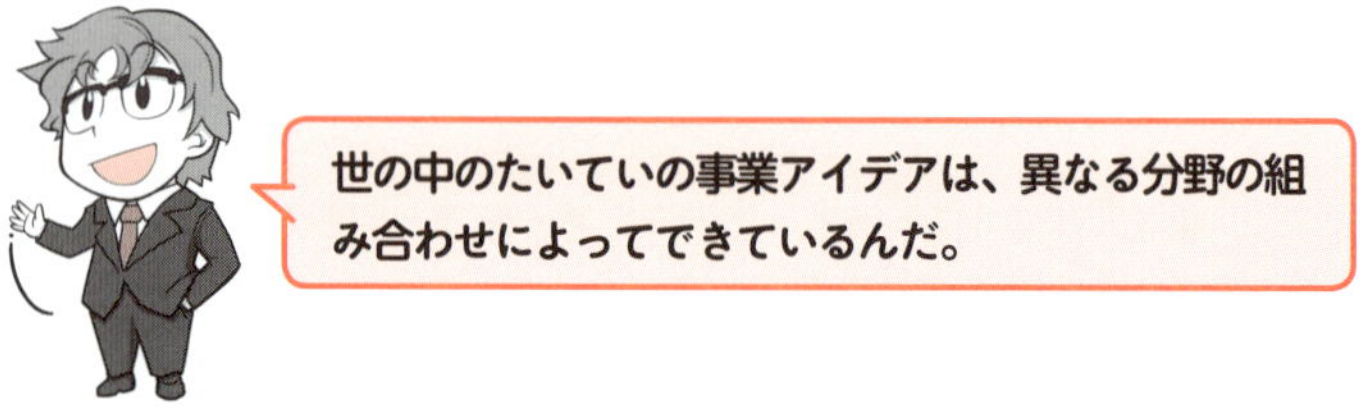

世の中のたいていの事業アイデアは、異なる分野の組み合わせによってできているんだ。

と記入する。

⑤そのキーワードのペアから思い浮かぶ事業アイデアをひねり出す。

キーワードのペアから事業アイデアを発想するやり方は、「何々とかけて何々と解く、そのココロは?」と同じなので、「ビジネス大喜利《おおぎり》」と呼んでいます。アイデア出しの勘どころが体感でき、しかも実際おもしろいアイデアが出てくるので重宝《ちょうほう》しています。この他、クロストライアル型の有名なアプローチには「クロスSWOT」があります。

ランダムな組み合わせで死角をなくす

発想とは「ネタ」の組み合わせです。たとえばネタが20あれば、組み合わせは200近くあります。当然、意味のない組み合わせも数多くあるでしょうが、インプットが適切なら、その中に「コレだ!」と思えるアイデアが必ず一定割合で含まれています。大切なことは、有効なアイデアに行き当たるまで、組み合わせを根気よく試し続けることです。

リストを眺めてありそうな組み合わせをピックアップしたほうが時間を節約できる、と思うかもしれません。けれど、「ありそうな組み合わせ」とは「ありきたりの組み合わせ」とほぼ同じことです。無意識のうちに固定観念にとらわれて、同じ引き出しに入っている組み合わせを拾ってしまうのです。

人間は、ある方向を向いていると必ず「死角」が生じます。固定観念とは、あなたの興味や思考が向いている方向です。ですから、固定観念にとらわれると、死角が生じることは避けられません。新しい発想を生むには、**ランダムにネタを組み合わせる**ことで、死角をなくすことが必要なのです。

「新しい組み合わせ」が出てこないなら、まずはクロストライアルによって無理やりにでも組み合わせてみよう。実際の組み合わせを見れば、思わぬ事業アイデアが浮かんでくることもあるよ。

発想や議論を活性化する3つのコツ

前節までは事業アイデアの発想方法を見てきましたが、ここでは発想や議論を活性化するための実践的ノウハウを紹介します。

3つのコツを駆使して、あきらめないで考えることが大切

事業アイデアが出ない会社の症状

実際に事業アイデアを検討しようと議論していても、新しくて有効なアイデアはなかなか出てこないと悩んでいる会社も多いことでしょう。私はさまざまな会社のお手伝いをしていて、新しいアイデアが出ない会社の会議には、次のような共通の症状があることに気付きました。

■「空気」を読みすぎて発言しない

会議などで参加者が、「うかつなアイデアを出すと、みんなにバカにされてしまうかも……」「自由な発想をと言われたけど、弾《はじ》けすぎたアイデアを出すと不興《ふきょう》を買うかも……」などと、まわりの様子をうかがって消極的になっています。

■アイデアが出てきた瞬間に潰《つぶ》してしまう

アイデアが出る都度、「それは3年前にうまくいかなかった」「それは常務の方針とちょっとズレている」などと上司が反対意見を言い、すぐに潰してしまうパターンです。これでは誰も新しいアイデアを出さなくなります。

■たまたま出たよさそうなアイデアに縛られる

多少よさそうなアイデアが出たら、すぐそのアイデアに飛びついて深掘りを始めてしまうパターンです。この状況でもっとよいアイデアを思いついたとしても、もとのアイデアを否定するようで、発言しにくい雰囲気になってしまいます。

■アイデアが出ても「空中戦」に終始してしまう

意見はいろいろ飛び交うのですが、内容が深まらず、最終的には声の大きい人の案になんとなく決まってしまうというものです。

事業アイデアが出ない悪《あ》しきパターンを4つ紹介しましたが、まずはこうしたパターンを改善することが大切です。

発想の連鎖反応でアイデアを広げる

このようなよくある症状を乗り越えて、事業化に有効な新しいアイデアを生み出すためには、いくつかの実践的ノウハウが必要になってきます。

1つめは、**発想の連鎖反応**を起こすことです。

出てきた事業アイデア自体はダメでも、「そんなのでよければ、こういうやり方もある」などと、別のア

会議の自由な雰囲気がないとアイデアは広がらない

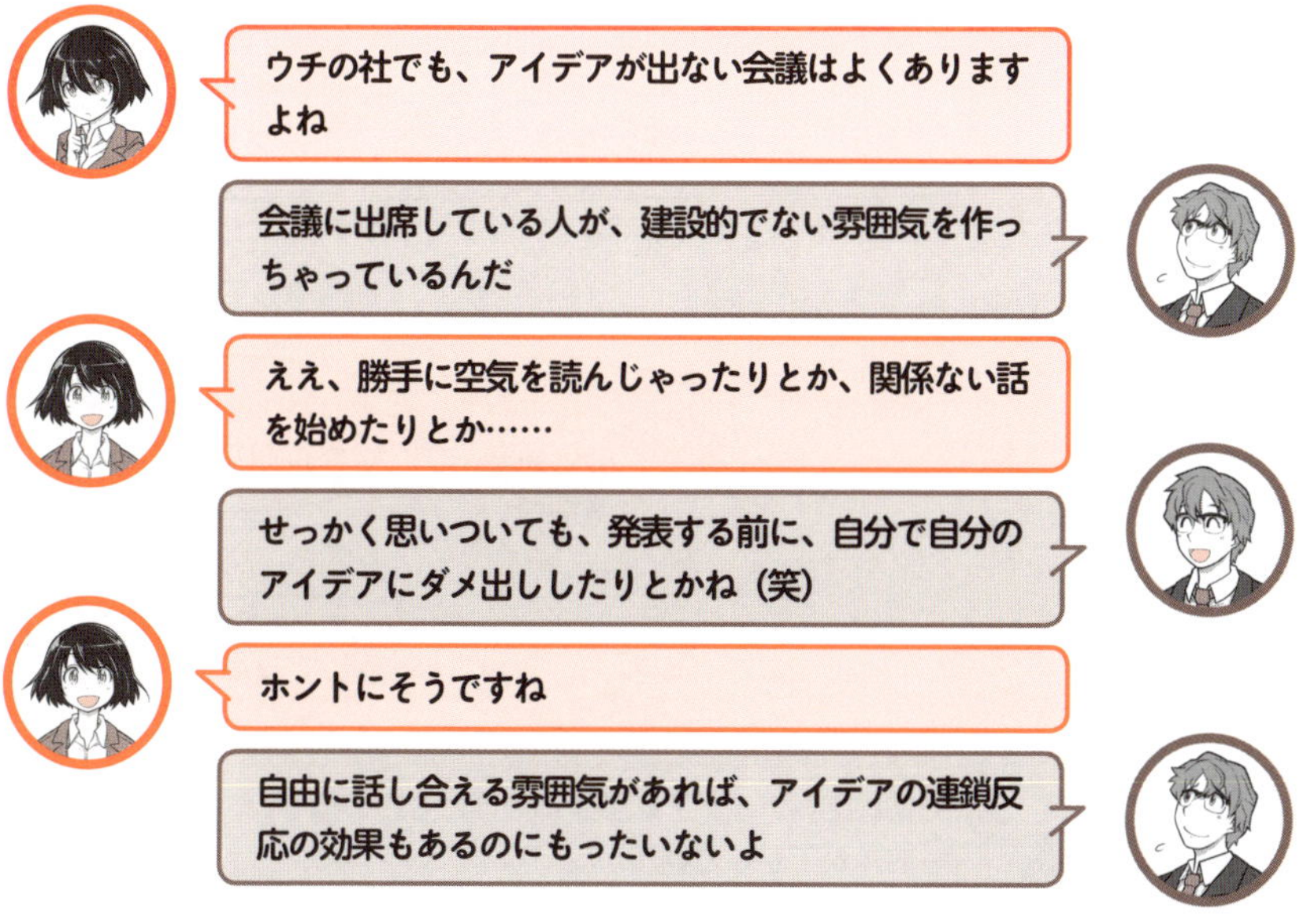
ウチの社でも、アイデアが出ない会議はよくありますよね
会議に出席している人が、建設的でない雰囲気を作っちゃっているんだ
ええ、勝手に空気を読んじゃったりとか、関係ない話を始めたりとか……
せっかく思いついても、発表する前に、自分で自分のアイデアにダメ出ししたりとかね（笑）
ホントにそうですね
自由に話し合える雰囲気があれば、アイデアの連鎖反応の効果もあるのにもったいないよ

イデアのもとになることがあります。このような連鎖反応が起こればアイデアが広がり、やがて有効な事業アイデアに結び付きます。

この連鎖反応を起こすためには、ともかくいったんアイデアの数を出して広げるようにすることです。「実行が難しくないか？」「本当に儲《もう》かるのか？」などと、いちいち細かい点にこだわってブレーキをかけないようにすることが重要です。

もちろん風呂敷を広げただけでは、話が進みません。発散させてアイデアがたくさん出たあとは、**しっかり検討して絞り込む**必要があります。発散と絞り込みを同時にやらず、しっかり区分けしてメリハリを付けることがポイントです。

チームアプローチでアイデアを検討

2つめは、事業アイデアをひとりで考えず、何人かで**チームアプローチ**を行うことです。

どんなに優秀な人が考えたアイデアであっても、人間が考える限りは「死角」が存在します。ですが、他

発想の連鎖反応の生み出し方

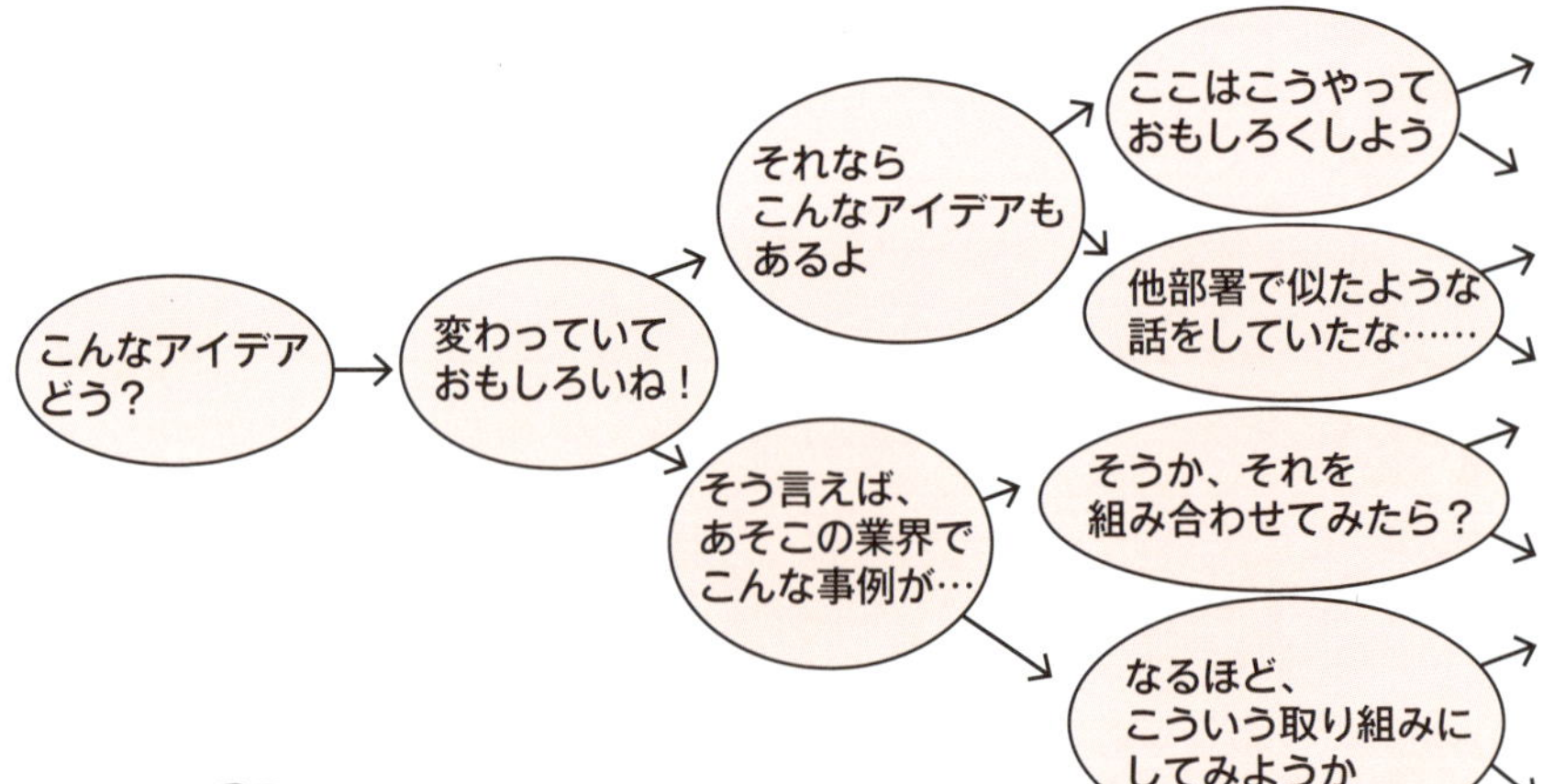

こんなアイデアどう？
変わっていておもしろいね！
それならこんなアイデアもあるよ
ここはこうやっておもしろくしよう
他部署で似たような話をしていたな……
そう言えば、あそこの業界でこんな事例が…
そうか、それを組み合わせてみたら？
なるほど、こういう取り組みにしてみようか

最初に出るアイデアは多少バカげたもののほうが、ハードルが下がって発想が広がるよ。

の人の視点から見直せば、死角に気が付き、より完成度の高い事業アイデアにすることもできるはずです。人によって頭の中の引き出しの区分けや、インプットされているものが異なるので、何人かで議論するほうが新しい組み合わせが見つかりやすいのです。

ここでの注意点は、**どんな人たちと事業アイデアを話し合うか**ということです。チームアプローチを行う際のメンバーとしては、次のような人たちが望ましいでしょう。

■いつものメンバーと違う人たち

いつものメンバーでは、あなたと似た思考パターンで考える可能性があるので、あまり役に立たないかもしれません。いつもと違う人たちのほうが、新しい発想を与えてくれます。

■前向きに考える人たち

問題点を探すのが得意な「アイデアキラー」は、避けましょう。アイデアはより多くの数を出すことが大事なので、一緒に調子よく盛り上がってくれる前向きな人たちが必要です。

アイデアキラーに要注意!

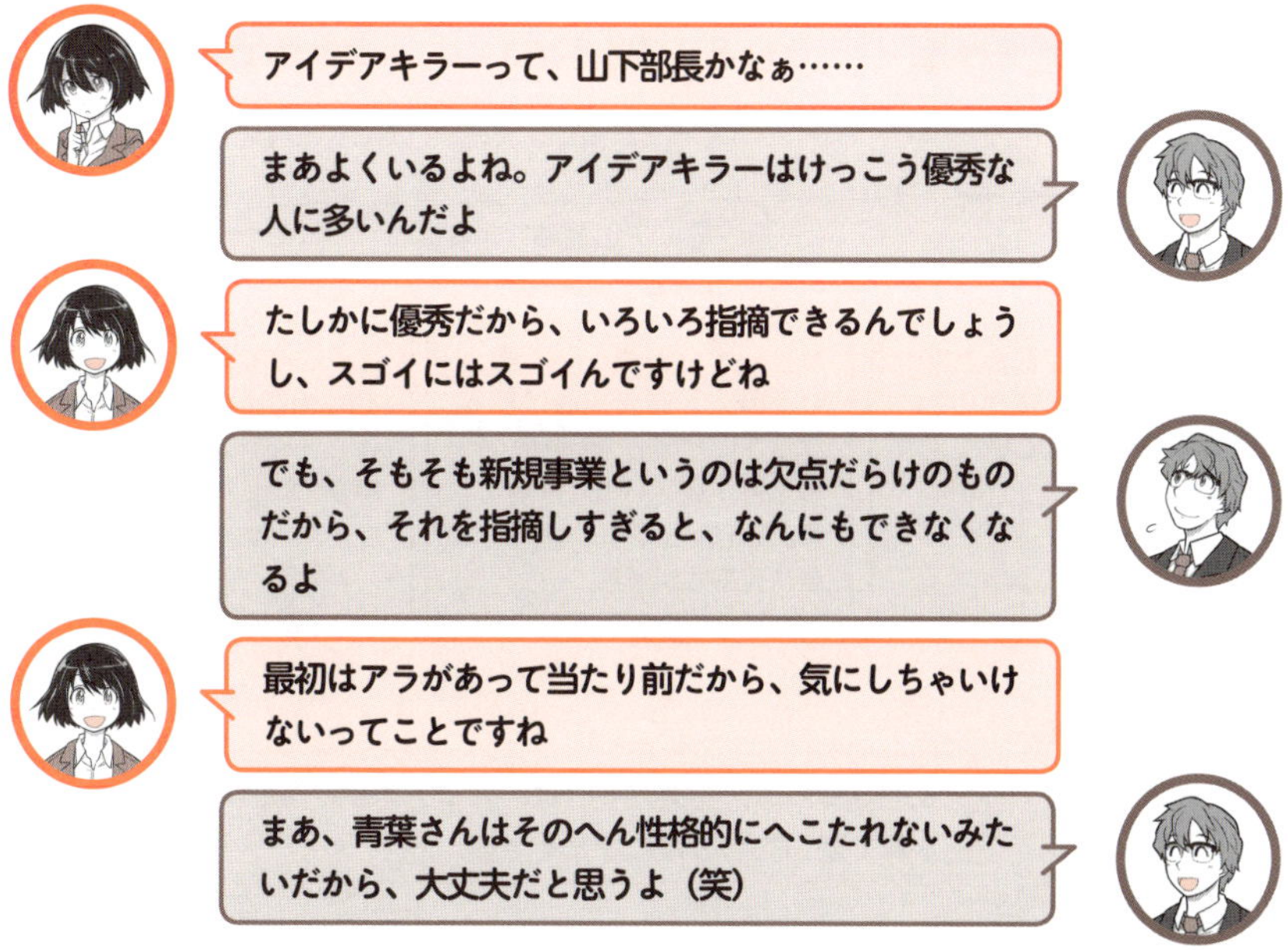
アイデアキラーって、山下部長かなぁ……
まあよくいるよね。アイデアキラーはけっこう優秀な人に多いんだよ
たしかに優秀だから、いろいろ指摘できるんでしょうし、スゴイにはスゴイんですけどね
でも、そもそも新規事業というのは欠点だらけのものだから、それを指摘しすぎると、なんにもできなくなるよ
最初はアラがあって当たり前だから、気にしちゃいけないってことですね
まあ、青葉さんはそのへん性格的にへこたれないみたいだから、大丈夫だと思うよ（笑）

■「共通言語」を踏まえた人たち

「アイデアには連鎖反応があるよね」「組み合わせが大事だよね」などと話して、すぐに話が通じる人たちとなら、効率的にアイデアの検討が進みます。メンバーは、アイデア発想の基本を理解している人であることが大切です。

アイデアを書き出しながら議論する

チームアプローチでたくさんのアイデアが出てくるようになったら、気を付けなくてはいけないのが「空中戦」です。

空中戦とは、意見は飛び交うけれど、言いっ放しで終わってしまうような議論を表す比喩《ひゆ》です。そうなってしまうと、せっかくのアイデアも無意味な議論の中に紛れ込み、忘れられてしまうおそれがあります。

それを防ぐためには、ホワイトボードなどを活用し、みんなでアイデアを**書き出しながら議論**するとよいでしょう。これが3つめのコツです。

アイデアを書き出すようにすれば、どんなアイデア

発想の生産性を上げる3つのコツ

①発散と集中を分ける

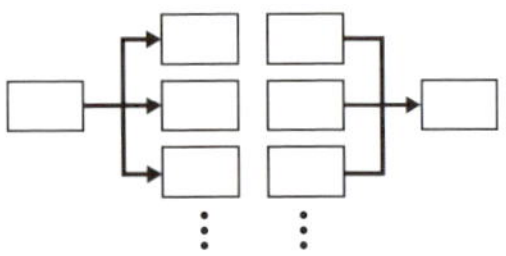

考えやアイデアは発散と集中の繰り返しで深まるが、その2つは同時に行わない
●発想の連鎖反応を止めない
●発散したら絞り込む

②ひとりで考えない

ひとりでウンウンうなるより、他人と議論するほうがはるかに効率的で効果的
●気付かない問題に気付く
●広がりが出る
●納得感も深まる

③書きながら議論する

書くことで、高いレベルの効率的な議論、整理が可能になる
●書くことで忘れない
●連想・組み合わせ・俯瞰《ふかん》に有効

この3つのコツを実践すれば、アイデアがどんどん磨かれて魅力的なものになりそう。

でも忘れられる心配はなく、たくさんあってもそれを一目瞭然《いちもくりょうぜん》に見渡すことができます。また、書き出されたアイデアをもとにして、別のアイデアを連想したり、複数のアイデアを組み合わせることなどもしやすくなります。

もうひとつの大きなメリットは、「第一印象に流されにくくなる」ということです。革新的なアイデアは、一度聞いただけでは大したアイデアに思えなかったり、くだらないアイデアに思えたりすることがあります。しかし、そのアイデアを書き出して、よくよく見てみると、「これ、けっこうおもしろいじゃないか」と気が付く場合があるのです。

最大のポイントは「あきらめないこと」

有効な事業アイデアを生むためのコツを挙げましたが、共通する最大のポイントは「あきらめないこと」です。事業アイデアを生み出す努力をすぐにあきらめるようなら、連鎖反応もチームアプローチも、書き出し議論も役に立ちません。

世の中にはたくさんの事業機会があります。それなのに、2つか3つの事業アイデアしか思いつかないというのは、怠慢《たいまん》でしかありません。事業アイデアは、ともかく**あきらめずに考え、たくさんの数を出す**必要があります。

その際に、できるだけ離れた関係にあるものの組み合わせにトライしてください。そのほうがイノベーションの度合いが大きく、実現したときの成果も大きいからです。こうしたインパクトのあるアイデアもまた、あきらめずにたくさんの組み合わせを試すことで生み出せるのです。

これまで学んできた事業アイデアの発想方法に加えて、アイデアを広げて内容を深めるための実践的ノウハウを知っておこう！　これらのノウハウは、事業アイデアだけではなく、日常業務にも応用できるはずだよ。

可能性を秘めた事業アイデアの選び方

アイデアの選び方は、アイデアの発想と同様に重要な課題です。可能性を秘めた事業アイデアを見逃さずに選び出しましょう。

間違いだらけのアイデア選び

初期時点の事業アイデアの選び方が、新規事業の成否を大きく左右するのですが、実際に行われているアイデアの選び方は間違いだらけです。私のワークショップでアイデアを評価する基準を受講生に聞いてみると、以下のような点を挙げる人が多数派でした。

・市場規模が大きい
・市場が成長している
・実現性が高い
・収益性が高い
・まだ誰もやっていない

つまり、「成長している大きな市場で、簡単にできて儲《もう》かって、まだ誰もやっていない」というアイデアを選ぶというわけです。現実にはそんな虫のいい話があるわけがなく、そうした事業アイデアがもしあったとしても、たいていは他社もすぐに注目して、激しい競争にさらされる可能性が高いでしょう。

最高の事業アイデアを選びたいという気持ちはわかりますが、完璧《かんぺき》主義ではうまくいきません。それどころか、誰もが条件的に完璧だと思えるような事業アイデアは、**ありきたりで顧客にインパクトを与えない**ものになってしまうリスクさえあります。

難しいアイデアにこそ可能性がある

新しい事業の成功例を見ると、当初は市場の影も形もなかったり、実現性に難があったりしたものが意外と多いことがわかります。実は新しい事業の可能性は、**事業化が難しそうなアイデア**にこそ潜んでいるのです。

たしかに難しい事業アイデアは、顧客に価値を理解してもらうのが大変でしょうし、実現のハードルも高いでしょう。ですが、そのアイデアによって解決できる課題が顧客ニーズをきちんと満たしていれば、他社が手を出していない潜在的な市場を開拓できることになります。また、実現のハードルが高いということは、他社も敬遠するので、最初に実現できれば成果も大きいのです。

内外のベンチャー企業の立ち上げや大企業の変革には、このようなストーリーがあふれています。にもかかわらず、難しそうなものを排除してしまうから、既存事業の延長のようなありきたりの事業アイデアしか

参入障壁はアイデア段階から作り込む

誰かがちょっと否定的な意見を言うと、もうそのアイデアはボツになるって、おかしいと思いませんか？

それはありがちだよね。もうちょっと検討すればいいのにね

ところが、逆に反対意見が出ないアイデアは「ありきたりだ」って言われちゃうんですよ

それは仕方ないよ。反対が出ないアイデアは他社も考えているから、すぐに真似《まね》されるんだ

なるほど～。それなら、アイデア段階で難しそうなものを選んだほうがいいってことですか？

そう。難しいアイデアを選んで実現できれば、他社に真似されにくいという参入障壁ができるからね

残らないのです。

原石かもしれないアイデアは検討する

革新的なアイデアというのは、「普通ではあり得ない発想」から生まれています。そのアイデアのベースは、**思いもよらない組み合わせ**です。

それを見つける手法として、Ｐ88で述べたクロストライアルがあります。しかし、せっかく革新的なアイデアが出てきても、それを常識という判断基準で切り捨ててしまうと、なんにもなりません。

一見ガラクタのようなアイデア群の中に、磨けば光るダイヤモンドの「原石」が紛れているかもしれないのです。大きなインパクトを生む可能性がある事業を目指すなら、安易に切り捨てずに検討してみることが必要です。可能性のある事業機会は、いつも潜在的なものです。顕在化したニーズを狙った事業は確実性があるように思えても、激しい競争にさらされます。

一方、顧客自身が気付いていない課題、つまり**潜在的ニーズ**（Ｐ１３２参照）を狙った事業は不確実です。

イノベーションを逃さない選定基準

「常識的」なアイデアの選定基準例

- 市場規模が大きい
- 市場が成長している
- 実現性が高い
- 収益性が高い
- まだ誰もやっていない

ありきたりの事業アイデア

「革新」を生み出すアイデアの選定基準例

- 普通ではあり得ない組み合わせ
- 実現できたら大きなニーズにつながる
- 埋もれたニーズを掘り起こせる
- 実現に何らかのハードルがある
- 経験者や業界のベテランが反対する
- 自分が何としてもやってみたい

ハードルを乗り越えられれば
イノベーションが起きる

先行する他社がいたとしても、革新的なやり方でチャレンジすれば可能性は広がるよ。

検証を重ねてニーズの有無を確認し、売り手側からあれこれと価値を提示しても結局、無駄骨に終わるかもしれません。しかし、もしその潜在的ニーズを掘り起こすことができれば大きな可能性につながります。

市場性や実現性があるかどうかは、正直やってみないとわかりません。これまでなかった事業の市場をどうやって掘り起こすか、どうやって事業を実現させるか、そこに知恵を絞ることこそが「事業を検討する」ということなのです。

選ぶ基準は「やりたいこと」「非常識」

とは言っても、難しい事業アイデアを含めたすべてのアイデアを検討することはできません。目安として30〜50個くらいのアイデアから10個以下に絞ります。アイデアを選ぶコツを2つほど紹介しておきます。

ひとつは、先述したような**非常識と思えるアイデア**であっても、しばし立ち止まって考えてみることです。業界を変えてしまうような革新的なアイデアは、非常識の衣《ころも》をまとって現れることがあるのです。

非常識と思える理由は、「実現不可能」「儲《もう》かるはずがない」といったものでしょう。しかし、単に固定観念にとらわれていたり、あなたが実現方法を思いつかなかったりしているだけかもしれません。その困難を解決できれば、それこそが誰にも真似《まね》できない**独自の強み**になり得るはずです。

もうひとつは、**あなたのやりたいこと**を基準に選択することです。事業化には、たくさんのハードルがあります。自分がその事業を本当にやりたいという想いによって、実現までの苦難を乗り越える気力が湧いてきます。

事業化が難しそうなアイデアを排除しないことが大切だよ。ありきたりではなく、競合他社に真似できない強みをもった事業は、難しそうなアイデアから生まれてくることが多いんだ。

コラム

古い課題の新しい解決策に注目してみよう！

古い課題からでも新しい事業が生まれる

大企業はそもそも規模が大きいので、新規事業にもそれなりの市場規模が欲しいところです。しかし、それなりの規模の市場では、すでに多くの競合がしのぎを削っています。ありきたりの発想で激しい競争に巻き込まれないためには、戦略的なアプローチが必要になってくるわけですが、そのひとつとして「古い課題の新しい解決策」に注目してみましょう。

新しい事業を考える際、ほとんどの人は「新しい課題（新しいニーズ）」はないだろうかと考えます。でも、それは潜在的だったり顕在化の初期で、まだ市場と言える規模はありません。そこで、目をつけるべきは顧客が抱えている「古い課題（古いニーズ）」です。

古い課題の中には「解決が難しい」と諦められていたり、「不十分な解決策」で妥協されているケースがたくさんあります。そこに新技術やインフラを「組み合わせ」て、従来とは異なる「新しい解決策」を事業化できる可能性があります。

すでにある市場を別の見方で見る

ネットバブルと言われた頃の爆発的な新規事業の誕生は、ネット環境の普及によって、多くの古い課題に新しい解決策が提示されたことで起こりました。

近年の例で言えば、アップル社は古い課題、つまり既存市場を「再定義」することで大きな成功を収めました。パソコン、音楽プレイヤー、携帯電話といったすでに生活や業務に取り込まれている巨大カテゴリーから古い課題を見出し、iPodやiPhoneなどの製品で新しい解決策を提示したわけです。そして今後も、時計やヘルスケア、自動車、Ｂ２Ｂなどの領域を狙っています。

これは、「すでにある市場を別の見方で見る」ということです。

視点を変えて既存市場を眺めると、当たり前だと思っていた製品・サービスの使い方の中に、放置されている顧客の困り事や妥協点などが存在するかもしれません。それを鮮やかに切り取れば、新しい価値を見つけることができるのです。

第3章

顧客は誰か、何を提供するのか

第3話　アーリーアダプターを探せ!

若林さ〜ん
ぎょっ
よろ
よろ
他部署へのヒアリングを行ったんですが
質問ですが
この事業のターゲットは誰ですか？
子育て中の方全員が対象です
そんなターゲットでは曖昧《あいまい》すぎますよ
総花的なサービスになるのでは？もっと絞り込まないと

もうひとつ質問
そのサービスが提供する
価値は何ですか？
価値!?
お得感ですか？
安心感？
それとも品質？
あわわ
わわわ
ターゲットってそんなに絞り込まないといけないんですか？
どろ
どろ
わからないなら、お昼にスターバックスに行こうか
え
スタバ？
ぴこーん
ここっていい雰囲気……
リラックスできますね
そうだね
でもスタバが大嫌いっていう人たちもいるんだよ
えっ!?

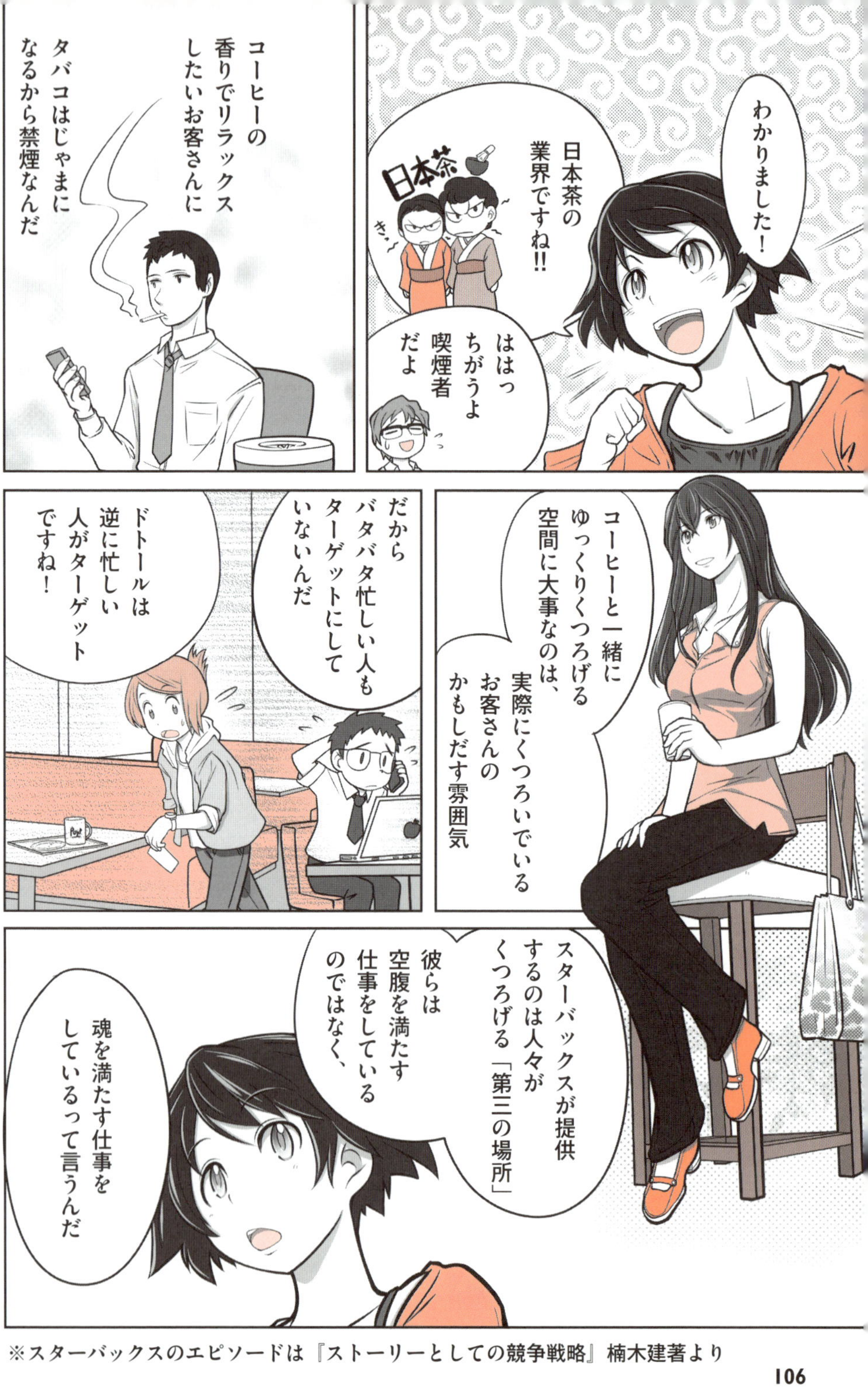

※スターバックスのエピソードは『ストーリーとしての競争戦略』楠木建著より

子育て中の親は、働きながら子どもをどう思っているのかな？
子育てを誰かに代わってほしいと願っているのかな？
ボクはさ…
子どもが病気をしたりケガをするたび
疲れてあたっちゃったりするたびに
親なのに仕事のためにやれない一緒にいて自分が嫌になるんだ
若林さん…

少しでも仕事と育児で悩んでいる人の心を楽にしてあげたい！
子育てと仕事の両立で悩まれることはありますか？
学校からちゃんと帰っているかいつも心配で…
ウチの子はまだ赤ちゃんで突然発熱してしまってタイヘンで…
ぶ
ば
保育園の保育時間が延長しづらくて仕事がたまってしまうのよ…
ふむふむなるほど
ニコ
ニコ
どうしたの？いつになくごきげんじゃない！
子育て中の社員の意見を聞いてみたんです
子育て中の人には、私の知らないたくさんの悩みがありました

このニーズを盛り込めば、きっとうまくいきますよ
ん〜
そうとも限らないよ
いいかい
昔のアメリカの調査でスーパーの客5千人に入口で「何を買うつもりか?」、出口で「何を買ったか?」を聞いたところ
買うつもりと答えた商品のうち実際に買われたのは30%だったという
SUPER
えっ自分でも欲しい物をわかってないんですね…
こんな調子だから市場調査でニーズがあると思っても実際は売れないこともある
企画
開発
製造
宣伝
売るぞー
ニーズ
ニーズ
ニーズ
売れない!?

そうならないために、顧客のニーズと提供サービスが合致するように
試作品など(MVP)を見せて顧客に検証しながら製品開発の投資をしていく必要があるんだ
どうですか?
サンプル
いいね
欲しいかも
試しに作ってみましょう
資源
どのくらいの人が買ってくれるのか
できるだけ多くの顧客に聞けばいいんですね
いや初期段階では100人に聞いて何%というような調査は意味がないんだ
その中のアーリーアダプターを探さないとね
えっアーリー…?

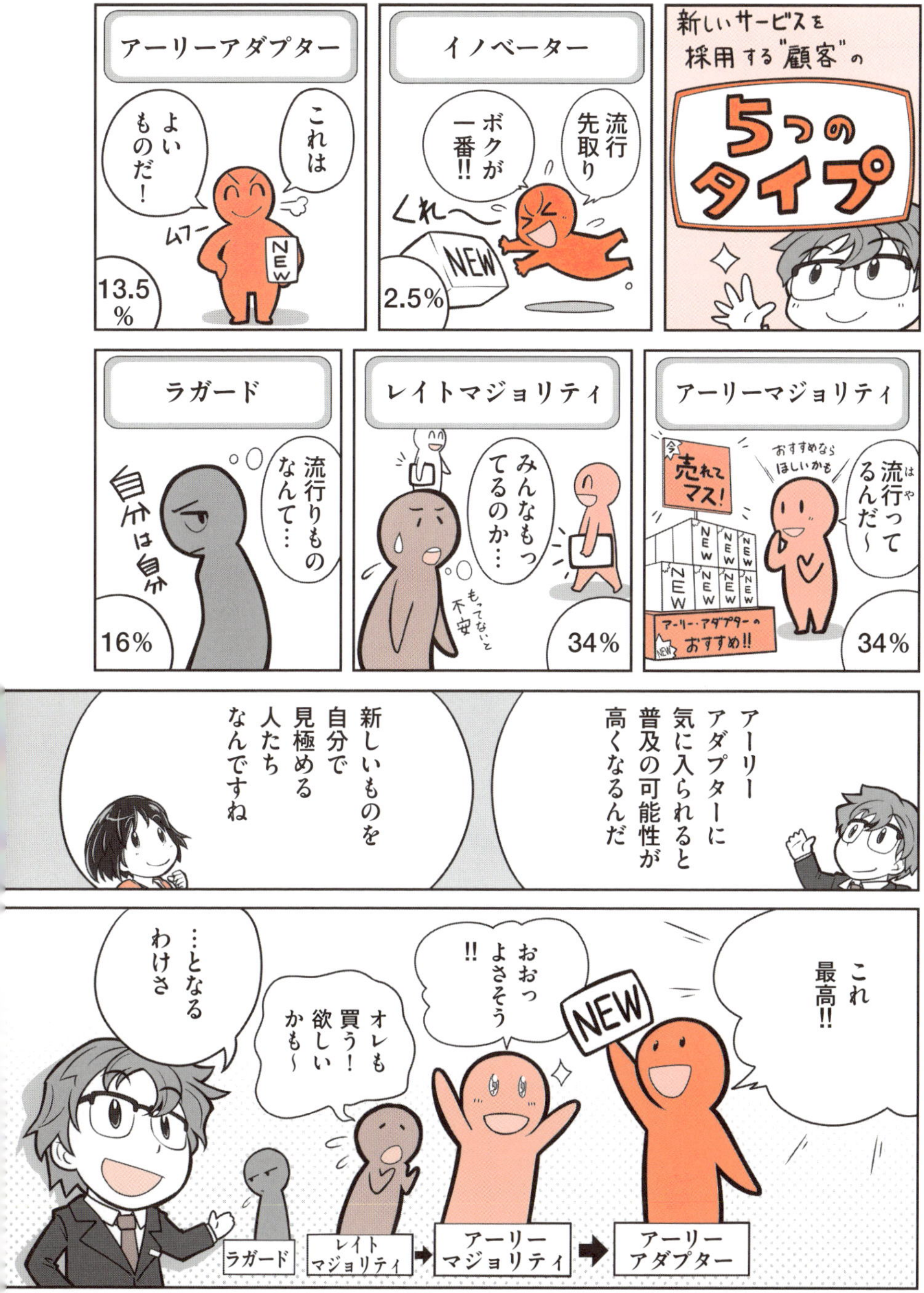

新しいサービスを採用する"顧客"の
5つのタイプ
イノベーター
流行先取り
ボクが一番!!
くれ～
NEW
2.5%
アーリーアダプター
これは
よいものだ！
ムフー
NEW
13.5%
アーリーマジョリティ
流行《はや》ってるんだ～
おすすめならほしいかも
今売れてマス！
NEW
アーリー・アダプターのおすすめ!!
34%
レイトマジョリティ
みんなもってるのか…
もってないと不安
34%
ラガード
流行りものなんて…
自分は自分
16%
アーリーアダプターに気に入られると普及の可能性が高くなるんだ
新しいものを自分で見極める人たちなんですね
これ最高!!
NEW
おおっよさそう!!
オレも買う！欲しいかも～
…となるわけさ
ラガード
レイトマジョリティ
アーリーマジョリティ
アーリーアダプター

「顧客への提供価値」を考える

事業アイデアの候補が固まったら、「誰に何を提供するのか」を明確にしなくてはいけません。これが事業づくりの基礎となります。

「誰に何を提供するのか」をハッキリさせなくちゃ…

「誰に」「何を」は究極の問い

「事業の顧客は誰ですか」

「その顧客にどんな価値を提供しているのですか」

経営学者のピーター・ドラッカーは企業家にアドバイスを与えるとき、いつもこの2つの質問から議論を始めたそうです。ほとんどの企業の課題は、この2つの質問によって明らかになると彼は言っています。

誰に何を提供するのかというのは、企業にとっての究極の問いです。

どんなに立派な事業計画であっても、そもそも顧客がいないとビジネスになりません。また、「何を提供するのか」が明確でなければ、その製品・サービスに顧客がお金を払ってくれる理由がわからず、事業計画として説得力がありません。

この「誰に提供するのか」「何を提供するのか」という2つの要素をまとめて**顧客への提供価値**（バリュープロポジション）と呼んでいます。

これは新規事業の立案、既存事業の見直しの両方に共通する重要なポイントです。「誰に何を提供するのか」が変われば、経営のすべてが変わるほどの大きな意味をもっています。

誰が顧客なのかを絞り込む

たとえば、事業アイデアが「高齢者向けに健康サービスを提供する」というものだったとしましょう。この場合、「誰に提供するのか」という質問への答えは、「高齢者」ということになります。しかし、「高齢者」というだけでは、絞り込みが不十分です。

日本には、65歳以上の高齢者が3000万人以上います。その中には、元気で積極的に人生を楽しんでいるアクティブシニアも、寝たきりで日常生活もままならない方もいます。資産家もいれば、そうでない方もいますし、家族と同居している高齢者もいれば、独居の高齢者もいます。当然、それぞれの高齢者でニーズは異なってきます。

「顧客は高齢者」と言うのでは、広すぎるのです。少なくとも、そのレベルよりも1段階から2段階は具体的にしなくてはいけません。たとえば、「ひとり暮らしの高齢者」と言うと、だいぶクリアになりますし、さらに「ひとり暮らしで都市部に住む高齢者」と言え

メリット？　バリュー？　それともベネフィット？

「価値」っていう言葉が、わかりにくいんですけど…

英語に直すと、バリューとかベネフィットということになるな

メリットって言っちゃダメですか？　顧客のメリットとか…

日本語だとそれで通じることもあるけど、ニュアンスが正しく伝わらないかもね

たしかにメリットと言うと、デメリットと比較するようなニュアンスがありますものね

マーケティングではベネフィット、戦略論ではバリュープロポジションという使い方をするのが一般的みたいだね

ば、顧客のイメージがもっと明確になり、ニーズも徐々に見えてきます。

問題は、どうすればターゲット顧客を明確にできるかということです。顧客を明確にするには、年齢層や所得水準など、いくつかの切り口やアプローチがありますが、これについてはP120以降で解説します。

「何を」が明確にならない理由は？

先ほどの例では、「誰に」も大雑把《おおざっぱ》でしたが、「何を」＝「健康サービス」も大雑把です。健康サービスには、適度な運動を手伝うサービスもありますし、健康食品やサプリメントの提供、健康情報の提供や検診データの管理といったサービスもあります。

「何を」が明確にならない理由のひとつは、前述の通り**誰に提供するのかが曖昧《あいまい》**だからですが、もうひとつの理由は、その**顧客についての理解不足**です。顧客の困り事やニーズを把握していないと、提供する中身が決まらないのは道理です。

その一方で、提供する内容によって顧客も変わって

「顧客への提供価値」の検討がコンセプト具体化の第一歩

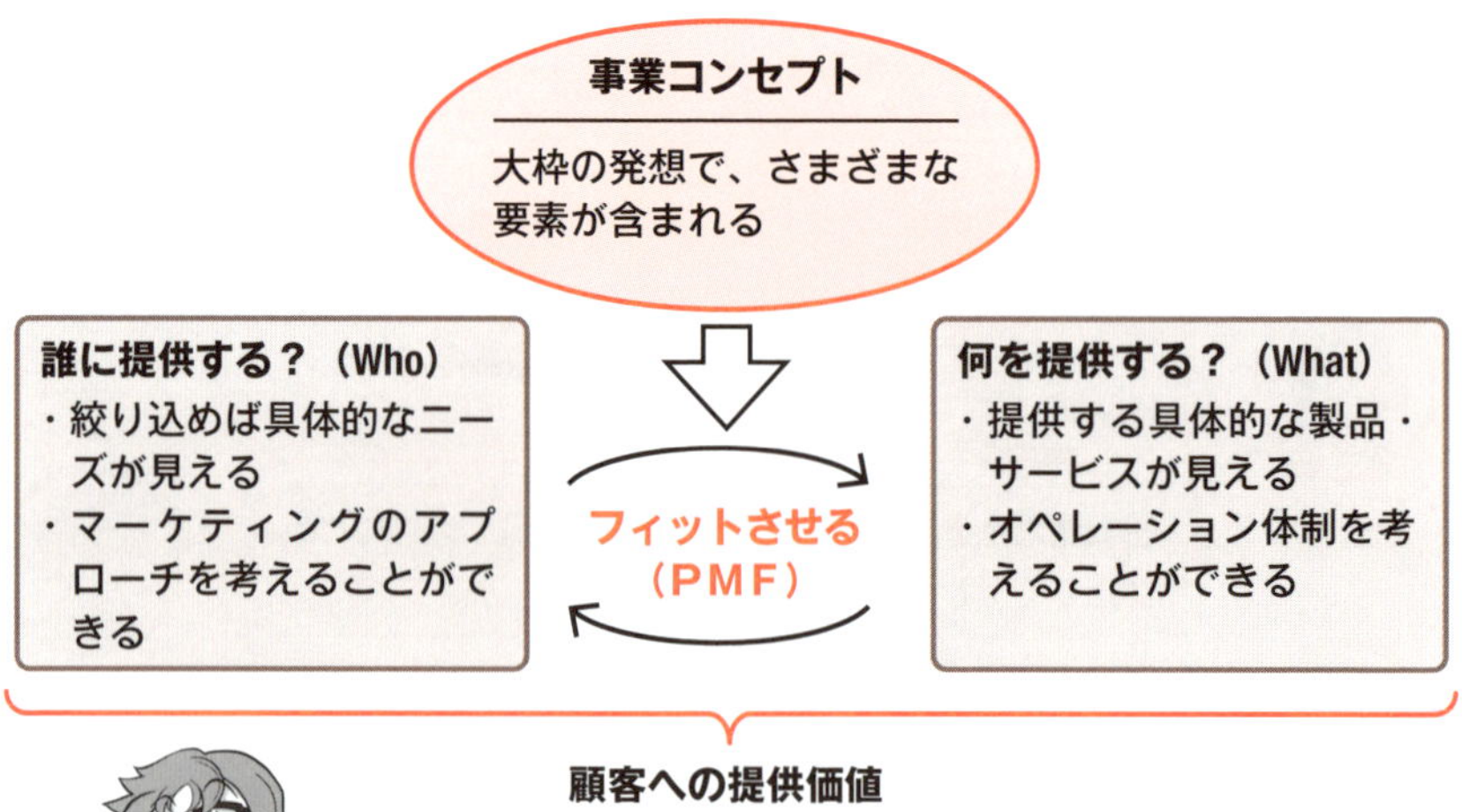
事業コンセプト
大枠の発想で、さまざまな要素が含まれる
誰に提供する？（Who）
・絞り込めば具体的なニーズが見える
・マーケティングのアプローチを考えることができる
フィットさせる（PMF）
何を提供する？（What）
・提供する具体的な製品・サービスが見える
・オペレーション体制を考えることができる
顧客への提供価値

コンセプトを実現できるようにするには、「誰に」「何を」を考えて具体化していくんだ。

きます。介護関係のサービスなら、顧客は要介護の高齢者やその家族になるでしょうし、健康増進的なサービスなら、アクティブシニアや富裕層の高齢者を顧客に想定することになるでしょう。いずれにしろ、もっと具体化しないと検討ができません。

たいていの場合、アイデア段階では「誰に提供するのか」と「何を提供するのか」のうち、少なくともどちらか片方が曖昧です。しかし、初期のアイデア出しであまり細かい部分までこだわると、それがブレーキとなってアイデアの数が出なくなるので、大雑把で結構です。そのアイデアをより具体的で明確にするのが、この章でのステップです。

「誰に」と「何を」は不可分な関係

ターゲット顧客が明確になって初めてニーズがクリアになり、**ニーズと合致する製品・サービス**が具体的になります。逆に製品・サービスが具体化されて初めて、**そのサービスを一番欲しているターゲット顧客**が浮かび上がってくることもあります。「誰に」「何を」の2つの問いは、不可分な関係にあるのです。

事業の中身を詰めていくとき、「誰に提供するのか」「何を提供するのか」のどちらからスタートしてもかまいません。ただし、最終的に両方がフィットしている必要があります。つまり、P74で述べたPMFをここで行うわけです。

また、「何を提供するのか」と問われて、単に製品・サービスの機能を定義するのでは不十分です。**提供する価値**は何なのかを考えて、それが顧客に伝わるようにしないといけません。

これらは本章での重要ポイントなので、改めてP124以降で詳しく解説します。

事業アイデアの検討では、ターゲット顧客を絞り込み、製品・サービスの内容をできるだけ具体化しよう。さらに、製品・サービスの「価値」を顧客に伝わる言葉で明らかにすることが重要だよ。

顧客市場を絞り込む（1）
—なぜ絞り込みが必要か？

顧客を絞り込むと、市場が小さくなってしまいます。それなのに、なぜ絞り込みが大切なのでしょうか？

顧客の絞り込みで、
商品の特徴が
生まれるんだ！

STPで顧客への提供価値を明確化

「顧客への提供価値」の明確化とは、マーケティングにおける**STP**のことです。これは、**セグメンテーション（市場の切り分け）**、**ターゲティング（対象顧客の選定）**、**ポジショニング（競合との差別化）**という3つのプロセスの頭文字を取ったもので、効果的に市場を開拓するためのアプローチです。

マーケティングでは、製品・価格・プロモーション・流通を組み合わせる**4P**という有名なフレームワークがありますが、これはSTPを考えたあとに検討すべき項目です。大もとのSTPが曖昧《あいまい》だったりズレたままで4Pだけをいじっても、効果は限定的なのです。では、STPのアプローチを見てみましょう。初期の事業アイデアでも、たとえば「高齢者」などというように、何らかの顧客を想定しているはずです。その市場について、次の流れで「顧客への提供価値」をクリアにしていくのです。

①顧客市場を同じニーズの固まりで細分化する
②その中からターゲットにする顧客を絞り込む
③絞り込んだ顧客層に対して、競合との差別化ポイントを明確にする

どのマーケティングの教科書を見ても、このように書かれていますし、私も優れたアプローチだと思います。しかし、なぜ市場を絞り込むのか、腑《ふ》に落ちない人もいるのではないでしょうか。

顧客を絞り込まない場合の弊害《へいがい》

ビジネスですから売上を上げたいわけです。それならば、わざわざ市場を絞り込まずに、市場全体をターゲットにしたほうが、市場が大きい分、売上が大きいと思いませんか。実際、ワークショップをしていても、この**顧客市場の絞り込み**をできない人がかなりいます。「絞り込むと、市場が小さくなる」という感覚的な恐れがあるようです。なぜ絞り込まないといけないのか、本当には納得できていないのでしょう。

絞り込まなくてはいけない理由は、顧客それぞれのニーズが異なるからです。もしすべての顧客に当てはまる一様なニーズがあるのなら、絞り込む必要もありません。しかし、現実的にはいろいろなニーズをもった顧客がいるので、ニーズの「解像度」が低いまま全

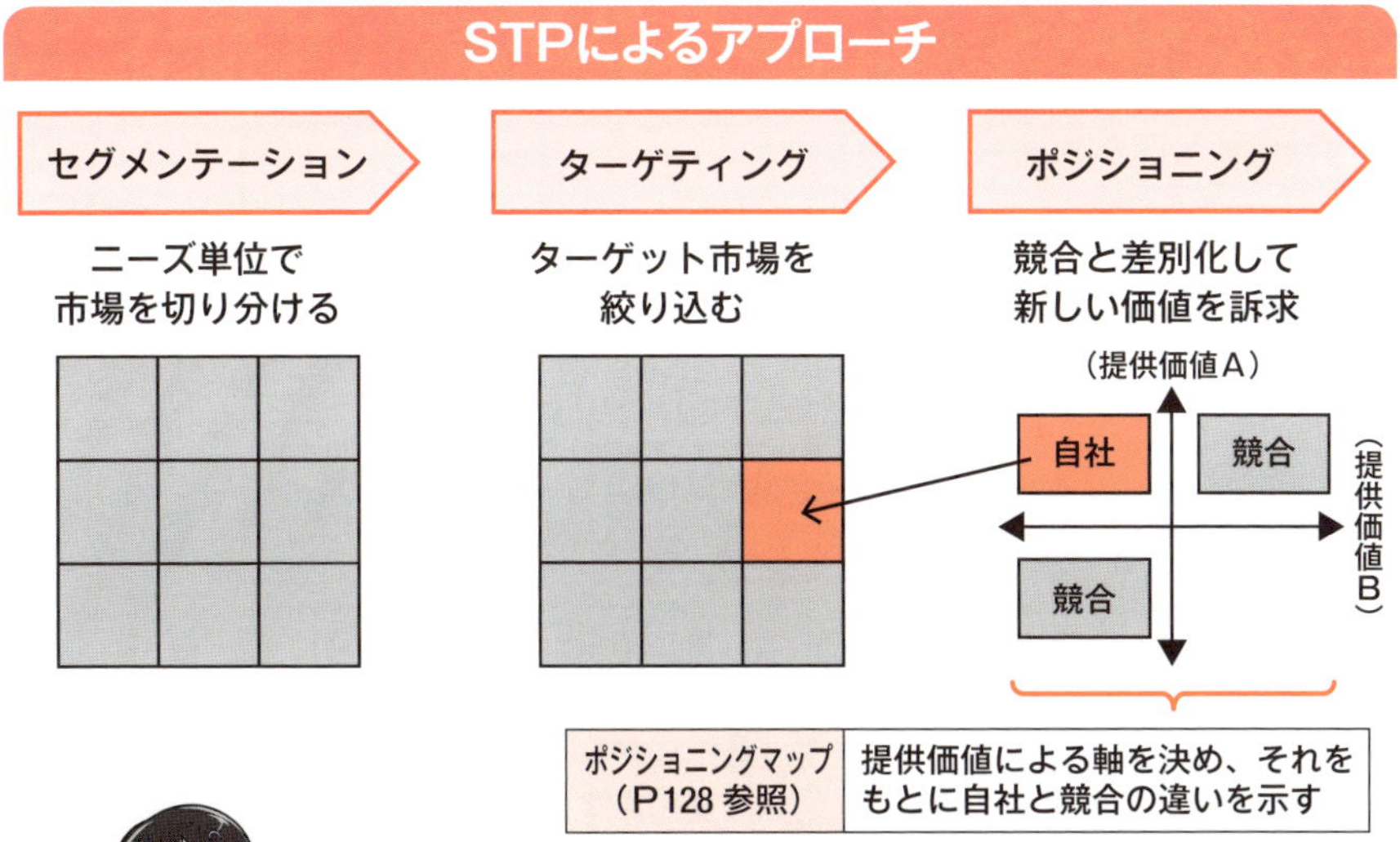
STPによるアプローチ
セグメンテーション
ニーズ単位で
市場を切り分ける
ターゲティング
ターゲット市場を
絞り込む
ポジショニング
競合と差別化して
新しい価値を訴求
（提供価値A）
（提供価値B）
自社
競合
競合
ポジショニングマップ
（P128 参照）
提供価値による軸を決め、それを
もとに自社と競合の違いを示す

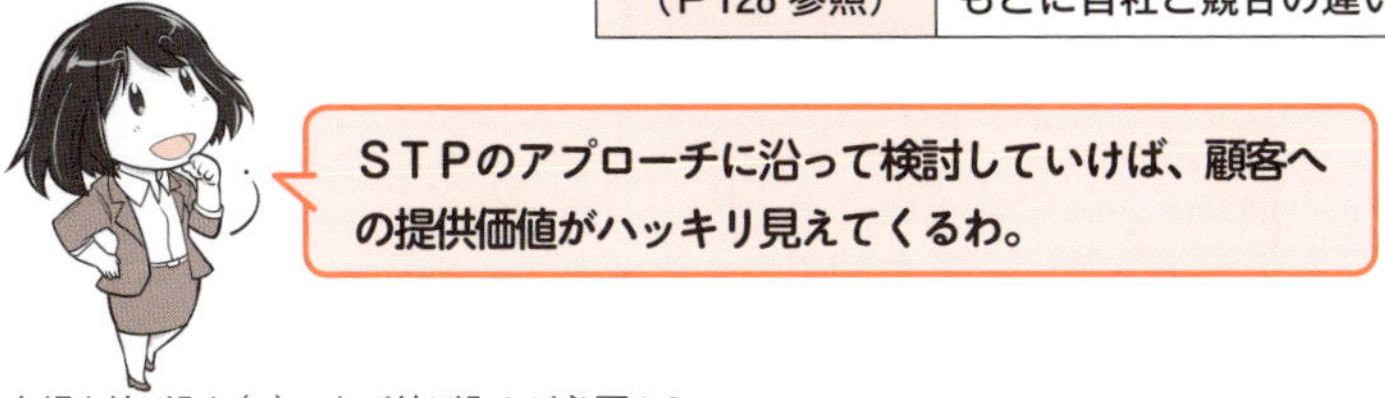
ＳＴＰのアプローチに沿って検討していけば、顧客への提供価値がハッキリ見えてくるわ。

体を対象としてしまうと、ピンボケの製品・サービスとなってしまって、結局売れません。

だからと言って、それぞれの異なるニーズすべてに対応しようとすると、オペレーション、マーケティングの両面で資源が足りなくなり、事業が実現できないか、中途半端な対応で終わってしまいます。

特徴のない商品は売れない

顧客を絞り込まないせいで、結局うまくいかなかった製品・サービスはたくさんあります。

マーケット重視の名のもとに、いろいろな顧客の「こういう機能があったらいいな」というヒアリング結果をすべて盛り込んだとしましょう。

その結果、どんな顧客からもバッテンは付かない製品・サービスができあがりますが、そこには顧客の心をつかむような特徴がありません。しかも、さまざまな顧客の要望に応えるための開発やオペレーションにコストがかかり、値段も高くなってしまいます。

そんなものをわざわざ誰が買うのかと思うのですが、

何とかしてしまう能力の高さが裏目に

「顧客の声を聞いちゃいけない」ということじゃないんですよね？

そう。声を聞くべき顧客とそうでない顧客を分けよう、ということなんだ

あれこれ聞いて全部盛り込むのは、技術的にも運営上も大変ですものね

それを何とか実現してしまう現場のガンバリが裏目に出て、特徴のない製品ができちゃうんだよ

まずは顧客を絞り込んで実績を作って、それから波及させるのがセオリーですね

絞り込まずに、最初からあれもこれもと欲張ると、かえって取りこぼしが出てしまうんだ

開発した当事者たちは、「よいものを作ったのになぜ売れないのか？」と首を傾《かし》げます。こうした例は、残念ながら多くの企業でよく見られる現象です。

絞り込みからの波及がヒットの秘訣

過去に大ヒットした製品・サービスの多くは、顧客が絞り込まれています。まずは、絞り込んだターゲット顧客に本当に喜ばれる製品・サービスを提供して、**確実な実績**を作ることから始めているのです。その実績が、ターゲット顧客に近いニーズをもつ周辺の顧客たちを納得させ、結果として大きな市場を獲得するという波及効果を生むのです。

たとえば、米国ゴープロ社の携帯用アクションカムは、２０１３年の販売数が３８０万台、売上10億ドル弱という大ヒット商品です。これはもともと、サーファーがライディングシーンを撮影して、ネットにアップするためのカメラとして作られたものです。しかし、やがて購買層がモータースポーツや自転車競技の愛好者へと広がり、さらに多様なアウトドアスポーツを楽しむ人々にも拡大し、大ヒットにつながりました。

ソーシャル・ネットワーキング・サービス（ＳＮＳ）の代表格であるフェイスブックも同様です。フェイスブックの登場当時、ＳＮＳは匿名《とくめい》という風潮でしたが、まずハーバード大学などの学内交流サイトとして実名ＳＮＳの実績を作ったうえで、一般ユーザーを取り込み、大きく成長したのです。

これらに見られるのは、絞り込んだ顧客に特徴ある製品を提供し、その実績で当初のターゲットとは異なる顧客に広がっていったパターンです。つまり、絞り込んだ顧客市場で実績を作ることで、新しい大市場へと波及していく可能性が生まれるのです。

顧客を絞り込み、その個別のニーズにピンポイントで合致している商品が生き残るんだ。絞り込みができていないと、特徴のない中途半端な製品・サービスになり、競争には勝てないよ。

顧客市場を絞り込む(2) ―2段階のターゲティング

事業の成否には、顧客の明確化と絞り込みが重要ポイント。ここでは、その絞り込みのための具体的な手法を解説します。

セグメンテーションで市場を切り分け

顧客の絞り込みの必要性が理解できたら、実際に顧客の絞り込みを始めましょう。まずはＳＴＰの１つめ、**セグメンテーション**です。

これは、さまざまな顧客の特性を切り口にして**市場を細かく切り分けるステップ**です。これによって、その商品・サービスに対してニーズをもっている顧客層を明確にすることができます。以下に切り口の例を挙げておきますが、こうした例を参考にして、よりニーズが明確になる切り口を見つけていくわけです。

●年齢、性別、職業、収入、資産、居住地域、家族構成など

●性格、価値観、態度など

●対象商品の購買状況や使用頻度、購買動機など

たとえば、「若い女性」と言われても漠然《ばくぜん》としていて、そこにどんなニーズがあるのかイメージできません。しかし、「働いている若い女性」とか「地方在住のひとり暮らしの若い女性」などと「切り口」を組み合わせて切り分ければ、その顧客層のニーズが明確化してきます。

ちなみに法人顧客の場合は、一般的な切り口として、

セグメンテーションとターゲティングで絞り込むのよ

業界（取扱い製品・サービスなど）や組織形態（会社や公共団体など）、規模（売上や従業員数など）や意思決定体系（トップダウン型など）などがあります。

実務的には翻訳《ほんやく》アプローチが有効

市場を切り分けるときの重要なポイントは、**ニーズが際立つように切り分ける**ことです。

前述のような一般的な切り口は、顧客の大まかな傾向などを把握し、議論するのには便利ですが、必ずしもきれいにニーズに沿った切り分けにならない場合があります。「働いている若い女性」と言えば、購買行動に一定の傾向があるかもしれませんが、旅行サービスといった個別事業へのニーズは、その層の中でも分かれてくるでしょう。

そうした際に有効な手法となるものが、**翻訳アプローチ**です。たとえば「カフェイン入りのガム」というアイデアなら、「カフェイン入りガムが欲しい人はどんな人か？」と考えて翻訳するのです。一番ピッタリするのは「眠くなると困る人」ですが、さらに具体的

セグメンテーションのコツ

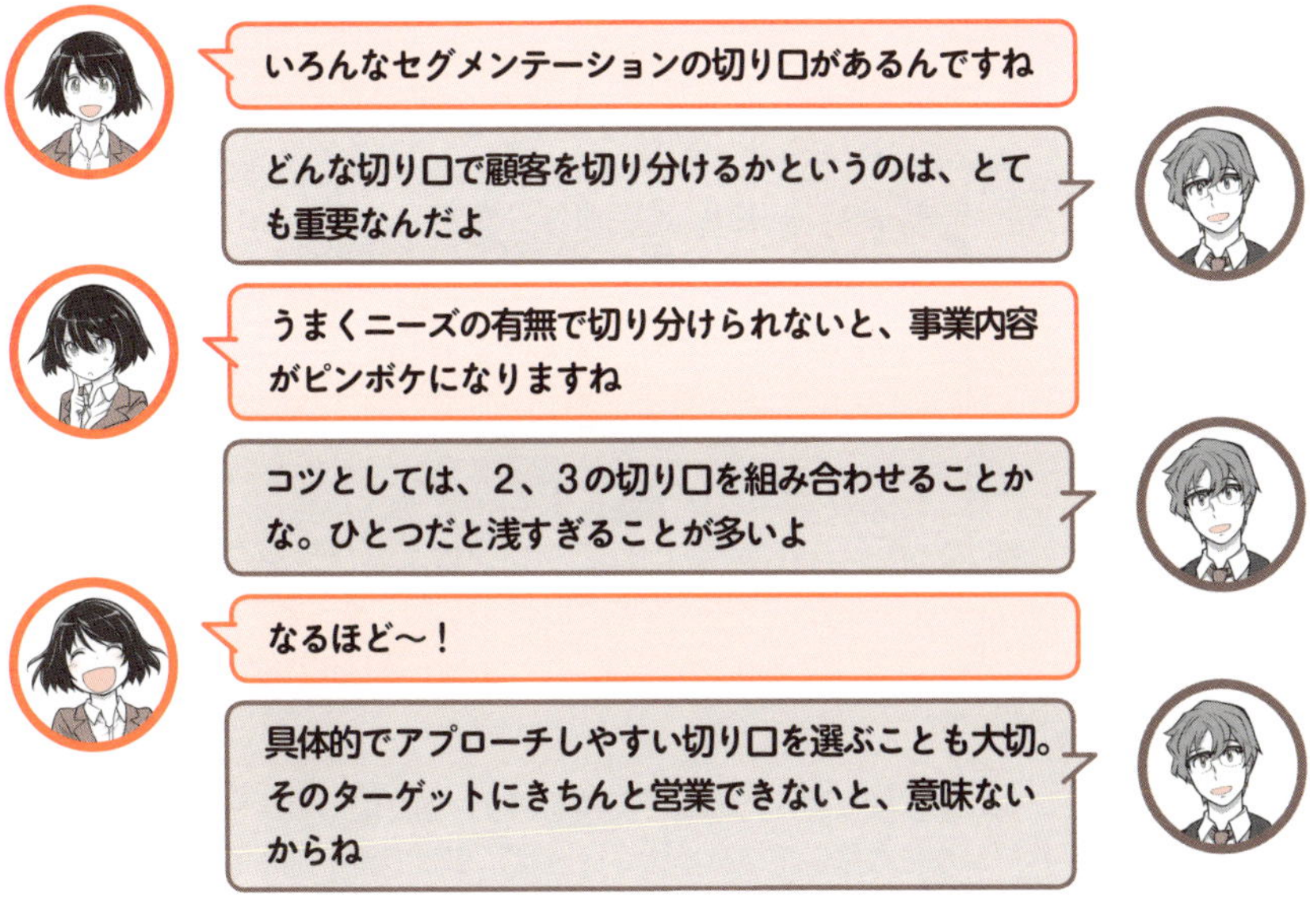
いろんなセグメンテーションの切り口があるんですね
どんな切り口で顧客を切り分けるかというのは、とても重要なんだよ
うまくニーズの有無で切り分けられないと、事業内容がピンボケになりますね
コツとしては、2、3の切り口を組み合わせることかな。ひとつだと浅すぎることが多いよ
なるほど〜！
具体的でアプローチしやすい切り口を選ぶことも大切。そのターゲットにきちんと営業できないと、意味ないからね

に「眠くなると困る人はどんな人か？」と翻訳を重ねていきます。そうすると、「長距離トラックの運転手」や「受験生」などが顧客として出てきます。

このように、「想定した製品・サービスをどんな人が欲しがるか？」という翻訳を繰り返すことで、ピッタリのニーズをもつ顧客層を明らかにできます。実務的には、一般的な切り口によるセグメンテーションよりも、この翻訳アプローチのほうが重宝《ちょうほう》します。

「2段階のターゲティング」を行おう

顧客市場の切り分けができたら、次は顧客層を絞り込む**ターゲティング**です。これは、その製品・サービスが特にマッチする顧客や、競合が少ない顧客を選ぶステップで、2段階で行うとよいでしょう。

第1段階の**初期ターゲット**では、市場規模の大小を気にする必要はありません。規模は小さくともニーズが強く顕在化させやすい、波及効果が期待できるなどの観点からターゲットにする顧客を選びます。

第2段階では、初期ターゲットでの実績やノウハウ

初期ターゲットから成長ターゲットへ

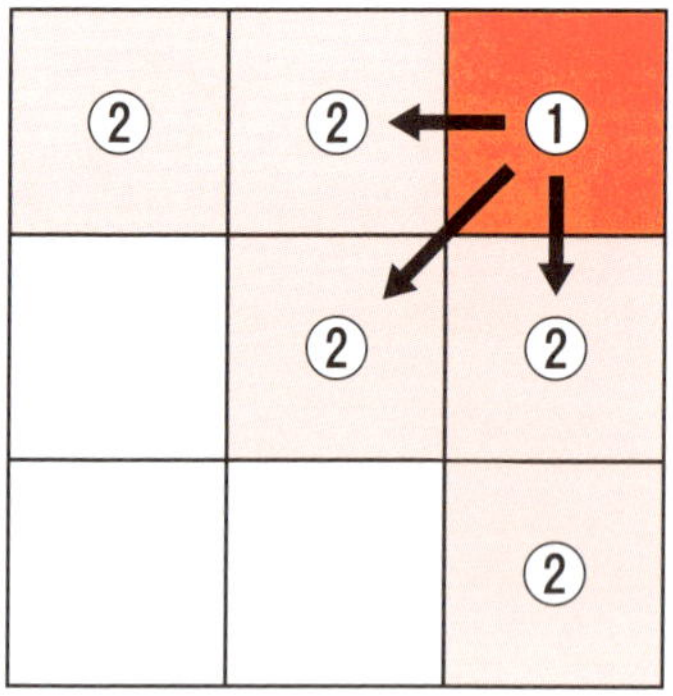

ターゲティングは２段階で行う

①初期ターゲット
- 新しい価値を認めてくれる顧客市場
- 実績が作りやすい、波及効果が期待できる

例）アマゾンの書籍ＥＣ

②成長ターゲット
- 大きな成長ポテンシャルがある顧客市場
- 実績をもとにアプローチ

例）アマゾンのエブリシングストア

まず絞り込んだ市場で実績を作り、第２段階でターゲットをその周辺市場に拡大させれば、事業成長が望めるわ。

をもとに、一定の規模や成長性が期待できる市場に展開します。これを**成長ターゲット**と言います。こうすることで、最初の壁を突破する実績作りに必要な「絞り込み」と、事業として追求しなければならない「規模や収益の拡大」を両立させることができます。

この**2段階のターゲティング**は、前節のP119で紹介したゴープロ社のアクションカムやフェイスブックをはじめ、多くの成功事業で見られるものです。たとえば、アマゾンはスタート時こそ書籍のみのEC（ネット販売サイト）でしたが、そこで顧客獲得の実績とECのノウハウを築き、いまでは多くの商材を扱うエブリシングストアとして展開しています。

注目すべきターゲティングの切り口

最後に、ターゲティングでよく使う注目すべき切り口を紹介しておきます。

■行動特性によるターゲティング

その製品・サービスの使用頻度によって、顧客を**ヘビーユーザー**、**ミドルユーザー**、**ライトユーザー**、**未使用者**などに分けて、その中のどれを狙うかを考えるやり方です。使用頻度でターゲット顧客を選ぶ方法なので、営業数字へのインパクトが見えやすく、現状では忘れられがちな未使用者にもライトが当たります。

■波及効果によるターゲティング

イノベーション理論では、顧客を新商品の購入時期によって**イノベーター**（革新的採用者）、**アーリーアダプター**（初期採用者）、**アーリーマジョリティ**（前期追随者）などに分類します（マンガP111参照）。このうち特にアーリーアダプターの声が他の消費者への波及効果をもつので、新商品の立ち上げには、アーリーアダプターを押さえることが重要です。

顧客の明確化は、セグメンテーションと「翻訳アプローチ」で行うんだ。そして、狙い目の顧客市場を絞り込むターゲティングは、初期の実績作りとそれ以降の事業の成長性を両立させるために、2段階で行おう。

提供価値を明確化する（1）―提供価値とは何か？

「何を提供するのか」は、製品・サービスを具体化するだけでは不十分。顧客にとって「価値」を示すことが必要です。

顧客は「価値」を買っている

「顧客への提供価値」において、「誰に提供するのか」と同時に考えなければいけないことは、「何を提供するのか」です。この問いには、2つの異なる答えが必要です。

ひとつは**製品・サービスの具体的内容**です。たとえば、「電動ドリルを売る」といったことです。

そして、もうひとつが**価値（ベネフィット）**です。

古くからマーケティングで言われるように、売り手は電気ドリルを売っているのですが、買い手は「電気ドリルによって開けられる穴」にお金を払っています。

つまり、「穴を開けられる」という電気ドリルがもつ価値を顧客は買っているわけです。

3つの提供価値

製品・サービスの「提供価値」には、次の3つの種類があります。

- ●機能的価値
- ●心理的価値
- ●経済的価値

機能的価値は、文字通り製品・サービスの機能やス

スペックより、
心理的価値や経済的価値が
大切なのね

ペックです。たとえば、「このスポーツカーの最高時速は250キロ」といったものです。

けれど、よく考えてみると、日本で時速250キロものスピードを出したら捕まってしまうので、その最高速度には実利的な価値がありません。それでも、高額なスポーツカーを好んで購入する人がいるのは、どうしてなのでしょうか。

それは、2つめに挙げた**心理的価値**があるからです。時速250キロに実利的な価値はなくても、「あんな車に乗っていてスゴイ」とか「お金持ちだ」と他の人は思ってくれます。この場合、スポーツカーをもつ満足感や優越感、何らかの自己実現ができることにお金を払っているわけです。

3つめの**経済的価値**は、その製品・サービスがもたらす収入増加やコスト削減効果、効率アップといったものです。「儲《もう》かる」というのは万国共通に喜ばれることですから、経済的価値が顧客に与えるインパクトは大きなものがあります。

この3つの提供価値のうち、重要なのは「心理的価

製品・サービスの3つの提供価値

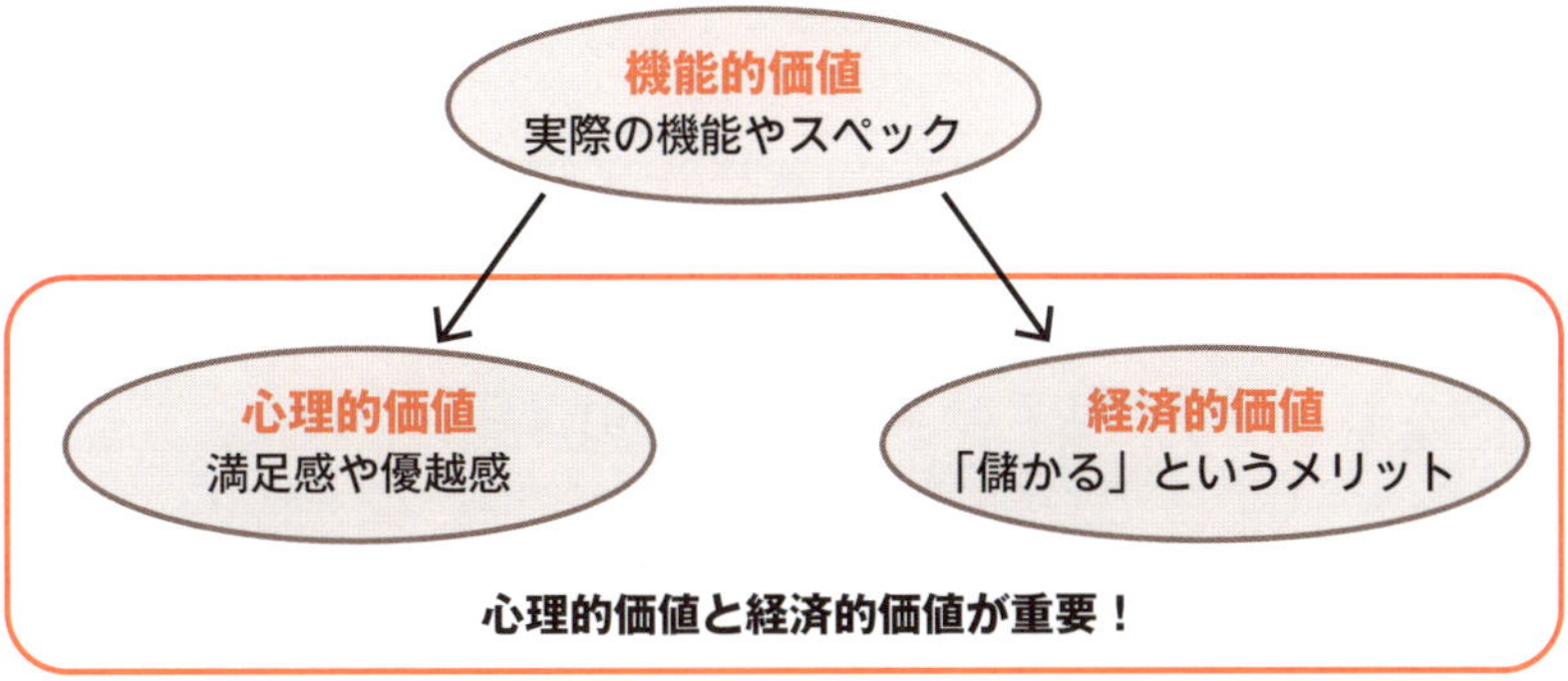
機能的価値
実際の機能やスペック
心理的価値
満足感や優越感
経済的価値
「儲かる」というメリット
心理的価値と経済的価値が重要！

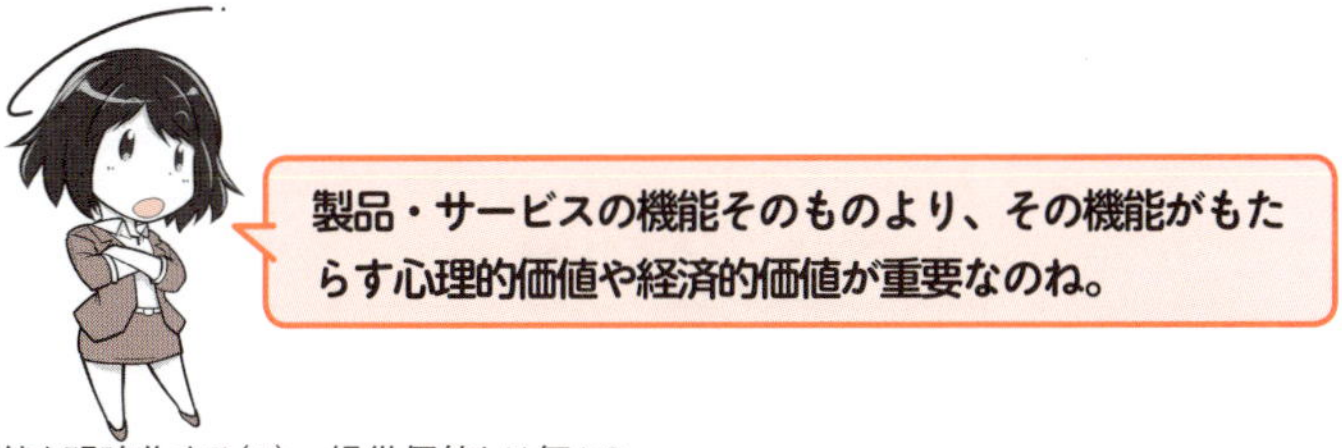
製品・サービスの機能そのものより、その機能がもたらす心理的価値や経済的価値が重要なのね。

値」や「経済的価値」です。製品・サービスが顧客に受け入れられるためには、まずその機能やスペックの背後に**「心理的価値」や「経済的価値」がきちんと存在している**ことが必要です。

顧客目線で伝えることが大切

顧客は、「心理的価値」や「経済的価値」を感じてお金を払うのです。ですから、製品・サービスの売り込みには、**価値を顧客にわかりやすく伝え、しっかり理解してもらう**必要があります。

価値の伝え方の好例は欧米企業に多いのですが、日本でもずば抜けてうまい企業があります。テレビ通販の「ジャパネットたかた」です。たとえば、２０００万画素のデジタルカメラと言っても多くの人はピンときません。そこで、ジャパネットたかたは、テレビ視聴者にこんな感じで語りかけるわけです。

「お子さんやお孫さんの運動会の写真、遠くからだとなかなかうまく撮れませんね。拡大したら、ぼやけちゃう。でも、この２０００万画素のデジタルカメラ

顧客による受け取り価値

心理的価値や経済的価値は、どうやって伝えればいいんですか？

機能的価値に比べて難しいのは、それぞれの価値が相手によって違ってくるからなんだ

製品は同じでも、受け手によって嬉しさやインパクトが違いますものね

だから「提供価値」と言うより、「顧客による受け取り価値」って言うべきだね

顧客目線って、そういうことを指すんですね

顧客目線でそれぞれに合った価値を提案するのが、ソリューション提案営業というものなんだ

なら安心！　ものすごく鮮明に撮れるから、ほら拡大してても、お子さんやお孫さんの笑顔がこんなにキレイに！　ほんとにかわいいですね」

これは、デジタルカメラのスペックそのものではなく、そのスペックが顧客にどのような価値をもたらすのかを、**顧客の目線**で説明したものです。価値を顧客に理解してもらうことで、初めて顧客は動いてくれるのです。

法人を顧客とする場合も同様です。機能やスペックがどれだけ優れた製品・サービスであっても、**売上向上や業務のコスト削減・効率アップ**にどれだけ貢献するかを相手の状況に合わせて理解して提案しなければ、導入してもらえないのです。

価値を考えるのは売り手側

売り手側の論理として、「製品・サービスにどんな価値を感じるかは顧客によって違うのだから、価値は顧客の側で考えるべきだ」と言う人がいるかもしれません。けれど、それでは事業は成り立ちません。

いまの顧客は、たくさんのモノをもっています。「こんな製品・サービスがあったらよいけど、なくても別に困らない」といった状況なので、顧客はわざわざ自分で製品・サービスの価値を考えようとしません。

そこで、顧客を動かして新しい需要を開拓していくためには、顧客にとっての**「心理的価値」や「経済的価値」を売り手側が考え、顧客にわかりやすく示していく**という働きかけが必要になってきます。さらに言えば、売り手側としては、顧客の「心理的価値」や「経済的価値」を満たすように、製品・サービスの機能やスペックを再定義していく必要があるのです。

顧客は、その製品・サービス自体の機能を買っているわけではなく、「価値」を買っているんだ。そこで売り手側としては、価値を明確にして、きちんと顧客に伝えることが大切だよ。

提供価値を明確化する（2）ーポジショニングの方法

激しい競争に勝つためには、競合や代替品との差別化を図ることが必要です。ポジショニングで独自の提供価値を見つけましょう。

差別化できる提供価値を見出そう

競合と同じような提供価値では差別化できず、顧客に使われなかったり、価格で勝負するハメになってしまいます。そこで、先述したＳＴＰの３つめ、**自社と競合との提供価値の違い**をしっかりと明確にする**ポジショニング**が必要になります。これが「差別化」ということです。

提供価値には、さまざまなものがあり得ます。たとえば外食サービスなら、低価格、高級感やくつろぎ感、味、手軽さなどが考えられます。ポジショニングとは、そうした**提供価値のどれで勝負するのか**を明確にしていくステップです。

具体的には、**ポジショニングマップ**（左図参照）を作って検討します。ポジショニングマップとは、自社のベネフィット（提供価値）の観点から競合との違いを示したもので、２つのベネフィット軸を組み合わせて、そこに自社と競合の位置付けを表現する手法です。

ポジショニングマップの活用のコツ

ポジショニングマップはわかりやすくてよい手法ですが、活用のためにはコツが必要です。

たとえば、高級車として知られる「ベンツ」のポジショニングマップを考えるとして、何をベネフィット軸に選びますか。ここで多くの人が「価格」をベネフィット軸の1つに選ぶのですが、これが低価格を売りにするメーカーであればいざしらず、高価格のベンツです。ほとんどの場合、価格が高いというのは価値にならないので、ベンツのベネフィット軸として「価格」はふさわしくありません。

ポジショニングマップは、単にその製品・サービスの位置付けを整理するだけのツールではありません。ターゲット顧客や競合との関係を念頭に置いて、自分たちの製品・サービスの**提供価値はどうあるべきか**という観点から、適切なベネフィット軸、すなわち提供価値を考えるためのものなのです。

優位なポジショニングの3条件

よいポジショニングの条件とは、以下の3点に合致するベネフィット軸を見つけられるかどうかです。

①顧客が魅力を感じる

ポジショニングマップの例

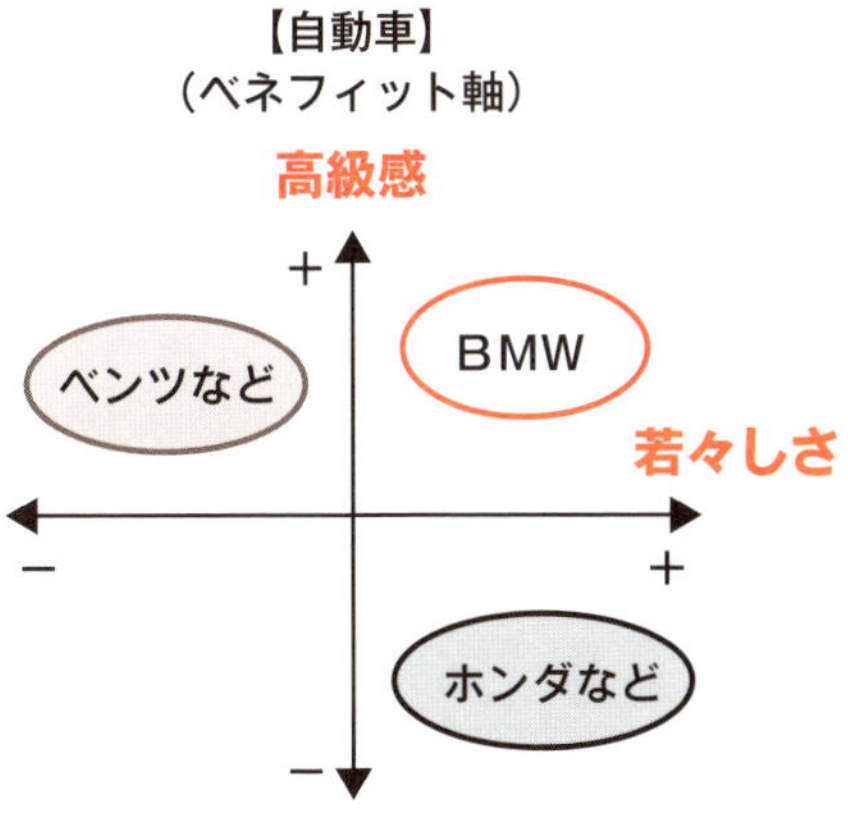
【自動車】
（ベネフィット軸）
高級感
＋
－
若々しさ
－
＋
ベンツなど
BMW
ホンダなど

優位に立つためには、次の3条件に合致したベネフィット軸を見つけよう

- 顧客が魅力を感じる
- 自社が提供できる（提供できる見込みがある）
- 競合が気付いていない

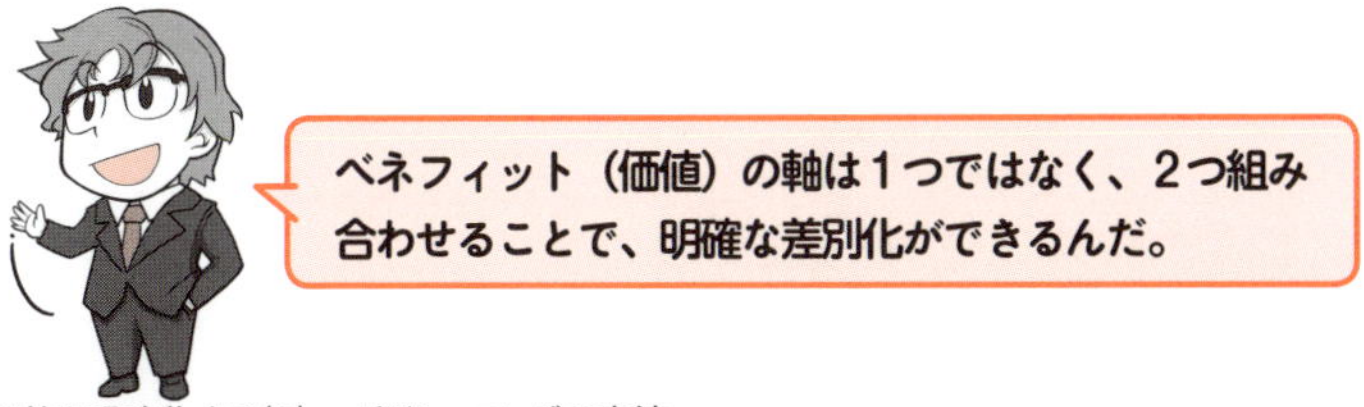
ベネフィット（価値）の軸は1つではなく、2つ組み合わせることで、明確な差別化ができるんだ。

②自社が提供できる（提供できる見込みがある）
③競合が気付いていない

①と②は必須なのですが、ポイントは③の**競合が気付いていない**という条件を満たせるかどうかです。

競合が気付いていないものを見つけるのは至難《しなん》の業《わざ》ですが、もしそれができればその事業は相当見込みがあります。そのためのヒントは**顧客の絞り込み**です。

顧客を絞り込むことで、その顧客層にだけは他に代え難い提供価値を見出せます。そうした価値は、競合が気付いていない可能性が大きいのです。最初はそれが小さな市場規模であっても、実績によって顧客層が広がり、ビジネスとして十分な規模に達することもあります。

たとえば、低価格理髪店のQBハウスは、1000円でしかも短時間でヘアカットができることを売りにして、全国規模のチェーン店になりました。

この成功の大きな理由は、顧客を「時間のないビジネスマン」と「お金のない学生」に絞ったからです。顧客がスタイリングやトリートメントなどを重視しな

ポジショニングマップと戦略キャンバス

顧客が魅力を感じるベネフィット軸って、どうやって見つければいいんですか？

うん、少なくとも心理的価値や経済的価値から考える必要があるね

いろいろ候補がありそうで…。ポジショニングマップで2つの組み合わせを見つけるのは大変そうですね

だったら、戦略キャンバスを使うといいよ。これは複数のベネフィット軸を扱うから、とても便利なんだ

戦略キャンバスの例

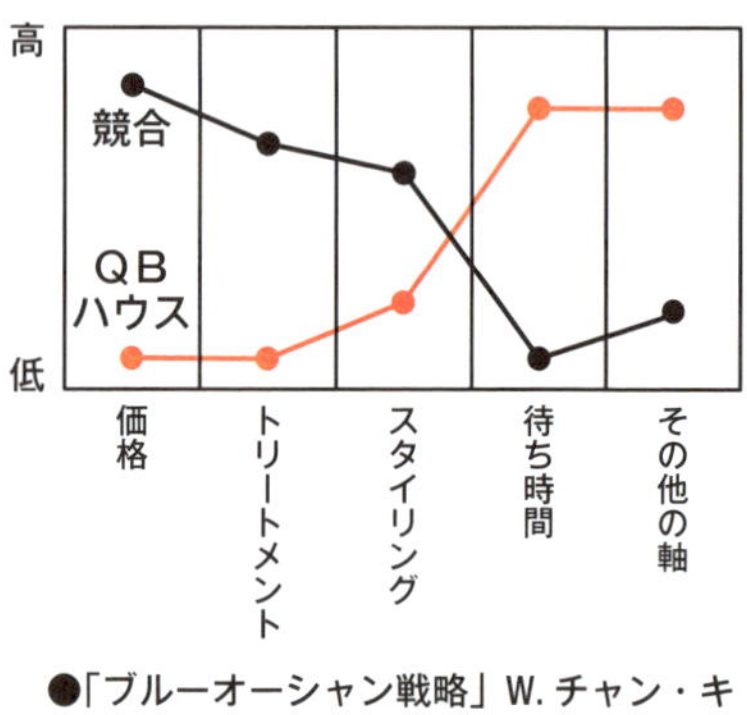

●「ブルーオーシャン戦略」W.チャン・キム、レネ・モボルニュ著
●競合が気付かない新しい価値を見つける

いので、その工程を省いて客の回転率を上げ、超低価格を実現できたわけです。

もしも顧客を絞らなければ、短時間・超低価格という提供価値は、一般的な理髪ニーズに埋もれてしまって見出せなかったでしょう。

アップル社の元CEOのスティーブ・ジョブズは、こんな話を残しています。

「女性を口説くとき、ライバルがバラの花を10本贈ったと聞いて、それなら15本贈ろうと思った時点で負けだ。ライバルが何を贈ろうと関係ない。その女性が本当に望んでいるものを見極めることが重要だ」

代替品も差別化の対象範囲

もうひとつ考えなくてはいけないことは、「競合は誰なのか？」ということです。

これまでにない新しい製品・サービスならば、競合は存在しないと思うかもしれませんが、実は**代替品**というものが存在します。代替品とは、**同じターゲット顧客に同じ価値を提供する別の手段や業態**のことです。

たとえばマクドナルドの場合、モスバーガーやロッテリアの他に、牛丼チェーンや街の定食屋なども競合関係にあります。一方、その代替品は、コンビニ弁当や手作り弁当屋、社員食堂といったものです。

競合のことは思い浮かんでも、代替品は忘れがちですが、代替品があることで、顧客が新しい製品・サービスの必要性を感じないというケースもよくあります。そこで、差別化の対象を代替品まで広げて考えておく必要があります。

この代替品で満たされているニーズに気付いて、それを取り込むことができれば、大きな市場獲得につながることが多いのです。

競合と差別化できる提供価値を見つけることが、ポジショニングの根幹。競合が気付いていない価値があれば断然有利だけれど、その場合、「顧客の絞り込み」が非常に重要なものになってくるんだ。

顧客のニーズを掘り起こす（1）
―顧客理解の方法

新しい事業の狙い目は、顧客の潜在的ニーズです。その潜在的ニーズは、顧客を理解することでしか見出せません。

顧客理解では潜在的ニーズが重要

ここまで「誰に何を提供するのか」についての検討方法を見てきましたが、すべてのプロセスの前提として絶対に欠かせないことは**顧客を理解する**ことです。顧客理解にとって重要な項目は、次のようなものです。

●どの顧客がどのようなニーズ（悩みや困り事）をもっているか
●そのニーズはどのくらいインパクトがあるか
●現状で、そのニーズはどのようにして対処されているか
●そのニーズをもつ顧客はどのくらいいるか
●それらの顧客の購買行動はどのようなものか

こうした項目を把握しようとする際に難しい点は、すでに顕在化したニーズを知るだけでは不足だということです。

顕在的ニーズには、それを狙う競合他社がたくさん存在しますし、すでにそのニーズに対応する製品・サービスも提供されているかもしれません。ですから、顧客自身が気付いていない**潜在的ニーズ**を把握することが重要です。

顧客を理解する主な方法は、「ヒアリング」「グルー

プインタビュー」「アンケート」「雑誌記事や新聞記事、レポートの読み込み」などがあります。特にヒアリングやグループインタビューは、アイデア出しや仮説出し、検証を双方向で柔軟に行えるメリットがあり、潜在的ニーズの発見に不可欠な手法です。

顧客の声にヒントがある

ヒアリングやグループインタビューは、事業検討の基本です。たとえば「本当に顧客が付くのか」という本質的な質問には、説得力のある顧客の生《なま》の声なくしては「顧客の反応がこうだから大丈夫」と答えられません。ところが、ヒアリングやインタビューをおろそかにしている例がとても目につきます。

「プランがまだ完璧《かんぺき》でない」とか「聞きに行っても、否定的な反応になるかも…」などとグズグズしているのです。しかし、机上でいくら検討しても、どうにもなりません。事業計画を進めるためには、**顧客のフィードバックをもらって、見直しや改善をしていく**以外に道はないのです。

どんどん聞きにいこう!

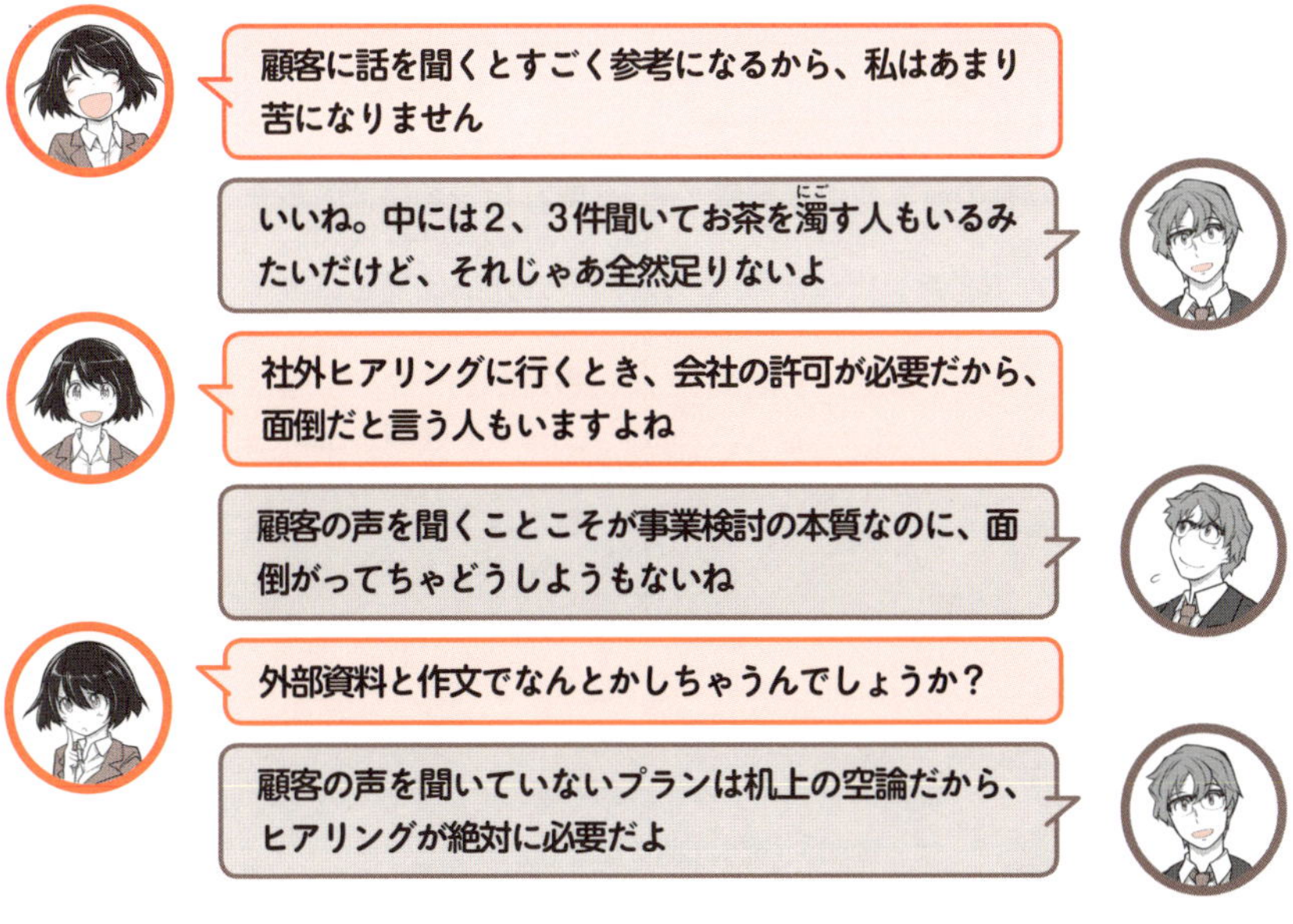
顧客に話を聞くとすごく参考になるから、私はあまり苦になりません
いいね。中には2、3件聞いてお茶を濁《にご》す人もいるみたいだけど、それじゃあ全然足りないよ
社外ヒアリングに行くとき、会社の許可が必要だから、面倒だと言う人もいますよね
顧客の声を聞くことこそが事業検討の本質なのに、面倒がってちゃどうしようもないね
外部資料と作文でなんとかしちゃうんでしょうか?
顧客の声を聞いていないプランは机上の空論だから、ヒアリングが絶対に必要だよもし仮に、「そんなものは欲しくない」というのが顧客の反応ならば、その場で「なぜ欲しいと思わないのか」、「どういう内容なら受け入れられるのか」などの質問をしてみましょう。必ず見直しや改善のヒントが得られるはずです。

ヒアリング対象者は「新しい顧客」

ヒアリングの対象者は、以下の通りです。

①ターゲット候補の顧客や潜在顧客
②社内や事業パートナーなどの関係者・協力予定者
③顕在的競合（既存事業者）や潜在的競合
④代替品提供者

①について注意しておきたいのは、話を聞く対象は既存顧客ではないということです。既存顧客は既存の製品・サービスに満足していることが多いので、「新しい価値」にはたいてい否定的です。新しい事業なら、**新しい顧客**に聞きに行く必要があります。

また、関係者や協力者はもちろん、競合と思われる相手などにも聞きに行きましょう。

ヒアリングは「誰に」「どのように」行うか？

誰にヒアリングするか	どのようにしてヒアリングするか
●ターゲット候補の顧客や潜在顧客	●制約の多い社内ルートでの紹介よりも、「飛び込み」でのアポイントが結局は最も確実
●関係者や協力予定者	●電話やレターで趣旨を説明して、適切な部署につないでもらう
●顕在的競合（既存事業者）や潜在的競合	●事業検討の初期段階でも30件はヒアリングしたい
●代替品提供者	

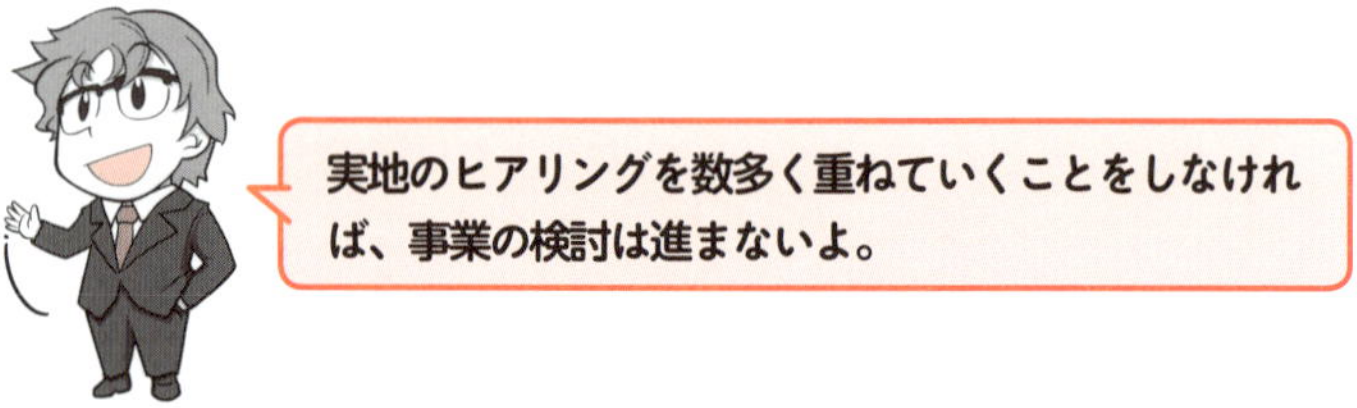

実地のヒアリングを数多く重ねていくことをしなければ、事業の検討は進まないよ。

新しいネタは、日頃付き合っていない人たちからもたらされます。競合すると思っていた相手と話してみると、実は自社の事情や制約に縛られて困っているというケースもあります。もしかすると、協力し合える可能性が生まれるかもしれません。

これほど重要なヒアリングですから、初期段階でもしっかり30件は行うようにしたいものです。

ここで問題は、「新しい顧客」にどのようにアポイントを取るかです。顧客が消費者なら、調査会社に依頼して、設定した調査対象者の商品購入・使用状況や消費意識の変化などを継続的に調査する「消費者パネル調査」のサービスを受ける方法もありますが、顧客が法人の場合はまだ適切なサービスがないようです。

そうなると、やはり**飛び込み**でいくしかありません。たとえばターゲット候補の法人をリストアップして、電話やレターで趣旨を説明し、適切な部署につないでもらいます。きちんと趣旨を説明して相手に興味をもってもらえれば、結構会ってもらえます。どの会社も新しいネタを求めているものです。

飛び込みアポイントのスキルを身に付けよう

アポ取りって結構苦労するものなんですね

でも、キミは平気そうだね（笑）。技術者であまり経験がない人にとっては、大変みたいだよ

社内の営業部門に紹介してもらうっていうのは、どうですか？

既存事業部門は、本業で忙しくて協力してくれないことが多いみたいなんだ

まあ、自分でアポ取りすると顧客の肌感覚もわかるから、そのほうがいいかな…

そう、飛び込みアポが取れるというのは、どんな仕事でも重要なスキルだから、ぜひ身に付けるべきだよ

潜在的ニーズは顧客の声に表れない

ヒアリングは非常に重要なものですが、顧客の声を聞くだけでは、本当の顧客理解にはなりません。この節の初めに述べたように、**潜在的なニーズ**を見つける必要があるのです。

しかし、潜在的ニーズは本人も気付いていないことが多いので、聞いても出てこないという問題があります。潜在的ニーズを掘り起こすというのは、顧客側の仕事ではなく、あなたの重要な仕事です。

たとえば、ネット通販のアマゾンが登場する以前は、あちこち本屋巡りをして本を探すのが当たり前でした。そうした時代に「本探しで何か困っていませんか?」と聞いても、「わざわざ本屋に行って本を探すのは不便」などという答えは返ってきません。本を買うのは「そういうもの」だったからです。

では、なぜアマゾンは、その時代に書籍のネット通販という潜在的ニーズを見つけることができたのでしょうか。

カスタマージャーニーの方法（アマゾンの例）

本を買う人の行動・判断プロセス →

行動・判断	出かける	書店を選ぶ	店頭で本を探す	購入する	持ち帰る	読む	感想を伝えたい	次の本へのニーズが生まれる
妥協点	時間がない、面倒	よい書店が近くにない	ほしい本が見つからない	値段が高い	重たい、面倒		伝える相手や場がない	どんな本があるか自分で調べる必要がある
アマゾンの提供価値	自宅で買い物が可能		圧倒的品揃えと検索・推薦	大幅な割引	宅配		書評コーナー	見繕い新刊お知らせ

カスタマージャーニーによって、顧客の行動・判断プロセスから妥協点を見つけ出せば、その妥協点が潜在的ニーズになるわけね。

ポイントは、何らかの仮説や問題意識をもって顧客を観察することです。アマゾンのＣＥＯは、インターネットという**新しいインフラを活用できないかという視点**で、本屋巡りをしている顧客を観察しました。彼が書籍のネット通販というこれまでよりも便利な仕組みを提案したことによって、初めて顧客は本屋を巡って本探しをするのが不便だと気付いたのです。

潜在的ニーズの見つけ方

潜在的ニーズを掘り起こすには、まず顧客がどんな行動や判断をしているかを、**時系列で押さえていく**ことが大切です。どんなことをしていたのか、時系列を無視してバラバラにヒアリングしたり観察するのでは、ヌケやモレが出てしまいます。

顧客の行動や判断の把握ができたら、新しい技術やインフラ、他の業界での成功事例、社会環境の変化などを切り口として、その行動や判断の中に困り事はないかを検討していきます。

「こうした新技術やインフラが普及すれば、顧客はどう便利になるか」と考えてみるのです。それを**顧客のあるべき姿**として、現状の顧客の行動や判断と比較してみます。すると、**現状の顧客が妥協している不便な点**が見えてくるはずです。それが、つまり潜在的ニーズの掘り起こしというわけです。

こうした手法は、カスタマージャーニーや行動観察などと呼ばれるものです。

よく「現場百回」などと言いますが、ただやみくもに現場に百回足を運んでも潜在的ニーズは掘り起こせません。何らかの新しい切り口をインプットしたうえで現場に行き、顧客の姿を見る必要があるのです。

顧客理解の王道は直接顧客の声を聞くことだけれど、声に表れない潜在的ニーズを把握することも重要。潜在的ニーズは、顧客の「あるべき姿」と現状とを比較して考えれば、見えてくるはずだよ。

顧客のニーズを掘り起こす(2)
―潜在的ニーズの検証方法

潜在的ニーズが仮説のままでは、事業展開はできません。仮説を「確信」に高めるためには、検証を繰り返します。

リーンスタートアップが必要

事業計画にとって顧客理解は欠かせないアクションですが、顧客理解によって見えてきた顧客の潜在的ニーズは、検証をする前の時点ではあくまでも**仮説**にすぎません。

顧客は、実際に製品やサービスを見るまで、自分がそれを買うのかどうか判断できない場合がほとんどです。事前ヒアリングでは、「そういうモノがあったらいいいね」と答えていた相手が、実際にモノを見せられると、「思っていたのと全然違う」と言い出します。

最悪なのは、アンケートやヒアリングで「ニーズがありそうだ」ということで、費用をかけて開発したのに、実際にフタを開けてみたら全然売れなかったという事態です。また、すでに投資を進めてしまっているので、途中で引けなくなり、突き進んでしまうというケースもあります。

そうならないためには、ある程度コストをかけてしまう前の段階で、何度も仮説を検証してプランの改善を繰り返していく必要があります。

こうしたアプローチを**リーンスタートアップ**と言います。

MVPで仮説を検証する

リーンスタートアップは、仮説の検証と改善を通じて顧客を開発していくアプローチです。曖昧《あいまい》な「ニーズのようなもの」を手応えのある形にもっていくには、顧客に「仮説」をぶつけて、潜在的ニーズの確度を高めていく必要があります。

しかし、単に「こんな製品やサービスがあったら使いますか?」と聞くだけでは、潜在的ニーズの有無は検証できません。

あるメーカーが、スーパーの入口で「これから何を買うのか」を聞き、出口で「実際に何を買ったのか」を確認する調査をしたところ、わずか30％しか一致しなかったそうです。まさにこれから買い物をしようというときでさえそんな調子ですから、内容も十分固まっていない段階で、まともな答えが返ってくるはずがありません。

そこで、リーンスタートアップでは、**MVP**（最低限検証可能なプロダクト）を顧客に見せて検証します。

営業チラシも立派なMVP

MVPって、「プロダクト」という言葉が付いてるから誤解されやすいんだ

実際には製品そのものじゃなくて、検証できればいいんですよね

そうなんだ。とりあえず営業チラシを撒《ま》いて反応を見るのも、立派なMVPだよ

1回何万円ってレベルなら、何回でもトライアルできそうですね

試作品に金がかかるハードメーカーほど、営業チラシみたいなものを取り入れるべきなんだ

それならコストをかけなくても、ある程度の見通しが立てられますね！

仮説を検証するために、**実際に触ったり利用シーンがイメージできるような検証用のプロダクト**を示すのです。顧客にMVPを見せてフィードバックをしてもらい、そのフィードバックをもとに仮説を改善していくことが、リーンスタートアップのコア部分です。

MVPにおける3つのポイント

ハードがらみ事業では、MVPを作るのもコストがかかると言う人がいますが、MVPはニーズさえ検証できればよく、次の3つのポイントを踏まえていることが重要になります。

①具体的イメージをもたせる
②顧客に「踏み絵」を踏ませる
③手間とコストをかけない

顧客に具体的イメージを伝えるのには、実際の製品である必要はありません。たとえば、3Dプリンターで作った模型で利用シーンを撮影し、そのビデオを顧客に見せるといった方法もあります。

また、MVPを見せたとしても、単なるアンケート

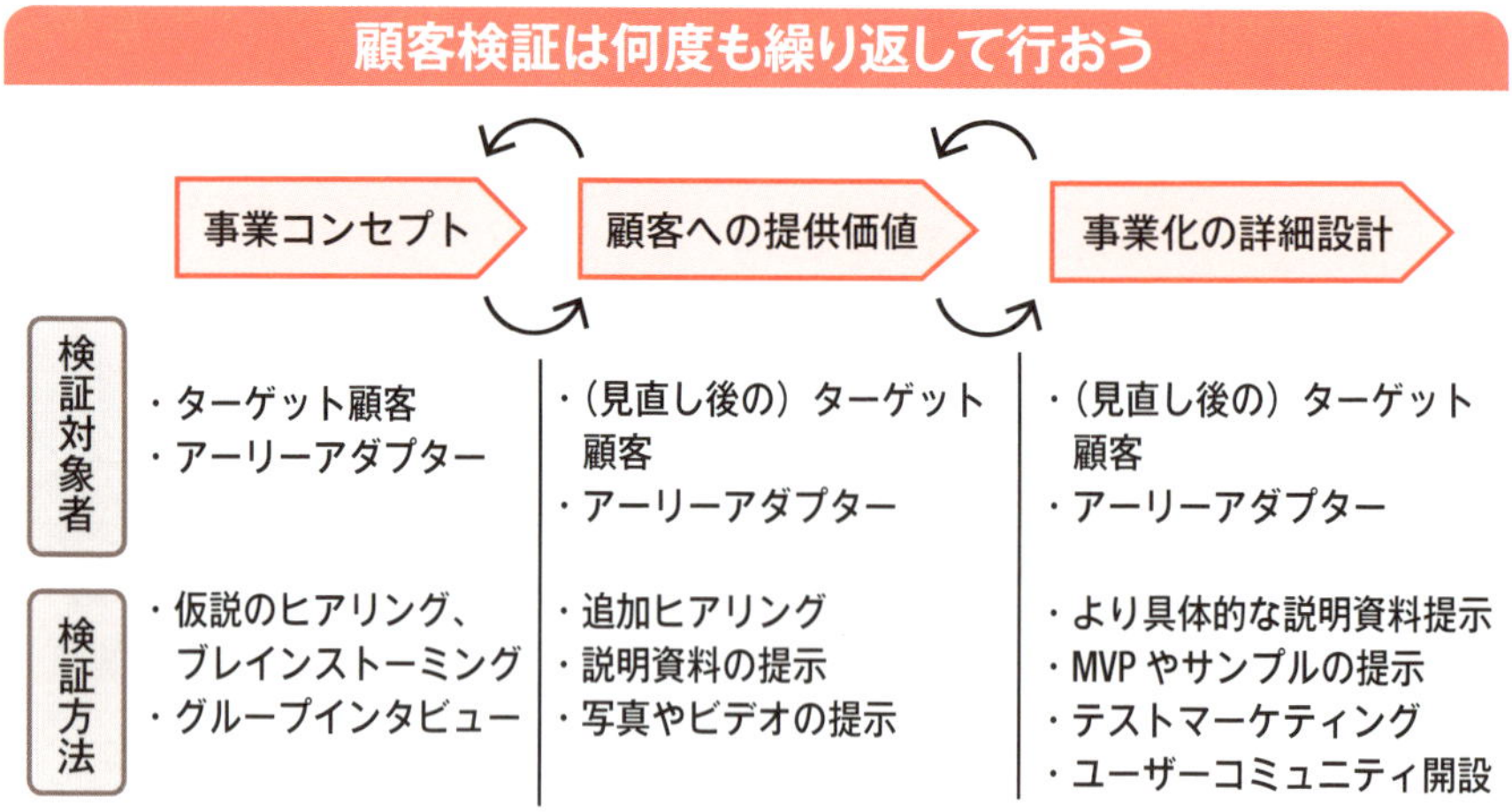

顧客検証は何度も繰り返して行おう
事業コンセプト
顧客への提供価値
事業化の詳細設計
検証対象者
・ターゲット顧客
・アーリーアダプター
・（見直し後の）ターゲット顧客
・アーリーアダプター
・（見直し後の）ターゲット顧客
・アーリーアダプター
検証方法
・仮説のヒアリング、ブレインストーミング
・グループインタビュー
・追加ヒアリング
・説明資料の提示
・写真やビデオの提示
・より具体的な説明資料提示
・MVPやサンプルの提示
・テストマーケティング
・ユーザーコミュニティ開設

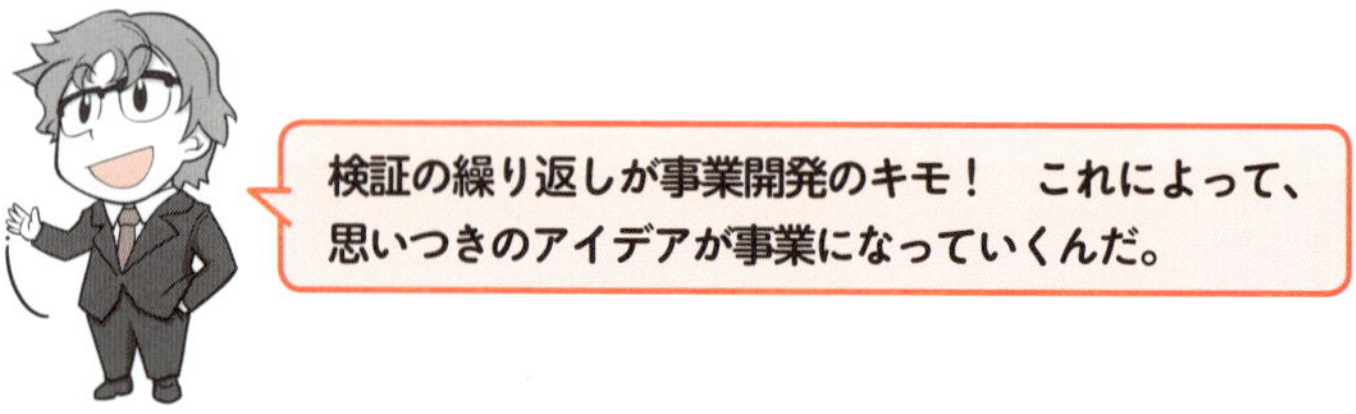

検証の繰り返しが事業開発のキモ！　これによって、思いつきのアイデアが事業になっていくんだ。

では、買う気のない顧客にも「まあ、いいんじゃないかな」などと気楽に答えられてしまいます。そこで、顧客に「踏み絵」を踏ませます。たとえば、クラウドファンディング（ネット上で事業の支援者を募る仕組み）のように仮登録や支払いなどをさせて、顧客に手間や負担のかかるコミットメントを求めることによって、実際に近い顧客の興味の度合いを測ることができます。

そして最も重要なことは、**可能な限りMVPの手間とコストを省く**ことです。顧客開発は試行錯誤ですから、手間とコストを抑えて失敗時のダメージを小さくして、何度も検証にトライしやすくするのです。

仮説を確信に高めるプロセス

事業計画というと、長い時間机にかじりついて考えるものだと思われがちです。けれど、新しい事業は、ヒアリングや顧客検証など顧客とのやりとりの中から生み出されてくるものなので、事業アイデアのための**顧客ヒアリング**、顧客仮説が出た後の**MVPによる顧客検証**、実際の事業展開前の**テストマーケティング**などに使われなくてはいけません。

これらのプロセスの中で、ターゲット顧客の中のアーリーアダプターを見つけられたか、フィードバックを受けてプランを改善できたか、「これなら絶対に使う」という顧客の声を十分に得られたか、といった面をしっかり積み上げる必要があります。

こうした取り組みこそが、あなたの仮説を「確信」に至らせる道です。根本的な疑問である「顧客は本当に使ってくれるのか」という問いにきちんと答えるためには、これ以外の方法はありません。

潜在的ニーズの確度を高める顧客検証は、低コストで俊敏に行うことが大切。検証をしてフィードバックを反映させ、さらに検証を積み重ねていくことが、あなたの仮説を確信に近づける方法だ！

プロダクトとマーケットをフィットさせる

顧客への提供価値は、「プロダクトからでなくマーケットから考えろ」とよく言われますが、実は両方とも必要不可欠なものなのです。

マーケットイン優先は正しいのか？

「顧客への提供価値」を考える際に、「誰に」と「何を」のどちらを優先して考えるべきなのか、という点がときおり問題になります。これは、第2章のP73でも簡単にふれた**プロダクトアウト**と**マーケットイン**に関する問題です。

プロダクトアウトとは、売り手側の技術や論理で製品・サービスを開発して新しい価値を示していくもので、つまり「何を」を優先するアプローチです。それに対してマーケットインとは、顧客のニーズに合わせた製品・サービスを開発するもので、「誰に」を優先したアプローチです。

現実を見ると、多くの企業でマーケットインが求められているようですが、新規事業の成功事例は、わかりやすいマーケットインから出てきたものばかりではありません。革新的な技術が可能にした素晴らしい体験で顧客を驚かせるといったインパクトは、近年のアップル社製品で記憶に新しいところです。その他にも、新技術や自社の強みから出てきたものや、市場調査に表れない潜在的ニーズから出てきた成功事例もたくさんあります。

ニーズと合致すれば
プロダクトアウトも
OKよ

世の中の新しい可能性は本当に多様で、単純にマーケットの声を聞くだけでは、その可能性の一部を切り取ることしかできません。

シーズとニーズの組み合わせが最重要

実は、プロダクトでもマーケットでも、どちらが先でもかまわないのです。重要なことは、そのプロダクトとマーケットを「フィット」させることです。言い換えれば、**シーズ（可能性のある新しい技術やサービス）とニーズを最適に組み合わせる**ということです。

潜在的ニーズは地面に埋まっているようなものなので、表面的なヒアリングでは浅いものしか得られません。そういうときは、技術や新しい発想が可能にするシーズという「スコップ」と、カスタマージャーニー（P137参照）などの手法で潜在的ニーズを掘り起こすのです。

一方、掘り起こした事業機会を市場で広げるには、マーケット側の発想が必要です。提供者側がこだわる「機能的価値」だけではなく、「心理的価値」や「経済

シーズによって潜在的ニーズを掘り起こす

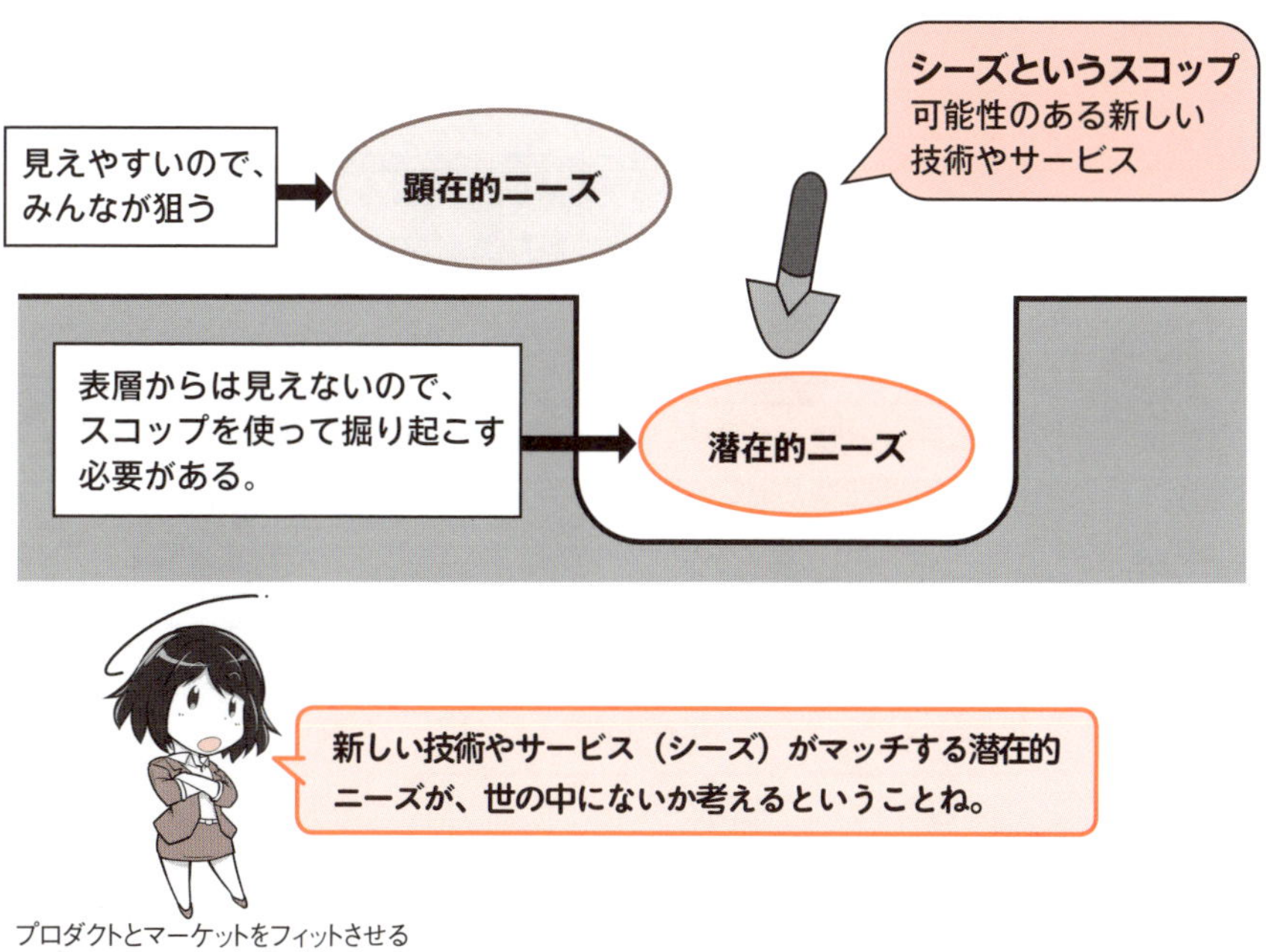
見えやすいので、みんなが狙う
顕在的ニーズ
シーズというスコップ
可能性のある新しい技術やサービス
表層からは見えないので、スコップを使って掘り起こす必要がある。
潜在的ニーズ
新しい技術やサービス（シーズ）がマッチする潜在的ニーズが、世の中にないか考えるということね。

的価値」を顧客の言葉に翻訳《ほんやく》して伝えていきます。それにより顧客側もそのコンセプトの可能性を正しく理解でき、事業の可能性が大きく広がっていくわけです。

片方にこだわるとチャンスを逃す

プロダクトとマーケットのフィットを考える際に、注意しなければいけないことは、「顧客の声はこうだから、こう作るべき」「ウチの製品だから、売れないのはおかしい」などと、硬直した考えをもつことです。

その製品・サービスに本当に価値があるかどうかは、モノを見た顧客が決めますが、顧客の声や潜在的ニーズは簡単にうつろいます。事業の計画段階では、そうした前提で顧客とのやりとりを深め、売り手側のシーズと顧客側のニーズが最終的に一致する**スイートスポット**を見つけることが大切なのです。

また、製品・サービスを出した後で、当初想定していなかった顧客層にも売れていくケースがあります。そのような「予期せぬ成功」には、意外な事業チャンスが潜んでいるかもしれません。ところが、その事実

プロダクト思考とデザイン思考

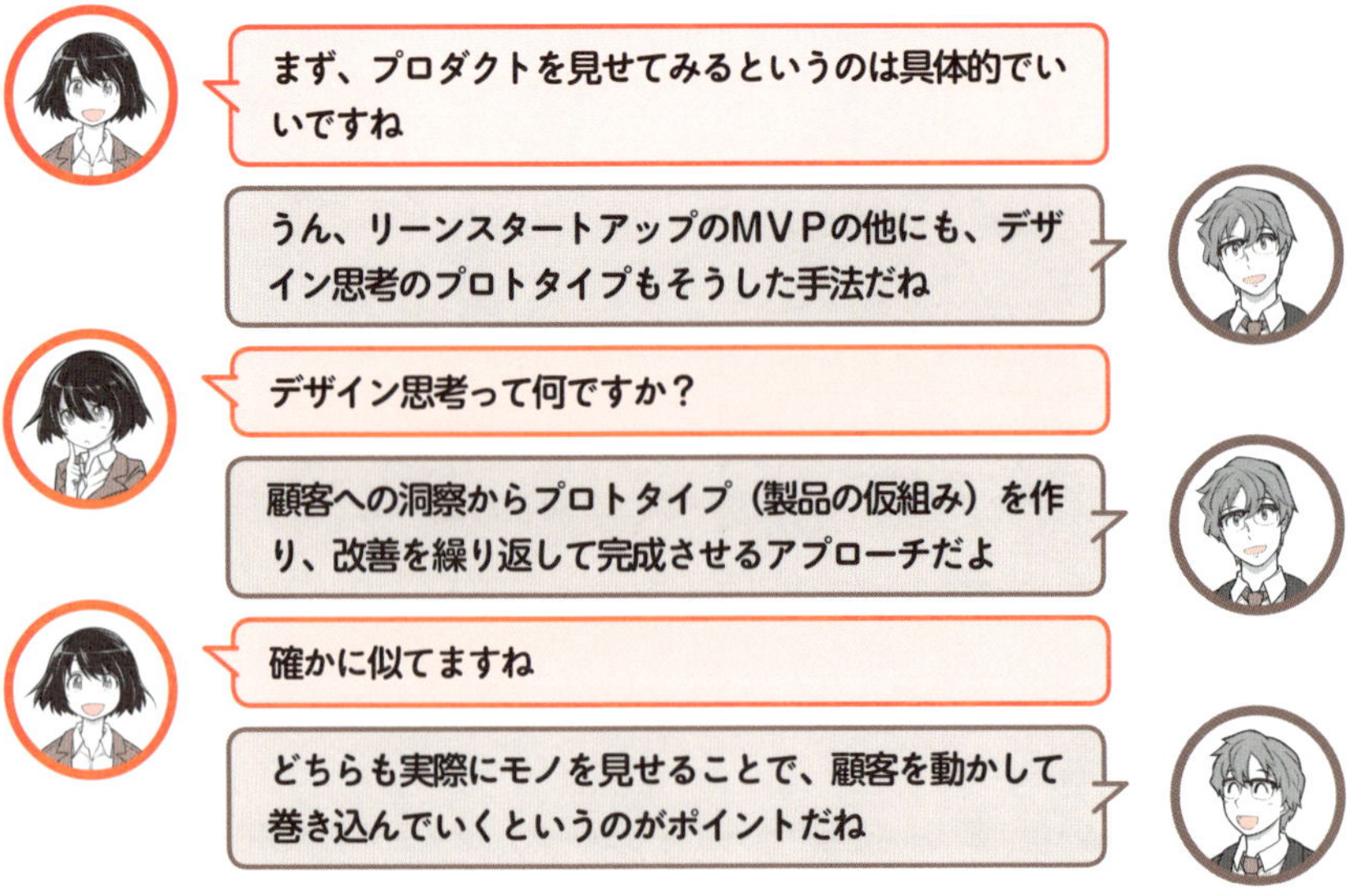
まず、プロダクトを見せてみるというのは具体的でいいですね
うん、リーンスタートアップのMVPの他にも、デザイン思考のプロトタイプもそうした手法だね
デザイン思考って何ですか？
顧客への洞察からプロトタイプ（製品の仮組み）を作り、改善を繰り返して完成させるアプローチだよ
確かに似てますね
どちらも実際にモノを見せることで、顧客を動かして巻き込んでいくというのがポイントだね

を「微々たる例外だ」と無視したり、ひどい場合は対象顧客の範囲外だということで、無視したりするケースもあります。思い込みや決めつけのせいで、せっかくのチャンスを逃しているのです。

「小さい市場」を見誤るな

フィットした市場は小さいかもしれません。しかし、「市場が小さい」からといって、その事業に魅力がないことを意味しているわけではありません。

たとえば、フェイスブックは最初、ハーバード大学の学内交流サイトでした。当時は実名SNSなどあり得ないと言われていた時代でしたが、学生の交流サイトなので実名のSNSにしたのです。そこから他の大学に広まり、最終的には10億人以上が実名で使うようになり、ネットは匿名《とくめい》という常識を覆《くつがえ》しました。

スマートフォン市場だって小さかったのです。多くの日本企業は、当時の顧客の「今のガラケーで満足」という市場調査を鵜呑《うの》みにして、小さくて立ち上がらない市場だと判断したので対応が遅れました。

アマゾンも書籍のECから始まりました。「書籍市場は限定的だ」という批判を浴びていましたが、書籍ECで培った実績とノウハウによる怒涛《どとう》のヨコ展開で、ほとんどの商材を扱う「エブリシングストア」を実現しました。

常識を打破して新しい市場を切り開くには、サイズは小さくても実績を積み重ねることです。世の中全体には当てはまらなくても、特定の顧客には通常と違うニーズがあり得ます。そうした具体的で明確なニーズをもったターゲットを見つけて一点突破で実績を作り、そのあとにヨコ展開するという**2段階のターゲティングが市場開拓のセオリー**です。

新事業は、プロダクトとマーケットのどちらから発想をスタートさせてもかまわない。潜在的ニーズの開拓に目標を据え、シーズとニーズの最適な組み合わせを考えることが最重要！

コラム

STPサイクル
～STPのアプローチは繰り返して行う

1回だけのSTPでは真のニーズが見えない

新しい組み合わせで事業コンセプトができたら、次はＳＴＰ（3章P116参照）のアプローチで「顧客への提供価値」を検討していきます。ＳＴＰでは、まずニーズによって市場を切り分けてターゲット顧客を決めていきますが、顧客ニーズは潜在的ですし、働きかけによって変わったりします。また、実際に製品を見せると、当初はターゲットとして想定していなかった顧客が反応することもあります。

そこで、改めて事業コンセプトや提供価値を見直していきます。その過程を通じて、プロダクトとマーケットのフィットが実現するのです。ですから、ＳＴＰは1回だけ検討して終わりというものではなく、繰り返して行う「ＳＴＰサイクル」としてとらえる必要があります。

製品やサービスをリリースするには、相応のコストと時間がかかるので、１回試してみてダメだったら、それでおしまいになりがちです。しかし、１回のＳＴＰだけで、ニーズがすべて見えるはずもありません。実際に顧客にプロダクトを見せてみないと、真のニーズの姿はわからないものです。

STPの「P」で価値を提案してニーズをつかむ

まずは、ＭＶＰ（最低限の試作品など）で手間とコストをかけずに検証を行い、ＳＴＰサイクルを回して顧客の反応を探ることが重要です。ＳＴＰサイクルを回すというのは、リーンスタートアップやデザイン思考のアプローチと同様です。

ところが、検証結果の分析が苦手な会社は検証をしなかったり、思いもよらない顧客の反応があっても対応せず、チャンスを無駄にしてしまう場合があります。ちょっと信じがたい話ですが、大企業ではよくある話なので困ったものです。

ＳＴＰの最後の「Ｐ」はポジショニングのことですが、ＳＴＰサイクルにおけるプロポーズ（提案）のことでもあるのです。予想と違う検証結果だったら、その結果に沿った価値をプロポーズして実際の顧客ニーズをつかみ、改めてＳＴＰを検討するべきなのです。

第4章

ビジネスモデルを設計する

第4話　自社にないものは“調達”する

UMI27
たばこ
あっ若林さん
お昼を買いにきたんだ
私も今日はお弁当を作る時間がなくて
うちも朝になって保育園に行きたくないって娘が騒いでさ
ヤダー
来月にある運動会の練習がイヤみたいで
わかります私も走るのイヤで
靴を隠したことがあるんですよ

あ
しまった銀行でお金をおろそうと思っていたのに
それならセブン銀行があるよ
銀行ATM
BANK
セブン銀行って便利ですね
時間がないとき助かりますよね！
そうだねこれもコンビニ＋ATMって組み合わせから生まれた事業だよ
銀行の合併であちこちの支店が閉鎖されて預金者が不便になる変化をとらえたんだ
合併
でもどうやって収益を上げてるんですかね？
セブン銀行は引き落とし利用者の口座のある銀行から手数料をもらって稼いでいるんだ
1回の手数料はわずかだけど利用者は膨大《ぼうだい》だからね

この事業が成り立つには金融機関、コンビニ店舗、ＡＴＭなどを結ぶ業務の仕組みが必要なんだ
コンビニがたくさんあるからこそ成り立つんですね
うん昔じゃできなかったね
他にもこのおにぎりを例にすると
おにぎり
紅鮭
材料を売って商売をするところ
新米だよ
米
加工して商売をするところ
ちわー
お店に商品を運ぶところ
広告して商売をするところ
セブン-イレブンのおにぎり
新米
百円です
こうやってエンドユーザーにわたる
この流れをバリューチェーンって言うんだよ

バリューチェーン作りのポイントは
まず価値を提供するのに必要なヒト、モノ、活動を考える（オペレーション）
次にその価値を届けるのに必要なルートや活動を考える（マーケティング）
価値
CM
ルート
モノ
ヒト
そういう協力者や活動をどうつなぎ合わせればいいんですか?
お客さんにサービスが提供できるように時系列で考えていけばいいんだ。最近はネットやモバイル機器の普及でバリューチェーンもいろいろ工夫できるね
協力してくれる会社に対価も支払わなくちゃいけませんよね
そう コストもかかるから その分ちゃんと儲《もう》けないといけないよね
儲け
コスト

わかりました
バリューチェーン
にかかわる会社が
増えるだけ儲けが
分散すると
いうなら
ふふふ…
自分の会社で
すべて
まかなえば
いいって
ことですね
そうとばかりは
言えないんだ
どうして
ですか?
えー
顧客が求めるアイデアが
あったとして
それを実現する
仕組みをすべて自前で
揃《そろ》えられるかな?
揃えられるとして
その道のプロがやるよりも
安くてよいモノができるかな?
たとえば
高級料理を安価で
提供する大人気の
飲食店ビジネス
フツーのシェフじゃなくて
スーパーシェフだから
行列ができるんだよ
SUPER
わたしが
作ってマス

新しいことをやるんだから足りないものは必ず出てくる
そこは外部からもってきたり臨機応変にやりくりして実現する必要がある
他社と協力すれば自前でやるより価値を上げることだってできる
それがリソースフルネス（臨機応変な資源調達）だよ
リソースフルネス…
若林さん！システム開発を手がけている企業にアポを取りました！
よかったね
リソースフルネスです！

数日後
かわいい〜
これも動くんですか？
こちらも電子頭脳を積んでいますよ
コンニチワ！
我が社では働くパパママの
サポートシステムプロジェクトを考察中なんです
なるほど
ターゲットは育児と仕事のバランスに悩むパパママたちです
サービス内容はパパママたちをサポートするシステム
育児支援キットミマモリ・アイをリースすることです

ミマモリ・アイですか！
はい 育児支援キットです 幼児～小学校低学年を対象とした独自の支援システムで
バンソウコウ型の超小型端末で子どもの体調を記録管理したり
ばんそうこう型
小型発信機とGPSを組み合わせたお守り型の端末で常時子どもの居場所を確認できたり
おまもり型
見守りカメラ＋簡単トークのできるロボットで連絡ができたりなど
なるほど そういった技術ならお役に立てると思います
今日は本当にありがとうございました
力になれることがあればまたいつでもどうぞ
ちょっとした思いつきから
着々と事業に向かっている気がするわ

ビジネスモデルとは何か？

誰に何を提供するかを思いついても、その時点では「アイデア」レベル。アイデアをビジネスにするにはビジネスモデルが必要です。

アイデアからビジネスへ

マンガの主人公の青葉さんは、さまざまなアドバイスを受けながら「顧客への提供価値」を考え、事業アイデアを練ってきました。

しかし、顧客が喜ぶ事業アイデアを思いついただけでは、事業にはなりません。アイデアをビジネスにするためにはどうしたらよいのでしょうか。

たとえば、テレビは発明されてすぐにビジネスになったわけではありません。テレビ技術を「テレビ放送」というビジネスにするためには、電波塔、テレビ局といったインフラやコンテンツが必要だったからです。

また、ビジネスである限り、収益を得る方法も考えなければなりません。テレビ放送の立ち上げ期は、視聴者から直接収益を得ることは難しく、スポンサーからの広告料で収益を得る方法が考えられました。

「テレビ技術」は、娯楽を望む大衆という市場と組み合わさって事業アイデアになり、さらに広告によって収益を得るという仕組みと組み合わさって、初めて「テレビ放送」という事業になったのです。

このように、アイデアや技術をビジネスとして成立させる仕組みを**ビジネスモデル**と言います。

「儲けの仕組み」がないと事業として成立しないのよ

ビジネスモデルは「儲《もう》けの仕組み」

ビジネスモデルの定義はいろいろありますが、一番シンプルな定義は、**儲けの仕組み**です。この「儲けの仕組み」とはどのようなものなのか、米国アップル社の例で見てみましょう。

アップル社が儲かっている理由について、アプリなどのデジタルコンテンツの貢献を挙げる人が多いようです。しかし、同社の2014年の利益率は30％近くありますが、アプリや音楽配信などの売上は全体のわずか5％程度しかなく、理由としては不十分です。また、製品のデザインがよいから儲かるというのも短絡的です。

実はアップル社の場合、「ハードウエアを徹底的な低コストで調達して売り切る」というのが儲けの仕組みです。

米国の調査会社によると、iPhoneの粗利《あらり》は7～8割もあるそうです。アップル社は中国の製造会社に製造を委託することで製造コストを圧縮し、さらに

新しい技術が事業になるまで（テレビ放送事業の例）

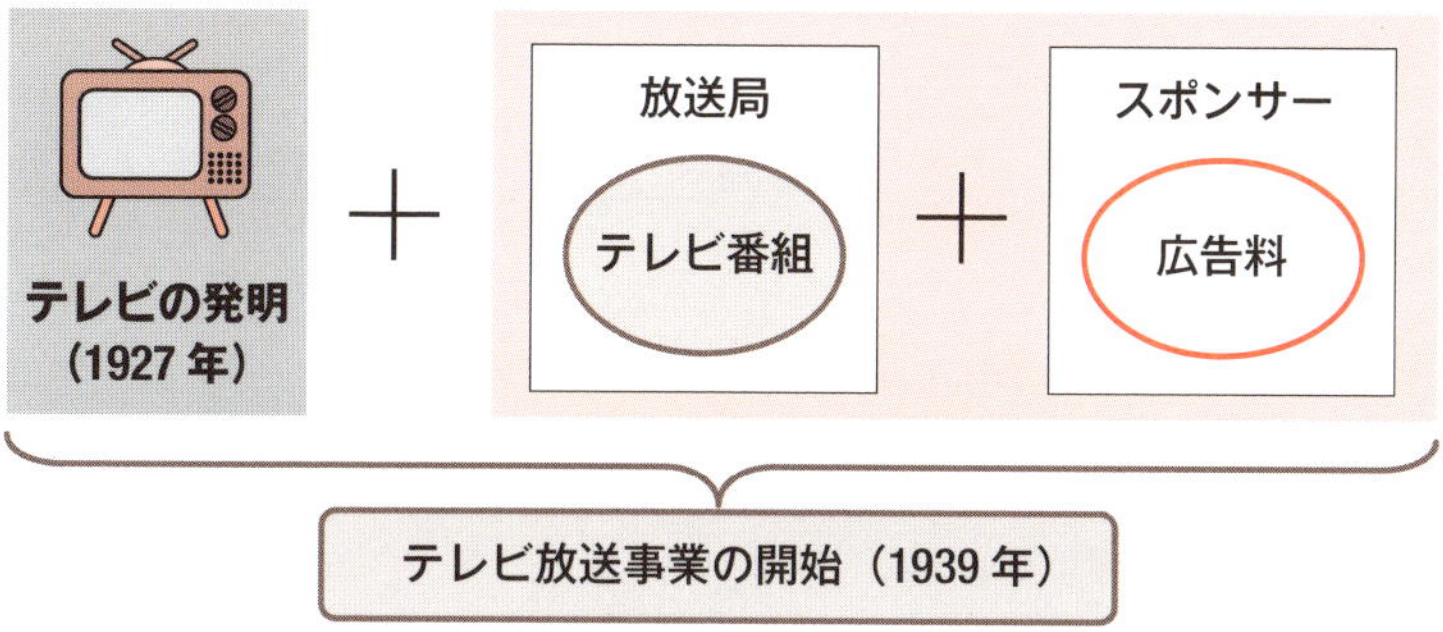
テレビの発明
（1927年）
＋
放送局
テレビ番組
＋
スポンサー
広告料
テレビ放送事業の開始（1939年）

「収益はスポンサーからの広告料」というビジネスモデルによって事業化

発明はビジネスモデルと組み合わさって、初めて世の中を変えるイノベーションになるんだ。

見事な在庫管理と直販システムによって流通コストも抑え、高い利益率を実現しているのです。

アップル社のビジネスモデルを一言《ひとこと》で表現すると、**安く作って高く売る**というものです。

世の中のビジネスモデルは多種多様

アップル社のようなメーカーならば「安く作って高く売る」、小売業ならば「安く仕入れて高く売る」がビジネスモデルの基本です。いずれの場合も、ポイントは**売上とコストの差**をどう作るかです。

世の中にはたくさんのビジネスモデルがあります。同じ業界の中でも、業態によってビジネスモデルが分かれてきます。

不動産開発会社のビジネスモデルは、未開発の土地を安く仕入れ、そこにマンションやビルを建てたり、交通を整備するなどバリューアップを図り、高く売却するというものです。一方、不動産仲介会社のビジネスモデルでは、売り物件や貸し物件を買い手や借り手に紹介して、仲介料で儲けます。

儲けの仕組みを支えるノウハウも大切

ビジネスモデルっていろいろあるんですね

共通しているのは、売上とコストの差をどうやって作るかということなんだ

きちんと収益を上げる工夫が必要ってことですか？

そのとおり！　その意味ではアップル社のビジネスモデルはすごいよ

アップル社は、ハードを安く作って高く売る方法で儲けているんですね

中国の工場で作っているんだけど、いいものを安く作るために、生産技術や設備に大変な投資をしているんだ

金融業界なら、銀行は低金利で預金者から集めたお金を高金利で貸し出し、その差額（利ざや）で儲けます。同じ金融業界でも証券会社は、株式の売り手と買い手を取り次いで手数料で儲けます。ベンチャーキャピタルは、会社の創業期に安い株式を取得して、その会社を経営支援して成長させたあとに株式を高く売却して儲けます。

前述したように、テレビ局はスポンサーからの広告料で儲けますが、広告代理店は広告媒体をもつテレビ局などと広告を出したいスポンサーを仲介して、仲介料で儲けています。

他業界のビジネスモデルに着目！

このようにビジネスモデルは、世の中にあふれています。ですから、ビジネスモデルを考える場合、ゼロから考える必要はありません。多くの企業のビジネスモデルは、**すでに世の中に存在しているビジネスモデル**の応用であることがほとんどです。

先ほどの例でも、異なる業界で同じビジネスモデルが使われています。不動産開発とベンチャーキャピタルは、どちらも安い時点で資産を仕入れ、それをバリューアップして売却益を得るわけですから、両者のビジネスモデルは同じものです。

その業界内では革新的に見えるビジネスモデルが、実は別の業界にすでにあるビジネスモデルを使っている、というケースも多いのです。むしろまったく新しいビジネスモデルだと、誰も聞いたことがないので不安視され、かえって受け入れてもらえないこともあります。つまり、ビジネスモデル設計のポイントは、その業界になかったビジネスモデルを他からもってくることだと言えます。

ビジネスモデルとは儲けの仕組みで、世の中にあふれているよ。すでに確立しているビジネスモデルを他の業界や過去の例からもってくることで、十分革新的な事業を行えるんだ。

儲けを生み出す「利益の公式」

儲けを生み出すためには「公式」があります。ビジネスモデルの設計にあたって、まずはその公式を理解しておきましょう。

利益と売上とコストを
念頭にモデルを
考えるのね

「利益の公式」には4つの要素がある

ビジネスモデルとは「儲《もう》けの仕組み」のことですが、そもそも「儲け（利益）」とは何でしょうか。平たく言うと**売上とコストの差**です。さらに分解すると、売上とは価格と数量を掛けたもので、コストとは固定費と変動費の総計です。

●利益＝売上－コスト
●売上＝価格（客単価）×数量（顧客数）
●コスト＝固定費＋変動費

これが**利益の公式**の基本形です。利益を上げるには、**価格（客単価）**、**数量（顧客数）**、**固定費**、**変動費**の4つの要素を動かす活動が必要になります。売上を上げるために「価格を上げる」「数量を増やす」という活動を行い、コストを下げるために「固定費を下げる」「変動費を下げる」という活動を行うわけです。

この4つの要素は、必ずしも独立しているわけではありません。一般的には価格を上げれば数量が落ち、品質のよいものを作ろうとすればコストが上がるなど、「トレードオフ（二律背反）」や「因果・相関関係」が存在します。

つまり、ビジネスモデルの設計とは、価格、数量、固定費、変動費という4つの要素が相互に与え合う影響を踏まえて、それらをどのように動かしていくかを考えることに他なりません。これらのような「利益に影響を与える要素」を**利益ドライバー**と呼びます。

利益ドライバーを動かして儲ける

利益ドライバーの動かし方について、P157でもふれたアップル社の例を見てみましょう。

アップル社は製造を中国の製造会社に委託しており、調達原価は価格のわずか20~30%です。これは、単に安い人件費だけでは成り立ちません。たとえば、初期のiPhoneは黒色と白色の2色しかありませんでした。モデル数を絞り込むことでモデルあたりの数量を増やし、生産コストと在庫リスクを抑えたのです。さらにアップル社は、最先端加工技術やノウハウを製造会社に提供して高品質の製品を作り、高価格で販売しています。

この「低コスト」と「高価格」が高いマージンを生んでいます。また、通常は高価格だと販売量が伸びな

利益、売上、コストの関係

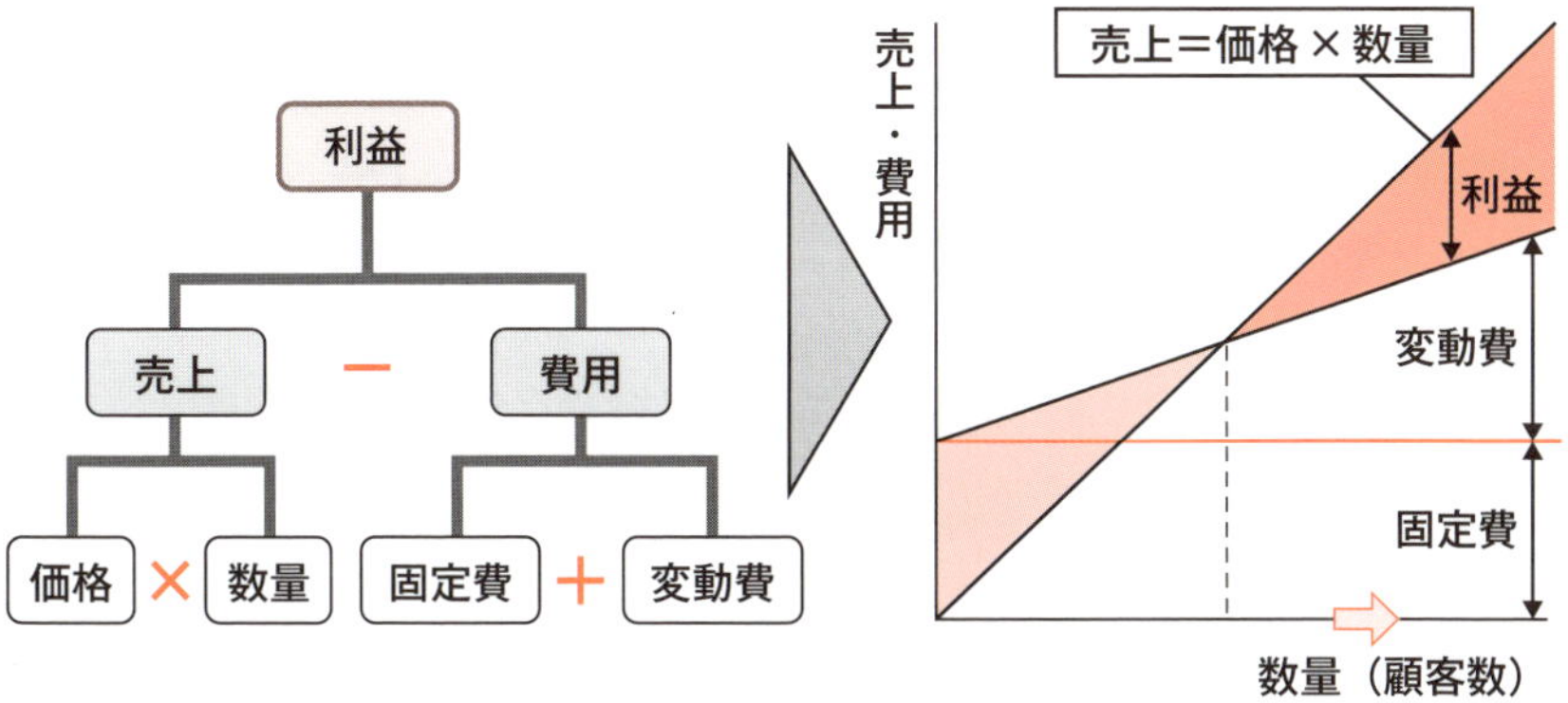

利益
売上
−
費用
価格
×
数量
固定費
+
変動費
売上・費用
売上＝価格×数量
利益
変動費
固定費
数量（顧客数）

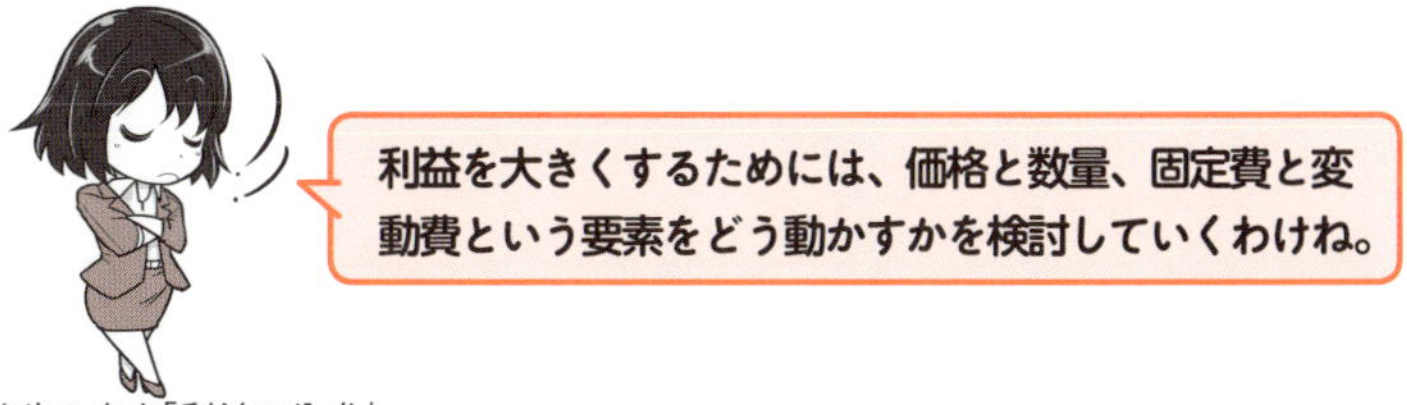

利益を大きくするためには、価格と数量、固定費と変動費という要素をどう動かすかを検討していくわけね。

いのですが、アップル社は卓越《たくえつ》したマーケティング能力で「莫大《ばくだい》な販売量」も実現しています。その販売量は、さらなるコスト削減をもたらします。

アップル社は、「低コストと高価格」「高価格と多量販売」という相反する利益ドライバーを同時にプラス方向に動かしているのです。この**高マージン大ボリューム**に至る仕掛けが、膨大《ぼうだい》な利益の秘密なのです。

競合状況と利益との関係

しかし、アマゾン社CEOのジェフ・ベゾスは「アップル社の戦略は失敗」と言っています。アップル社は短期的には大きく儲けることができても、その高マージンゆえに、低価格の競合を引き寄せてしまうというのです。実際、iPhoneはAndroid搭載のサムスン社製スマートフォンなどにシェアを侵食されています。

アップル社のように短期的にはうまく利益を生み出せても、競合の参入で中長期的には利益が減少するケースも起こり得ます。そのため、**競合との関係**も考え、

どんな事業も「利益の公式」を押さえることが必要

前頁の右図は損益分岐点のグラフですね

そう、売上がいくらになれば、コストを上回って利益が出るかを示すグラフだよ

新規事業って新しいアプローチばかりかと思ったら、けっこうオーソドックスな分析方法も使うんですね

アハハ、どんな事業もビジネスはビジネス。基本はきちんと押さえないと

コストと売上、投資と回収のバランスをちゃんと取るってことですね

そういうこと。最後は利益が上がるかどうかで事業性を判断することになるしね

持続可能な利益を目指すことが重要となります。

それでは、アマゾン社自身の「儲けの仕組み」はどうでしょうか。それは徹底した**低価格による薄利多売**です。低価格なのでマージンは減少しますが、価格に敏感な消費者を取り込んで販売数が圧倒的に増えるため、利益額は確保できます。

また、アマゾン社は物流設備やシステムに莫大な投資をしており、利益が出そうになるとすぐ値下げも行い、目先の利益率を敢《あ》えて抑えています。これによって、「低い収益性」や「大きな設備投資」という**参入障壁**を築き、競合を遠ざけているわけです。アマゾン社の戦略は、現時点では低収益でも、中長期的に独占状態を築くことです。古今東西、最も儲かる仕組みは**独占状態にもち込む**ことなのです。

儲けのストーリーを常に意識する

事業計画における最終目標は、「利益」を生み出せるかどうかです。いくら流行のキーワードを使って詳細プランを説明しても、それがバラバラの施策の寄せ集めでは意味がありません。しっかり「儲けの仕組み」につながっていることを説明する必要があるのです。

そのビジネスモデルによって、**どのように収益が上がるのか、どんなハードルやトレードオフを乗り越えられるのか**という点が重要です。たとえば、「こうした仕組みだから競合より低価格にできる」「競合と価格は同じでも、他のコストがこれだけ下がるので儲かる」といったストーリーを明確にすることです。

そのストーリーを常に意識しておかないと、利益と関係のない余計な活動に貴重な資源を割《さ》いたり、一見すると低収益でも最終的に利益につながるような重要なアクションを排除することになりかねません。

利益ドライバーを動かして売上とコストの差を作るのが、ビジネスモデルの目的。だから、価格・数量・固定費・変動費の相互関係や競合の動きなどを考えて、ビジネスモデルを設計する必要があるんだ。

利益を生み出す 3つの基本モデル

利益ドライバーの動かし方は多様ですが、その組み合わせにはいくつかの基本パターンがあります。パターンを押さえましょう。

3つの利益モデル

前節で解説したように、**利益の公式**はシンプルなものです。しかし、公式の要素となる4つの**利益ドライバー**（価格、数量、固定費、変動費）には、一方を得ようとすると一方を失うという「トレードオフ」があります。たとえば、低コストにしようとすると品質が落ちて価格を引き上げにくい、高価格にすると数量が伸びないといったものです。

このような特性を踏まえると、利益を上げるための利益ドライバーの動かし方にはいくつかのパターンが出てきます。その主なパターンをまとめたものが、次の3つの**利益モデル**です。

- ●マージン型
- ●回転型
- ●顧客ベース型

回転型と顧客ベース型は、「粗利が低くて儲《もう》からなさそう」「儲かる前の投資が大変そう」というように見えるため、それが参入障壁になることもあります。実際の事業では、これら3つのモデルが組み合わさってできているものもあります。

では、それぞれのモデルを見ていきましょう。

マージン型は高価格・低コストで儲ける

利益を生む方法として一番わかりやすいのは、**価格とコストの差**（マージン）を作ることです。つまり、高価格または低コストによって儲けるわけです。この利益モデルを**マージン型**と呼びます。マージン型は、「利益＝売上－コスト」という考え方なので、「引き算」の論理と言えます。

価格を上げるためには、顧客にその価格を納得してもらう価値が必要です。たとえば、ユーザーに特化した提供価値、ブランド構築の取り組みなどです。一方、コストを下げるためには、生産方式の効率化、生産拡大による単品あたりのコスト縮小などの取り組みが重要です。

ここで注意すべきことは、マージン型は**「低コスト」であって、「低価格」ではない**ということです。たとえば、第2章P76で紹介したトヨタ生産方式は、低コストで自動車を生産する工夫ですが、トヨタ車は高い品質を誇っているため、低コストで生産しても価格を

3つの利益モデルの組み合わせも考えよう

そうか、儲けの仕組みにはパターンがあるんですね

他にもあるかもしれないけど、主なものとしてはこのくらいで十分かな

他にもあるんですか？

うん、この利益モデルの組み合わせパターンがあるね。アップル社はマージン型と顧客ベース型、あとは回転型なみの大ボリュームも組み合わせている

すごいですね～！

アマゾンのような利益モデルの使い方で、他社に対する参入障壁を作れる場合もあるよ

下げる必要はなく、その分、高マージンを実現できるわけです。

回転型は低価格・高回転率で儲ける

回転型の利益モデルは、**低価格と高い回転率（数量）**で利益を生み出すモデルです。低価格なのでマージンは低くなりますが、その分、回転率（数量）を増加させることによって粗利額を確保するという「薄利多売型」です。「利益＝低マージン×回転率（数量）」という考え方なので、「掛け算」の論理です。

回転率（数量）が上がれば、売上増加はもちろん、資金回転率の向上や不良在庫回避の面でもメリットが発生します。

たとえば、「俺の株式会社」が運営する立食式レストラン「俺のイタリアン」などは、一流レストラン出身のシェフたちが原価の高い料理を作り、それを低価格で提供しています。もちろん低マージンですが、評判によってできた行列を時間制でどんどん回転させて、ビジネスを成立させています。

3つの利益モデルとそれぞれの特徴

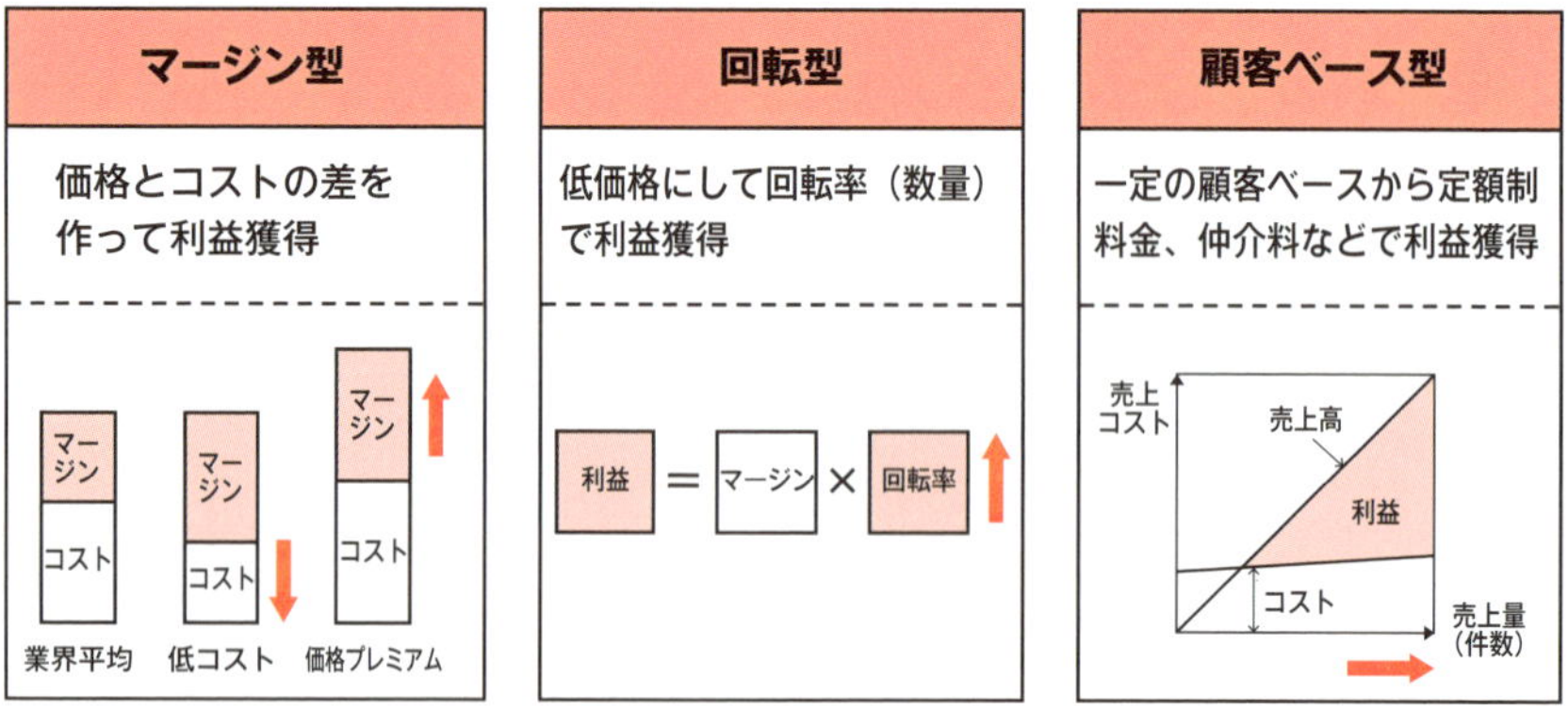
マージン型
価格とコストの差を作って利益獲得
マージン
コスト
業界平均
低コスト
価格プレミアム
回転型
低価格にして回転率（数量）で利益獲得
利益
マージン
回転率
顧客ベース型
一定の顧客ベースから定額制料金、仲介料などで利益獲得
売上
コスト
売上高
利益
売上量
（件数）

顧客ベース型は古くは仲介業、最近だと高粗利のデジタルコンテンツ系事業でよく見られるよ。

中古車買取りの「ガリバー」は、買い取った中古車をすぐにオークションで売りさばいて回転させます。この方法は、自前店舗で販売するよりも粗利が少なくなりますが、買取りと販売の回転率を上げることで、高い資金回転率や展示場コストの削減、中古車の不良在庫リスクの回避などを実現し、事業を成長させることができました。

顧客ベース型は顧客確保で儲ける

3つめの**顧客ベース型**は、まず**顧客を確保**して、その顧客から継続的な利用料や成功報酬などを取っていくモデルです。無料お試しで価値を納得してもらい、さらに利用したい顧客に追加課金を行う**フリーミアム**も、顧客ベース型の利益モデルです。

顧客ベース型の具体的なお金の取り方には、次のようなものがあります。

- **定額固定フィー⇒インターネットプロバイダ、携帯電話事業者など**
- **一定割合の有料ユーザーからの利用料⇒パズドラ、クックパッド、ヤフーファイナンスなど**
- **成功報酬や仲介料⇒商社、各種仲介業者など**
- **広告料⇒テレビ局など**

顧客ベース型で注意したいことは、当初の顧客確保のために、無料のサービス提供など先行投資（顧客獲得コスト）が必要なケースがあることです。その先行投資のコストを回収しながら、確保した顧客から得られる**生涯価値**（ライフタイムバリュー）を拡大させることで収益を大きくしていきます。

この生涯価値については、第5章P205以降で詳しく解説します。

利益を得る方法には、①マージン型、②回転型、③顧客ベース型という基本モデルがあるんだ。同じ事業であっても、どのモデルを使うか、あるいはどのモデルを組み合わせるかで収益性が異なってくるよ。

ビジネスモデルの構築方法

前節までビジネスモデルの定義や基本パターンを解説しましたが、ここでは実際の構築方法について、事例を含めて解説します。

組み合わせと応用がビジネスモデル構築の秘訣ね

「5つのステップ」で構築する

ビジネスモデルの構築は、第1章P44～53で紹介した「5つのステップ」に沿って進めます。

①事業コンセプト（組み合わせ発想）
②顧客への提供価値（ターゲットと提供価値）
③バリューチェーン（価値を提供する仕組み）
④マネタイズモデル（売上の稼ぎ方）
⑤キャシュフローモデル（収支バランス）

この5つのステップのうち、①②の2つは**事業の価値や方向性を決める概要設計**であり、発想力や創造性が求められます。③バリューチェーン以降のステップが**ビジネスモデルの詳細設計**にかかわる部分で、構築力や緻密《ちみつ》さが求められます。

バリューチェーンでは、価値を届ける技術やオペレーション、マーケティングなど「実現の仕組み」を設計します。当然、それらにはコストがかかりますから、**マネタイズモデル**で「価値をお金にする仕組み」、つまり売上を上げる方法を考えます。最後に、**キャッシュフローモデル**で収入がコストを上回る状態に調整して、「儲けの仕組み」が完成します。バリューチェーンはP172以降で、マネタイズモデルとキャッシュフローモデルは第5章で詳しく解説します。

ビジネスモデルも既存の組み合わせ

ビジネスモデルの詳細を詰めていくには、検討すべき点がたくさんあります。たとえば、バリューチェーンの面では、これまでのやり方では実現困難な価値提供の方法を検討する必要があるかもしれません。また、マネタイズモデルの面では、生産・仕入れコストと価格の差を作る仕組み、顧客への課金方法、「マージン型」「回転型」「顧客ベース型」といった利益モデルの選択などを検討しなければなりません。

このようなビジネスモデルの詳細設計も、**既存のものとの組み合わせ**で考えていけばよいのです。

前述したアップル社とアマゾン社のビジネスモデルも、それぞれ昔からマーケティング戦略の定番とされてきた「スキミング価格戦略」「浸透価格戦略」そのものです。前者は高価格で高い利益率を確保する戦略、後者は低価格ですばやく市場シェアを拡大する戦略です。新しい事業アイデアと優れた既存の仕組みを組み

「顧客×解決策×ビジネスモデル」で事業が生まれる

いろんな組み合わせで事業ができるなんて、レゴブロックみたいですね

うまいこと言うね。組み合わせに使えるブロック（ネタ）をたくさんもつことが大事だよ

一番シンプルな組み合わせって、どんなものなんですか？

そうだな、顧客×解決策×ビジネスモデルかな。この中で顧客は市場、解決策は技術と言い換えてもOK

そんなふうに言われてみると簡単そう

ただ、それぞれの中身はすごいバリエーションがあるからね。組み合わせの数は多いよ

合わせれば、驚くべきインパクトを生み出すビジネスモデルになり得るのです。

既存の仕組みの応用例

ビジネスモデルはさまざまな場面で応用されるものなので、斬新《ざんしん》なビジネスモデルに見えても、意外と古くから存在する仕組みの応用である場合があります。そうした古くから知られる仕組みの応用例をいくつか見てみましょう。

■「富山の薬売り」モデル

各家庭に薬箱を置かせてもらい、**使った分だけ代金を支払ってもらう**というのが、「富山の薬売り」モデルです。「必要な急場にすぐに使える」という価値を提供でき、同時に販売ロスを減らすことができます。店舗維持費や宣伝費などのコストもほぼ不要です。

このモデルを活用し、最近では江崎グリコが、お菓子やアイスクリームをオフィスに置かせてもらい、売れた分だけ代金を回収するという「オフィスグリコ」事業を展開しています。また、オフィスで野菜を販売

ビジネスモデルのパターン例

	仕組み	メリット
「富山の薬売り」モデル	商品を顧客の手元に配置し、使用分だけ代金を徴収する	販売ロスが減り、店舗維持費や広告費などのコストも不要
オーケストレータモデル	外部と連携し、事業のコア部分以外の資源は外部調達する	自社資源を価値に影響する部分に集中できる
ロールアップモデル	小規模事業を取りまとめて規模を拡大する	費用を共有化したり、規模を拡大することによってコスト削減が図れる

どれも古くて新しいビジネスモデルね。うまく応用すれば、もっと大きな儲けを生む事業になるかも……。

するといったベンチャー企業も登場しています。

■オーケストレータモデル

重要なノウハウや機能に自社の経営資源を集中し、それ以外は**外部から調達する**というのが、オーケストレータモデルです。事業者が指揮者のように全体を動かして、顧客に製品・サービスを提供するわけです。

たとえばアップル社は、自社資源を企画・設計と技術開発に集中させ、製品の部品は世界中から最高のものを調達し、組み立ても中国の製造会社に任せています。一方、パソコンメーカーのデル社は、部品などは外部調達しますが、組み立てと販売は自社で行っています。パソコンのような多品種少量品は、組み立て工程が最もコスト削減余地があり、その組み立てを注文に応じて行うには、顧客との接点も自分たちがもつ必要があるからです。

いずれの場合も、オーケストレータモデルによって「高品質だけど低コスト」を実現しています。

■ロールアップモデル

ロールアップモデルとは、小さな事業者をチェーン化などで**取りまとめて規模を拡大する**というものです。外食業界などでは昔からあったモデルで、規模を拡大することで広告宣伝やメニュー開発などを本部が一括して行い、１店舗あたりのコストを下げ、利益も向上させるという仕組みです。

応用例として、ゴルフ場経営のアコーディア・ゴルフとＰＧＭホールディングスがあります。バブル崩壊後、乱立していたゴルフ場は経営難に陥《おちい》るケースが多々ありましたが、この２社はそうしたゴルフ場を買収してグループ化することで、運営コストを下げ、グループとしての利益を上げることができました。

ビジネスモデルは「５つのステップ」で構築するんだ。「誰に何を提供するか」を明確にしたうえで、事業化のための仕組みを考えるわけだけど、その仕組みは既存のものの組み合わせで考えれば、まずはＯＫだよ。

顧客に価値を届ける仕組み（1）ーバリューチェーンとは何か？

魅力的な事業アイデアを考えても、実現できなければ絵に描いた餅。実現のためには、バリューチェーンが不可欠です。

バリューチェーンはビジネスモデルの根幹よ

バリューチェーンは価値提供の仕組み

電球の発明は世界の夜を一変させましたが、人々に電球の価値を届けるためには、発電所、送電線、変電所などの送電網を整備し、電気を家庭に供給する「仕組み」が必要です。そうした仕組みが**バリューチェーン**です。

バリューチェーンとは、**事業を実現させるために必要な機能の流れ**です。具体的には、企画、開発、設計、営業、マーケティング、販促、調達、生産、物流、店舗、情報インフラ、メンテナンス、アフターサービス、管理、人事、教育などといった各機能と、それを担う主体が含まれます。

バリューチェーンを図示する場合、野球のホームベース型の横向き矢印の中に機能を羅列《られつ》する簡便タイプをよく見かけます。しかし、実際の設計では、事業主体の活動とともに主要関係者の活動を網羅《もうら》し、その間でヒト・モノ・カネ・情報がどのように流れるのかを次節P178のフローチャートのように図示します。

提供価値に応じて必要機能も異なる

バリューチェーンには、業種ごとに一般的パターンがあります。業種が同じ場合、必要な機能は大枠で似通ってくることが多いのです。いくつかバリューチェーンのパターン例を挙げておきましょう。

- ●製造業：研究・開発→企画・設計→調達・製造→マーケティング・販売
- ●ソフト開発：サービス企画→顧客開拓→システム開発→システム運用→メンテナンス
- ●外食産業：商品開発→店舗物件開拓→店長教育→食材購買→調理・接客→販売促進

しかし、同じ業種で大枠は同じでも、**対象顧客や提供価値**が異なれば機能の中身が違ってきたり、機能の追加や変更が必要になったりする場合があります。

たとえば、効率性と安全を追求するハンバーガーチェーンであれば、必要な機能は駅前立地の大量出店、標準化された形式の店作り、大量宣伝、大量仕入れ、作りおき、マニュアル化などになります。一方、美味《おい》しさや健康志向を訴求するハンバーガーチェーンであれば、必要な機能は落ち着いた立地の出店、個別の店作り、口コミ、こだわり食材、注文後の調理などにな

外部資源も活用して実現の仕組みを考える

いよいよ具体的な実現方法を考える段階に入ってきましたね

事業計画では、この実現方法の検討がアイデア検討以上に大切なんだ。実現できないと意味ないからね

でも、実現の仕組みを考えるのって大変そう……

そうだね、ヌケモレなく、具体的に詰めていかないと進まないからね

検討していくと足りない資源も出てくるし、課題が山積みです

資源が足りないなら、外部の資源をうまく使って進めていくというのが実現のキモだよ

ってきます。

このように顧客への提供価値によって必要な機能が変わってくるので、先に顧客への提供価値を明確化してから、その次のステップでバリューチェーンを検討するという順序になっているのです。

機能の中に強みやノウハウも必要

新しい事業を実現させてビジネスとして成立させるためには、バリューチェーンを構築するとともに、その中に**強みやノウハウ**をもつことが必要になってきます。強みやノウハウがなければ、競争の激しい市場で勝ち残っていけないからです。

しかし、強みやノウハウといったものが、最初から自社の既存のバリューチェーンの中にすべて備わっていることは稀《まれ》です。そこで、次のステップで考え、調達していきましょう。

①事業に必要な強みやノウハウは何か
②現段階でその強みやノウハウをもっているか
③強みやノウハウをもっていないなら、それを育て

バリューチェーンにおける「強み」の類型

リレーション（関係性）	顧客	顧客基盤、ロイヤリティ（リピート購入を促す要素）、顧客満足、関係の強さなど
	ブランド・知名度	認知度、差別化訴求、実績など
	ネットワーク	資源調達、販売、国・地方公共団体や大学などとの連携、資金調達など
技術・ノウハウ	技術力	開発力、特許、ライセンス、生産ノウハウ、営業ノウハウなど
	オペレーション	品質、品揃え、スピード、効率、管理、改善手法、企画、製造、販売、マネジメント、教育、育成など
組織・人材	従業員	資質、経験、能力、意欲、組織文化など
	経営陣	資質、経験、能力、意欲など
資源	アセット（資産）	資金、設備など

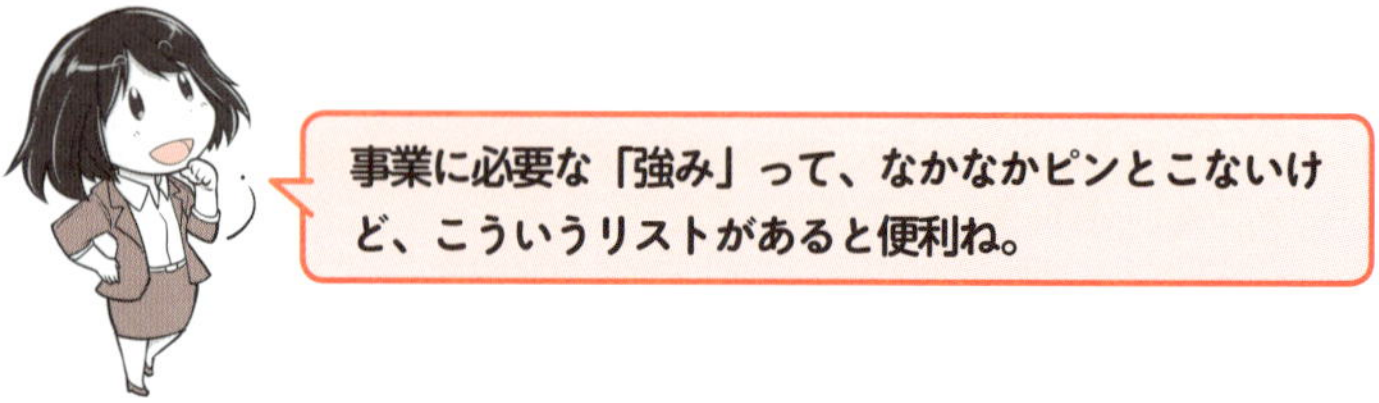
事業に必要な「強み」って、なかなかピンとこないけど、こういうリストがあると便利ね。

られるか、あるいは外部から調達できるか

つまり、価値を円滑に提供するためには、どの機能に強みやノウハウをもたせればよいのか、それをどのような方法で構築するのかを考えるのです。ただ、「強みやノウハウ」と言っても、とらえどころのない言葉なので、一般的に強みやノウハウになり得るものを前頁の表にリストアップしてみました。参考にしてください。

不足しているものは外部調達で

新しい事業を始める際には、「必要な機能」や「強みやノウハウ」が不足しているケースがほとんどと言っていいでしょう。

それらを自前で構築するアプローチもありますが、時間が限られていたり、構築する資金が足りないといった場合も多いと思います。そうしたときには他社と提携するなどして、**外部から調達**すればよいのです。

ちなみに起業家の場合は、ほとんどすべてが外部調達です。そもそも起業家は、経営資源のないところから始めなくてはいけませんが、その代わり「しがらみ」もありません。魅力的なアイデアとビジネスモデルの構想力、優れた交渉力があれば、極端な話、外部から調達できない資源はありません。しがらみいっぱいの大企業よりも、動きやすいのです。

バリューチェーンは、「ゼロから価値を生み出す実行の仕組み」「不可能を可能にする設計図」と言えるものです。新規事業の場合、「リソース（資源）やノウハウなどが不足している」「コストと収益が合わない」「そもそも不可能に見える」といったハードルが当然出てきます。そうしたハードルを知恵と工夫で乗り越えなければなりません。

バリューチェーンとは、事業を実現させ、価値を顧客に届けるための機能の流れ。バリューチェーンの中には強みやノウハウも必要だけど、それがなければ外部からどんどん調達すればいいんだ。

顧客に価値を届ける仕組み（2）
―バリューチェーンの設計方法

実際のバリューチェーンの設計は、どのようにして進めていくのでしょうか。その検討プロセスの概要をつかんでおきましょう。

オペレーションとマーケティングはどうしよう…

バリューチェーン構築のプロセス

バリューチェーンを構築する際に押さえなくてはいけないものは、**オペレーション**（運営）と**マーケティング**（販売促進）です。オペレーションで製品・サービスを生み出し、マーケティングでそれを広げていくのです。

実際のバリューチェーンの構築は、次のプロセスで進めていきます。

①業界のエコシステム（全体像）を把握する
②オペレーションを設計する
③マーケティングを設計する
④実現に必要な工夫や資源調達を行う

まずは、①で業界のヒト・モノ・カネ・情報の状況を把握します。それらを踏まえて、価値を作るための②オペレーションや、ターゲット顧客を念頭に置いた③マーケティングを設計します。

このようにバリューチェーンを具体的に検討してみると、障害となる面や資源不足などが見えてくるので、④でその解決策を考えます。この④で必要となる能力を**リソースフルネス**と言いますが、これは次節で詳しく解説することにします。

ここでは、①〜③の詳細を見ていきましょう。

業界のエコシステムを把握する

業界のエコシステム（全体像）を把握するためには、まずその業界の主なターゲット顧客や仕入先などの関係業者、さらにはその周辺の関係者も洗い出す必要があります。そのうえで、それぞれの役割や利害、困り事は何かを考えながら、**ヒト・モノ・カネ・情報のやり取り**を把握していきます。

たとえば、医療業界の主なプレイヤー（構成者）は、患者、医師や病院、製薬会社や医療機器メーカーなどですが、さらにその周辺には、患者予備軍や患者の家族、看護師や薬剤師、調剤薬局、健康保険組合、自治体、医療業界への参入を狙う企業などの関係者が存在します。

この洗い出しの際には、極力ヌケモレがないように注意しましょう。業界全体のヒト・モノ・カネ・情報を網羅《もうら》することで、適切なオペレーションやマーケティングの構築が可能になるわけです。また、そこで気

ビジネスモデルキャンバスも活用にしよう

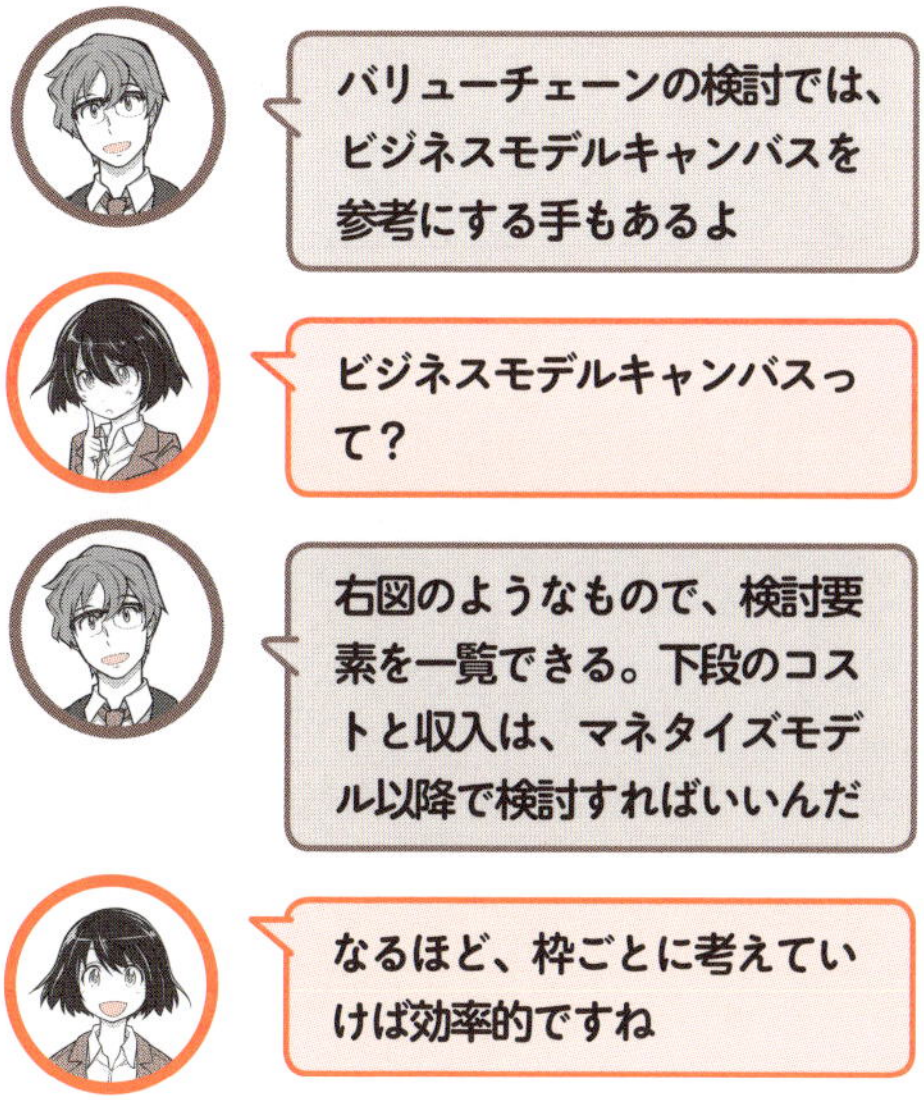
バリューチェーンの検討では、ビジネスモデルキャンバスを参考にする手もあるよ
ビジネスモデルキャンバスって？
右図のようなもので、検討要素を一覧できる。下段のコストと収入は、マネタイズモデル以降で検討すればいいんだ
なるほど、枠ごとに考えていけば効率的ですね

上半分はバリューチェーン

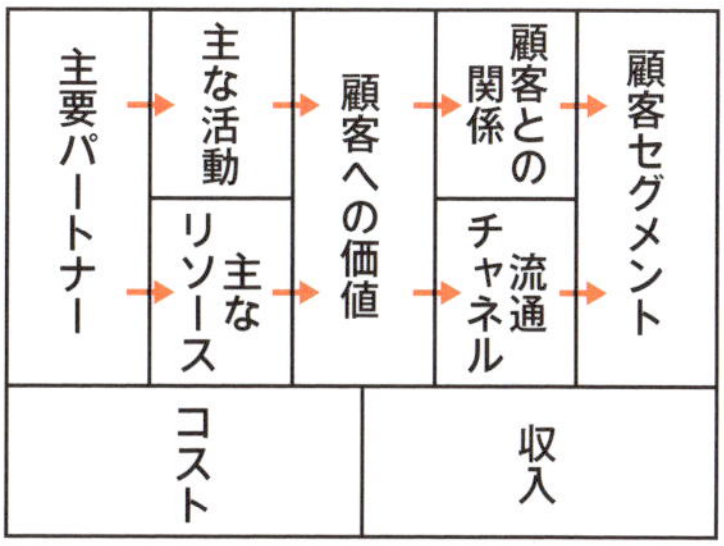
主要パートナー
主な活動
主なリソース
顧客への価値
顧客との関係
流通チャネル
顧客セグメント
コスト
収入

下半分（コストと収入）はマネタイズモデル

付いたプレイヤーの中から提携や協力が可能なパートナー、新しい顧客の可能性が見出せるかもしれません。

オペレーションを設計する

業界のエコシステムが把握できたら、それをもとに**オペレーション**の流れを設計します。これは、製品・サービスを顧客に提供するために、実際に**誰が何をする必要があるのか**を明確化する作業です。

具体的には、下に示したような**フローチャート**を作って検討していきます。製品・サービスが顧客に提供されるまでの流れに沿って、事業のプレイヤーや関係者、社内体制や経営資源などの要素を並べ、それぞれの間のヒト・モノ・カネ・情報の行き来を書き込むのです。

まず図の真ん中に事業主体、右端にターゲット顧客のボックスを描きます。つまり、オペレーション関係の要素は左側、マーケティング関係の要素は右側になります。これである程度のオペレーションの流れがつかめますが、さらにモレを防ぐには、時系列で必要な

バリューチェーン設計のイメージ

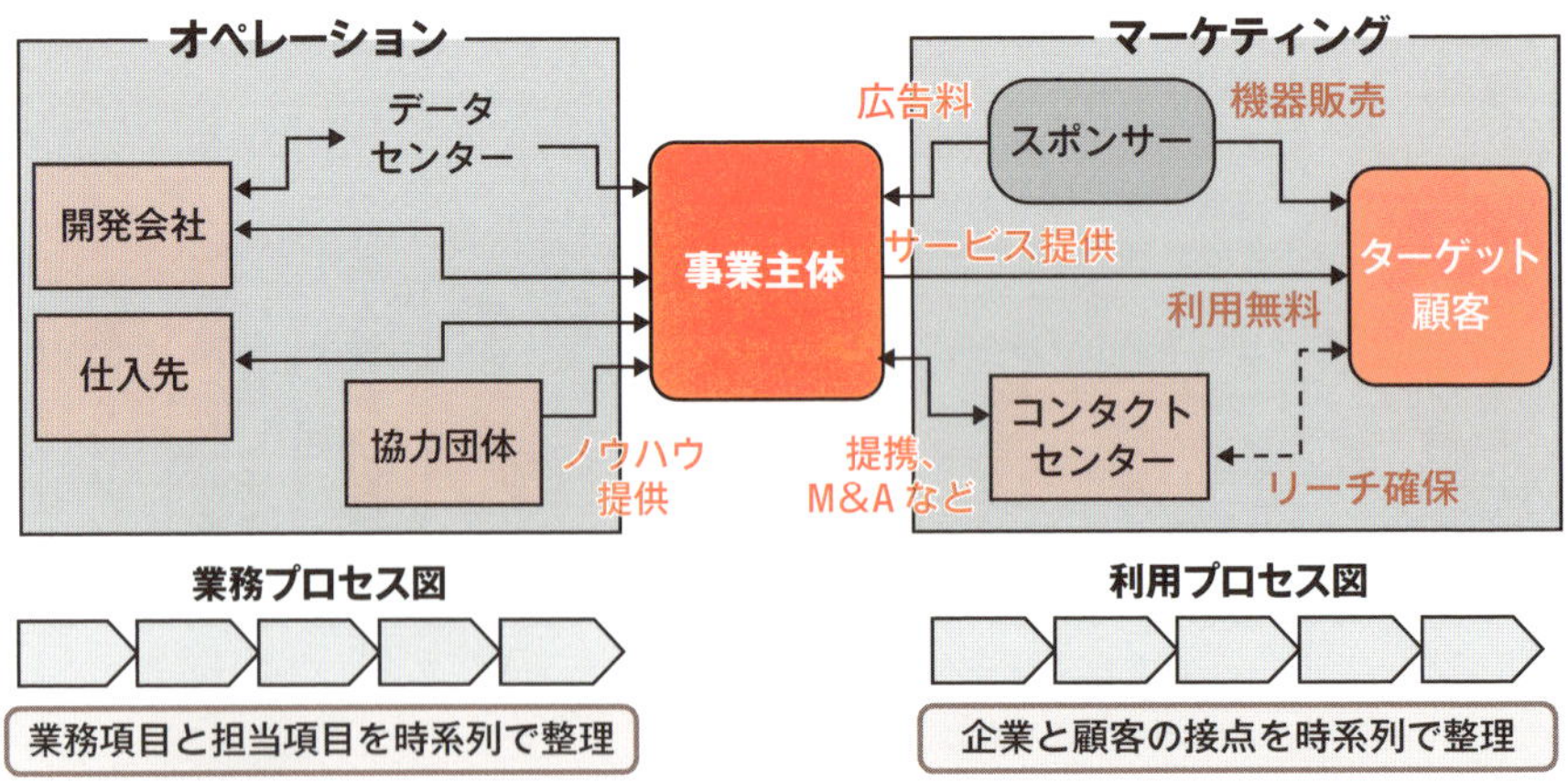
オペレーション
データセンター
開発会社
仕入先
協力団体
ノウハウ提供
事業主体
マーケティング
広告料
スポンサー
機器販売
サービス提供
利用無料
ターゲット顧客
提携、M&Aなど
コンタクトセンター
リーチ確保
業務プロセス図
業務項目と担当項目を時系列で整理
利用プロセス図
企業と顧客の接点を時系列で整理

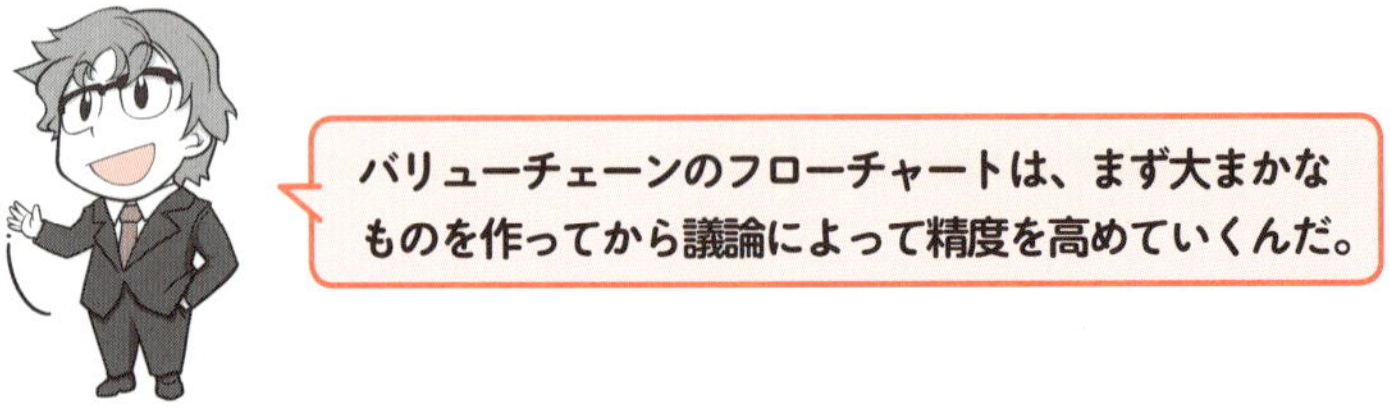
バリューチェーンのフローチャートは、まず大まかなものを作ってから議論によって精度を高めていくんだ。

業務項目と担当部署を整理した**業務プロセス図**や、企業と顧客の接点を時系列で示した**利用プロセス図**を作ることもあります。

フローチャートやプロセス図は、いきなり緻密《ちみつ》なものを作ろうとしても難しいはずです。そこで、まずはホワイトボードなどにざっくり描いてみて、それをもとに議論しながら磨き上げていくのがコツです。

マーケティングを設計する

次に考えるのは**マーケティング**ですが、ここで言うマーケティングとは、チャネル（販路）開拓やプロモーション、顧客ニーズの掘り起こしや関係構築など、主に販売促進活動を指しています。

マーケティングのやり方を大きく分けると、**プル型**と**プッシュ型**があります。プル型とは、広告やPRなどで顧客を引き寄せたうえで購買を促すやり方で、広告による販促などがこれに該当します。一方、プッシュ型とは、代理店やチャネルを通じて顧客にアポを取り、直接的に働きかけるやり方です。事業の特性やターゲット顧客によって異なりますが、新規事業の場合、一般的に従来の取引関係や営業手法には期待できないので、プル型依存の傾向が強いようです。

しかし、プル型だと費用対効果が不透明になる傾向もあります。そこで、プル型を採用する場合、同時にチャネルをもつ協力パートナーを探すなど、マーケティングのコストやリスクを下げる工夫を考えることが大切です。

また、近年は新しい広告サービスやインフラを活用することで、販促や顧客管理に工夫の余地ができています。そうした変化をうまく取り入れ、さらに効果的なマーケティング手法を生み出していきましょう。

バリューチェーンは、4つのプロセスに沿って設計していくんだ。中心になるオペレーションとマーケティングの設計は、まずはざっくりと描いてみて、議論しながらブラッシュアップしていこう。

顧客に価値を届ける仕組み（3）ーリソースフルネスが必須

新規事業のバリューチェーンを作る場合、資源不足であることがむしろ普通。臨機応変な対処能力と資源調達能力が必要です。

リソースフルネスとは?

新しい事業は、「本当に実現できるのか」という点が最大の問題です。事業を実現させるためには、当然、大小さまざまな課題が待ち受けています。

気にしなくてもいいような小さな課題もありますが、乗り越えられないと全体が頓挫《とんざ》する重要な課題も少なくありません。特に、バリューチェーンの構築は事業の実現のために不可欠なものなので、それに必要な資源をどのように揃《そろ》えるかという課題は、何としても解決しなければならないものです。

そのようなバリューチェーンにおけるハードルや資源不足を乗り越えるために、必要になってくるのが**リソースフルネス**です。

リソースフルネスとは、もち得る能力や資源を最大限に活用して、困難な課題を解決していく能力のことです。具体的に言えば、**臨機応変な対処能力**と**資源の調達能力**です。これは、へこたれないタフなメンタルとともに、新規事業の実現に必須の能力です。

状況に応じた柔軟思考が大切

従来のやり方では通用しない困難な課題に直面した

ときには、「違うやり方を工夫する」というのが**臨機応変な対処能力**です。こんなやり方はどうか、あんなやり方はどうかと、アイデアやアクションを柔軟に繰り出して切り抜けていくわけです。

ＮＴＴドコモの成長期、連休前に携帯電話機が品不足になったそうです。

当時の社長が携帯電話機メーカーに「連休も製造してほしい」と頼むと、「部品がない」という。そこで、すぐ部品メーカーと交渉しましたが、今度は部品メーカーが「材料の水晶が足りない」という。さらに、水晶メーカーも「これ以上の生産は無理」との返答。それでも現場に行ってみると、ある工程で水晶の不良品が半分あることがわかったので、工程の品質管理を強化することによって、水晶不足を解消できたそうです。

（出所：東洋経済オンライン２０１４年11月27日）

ひとつのやり方が通用しなくてもあきらめたりせずに、状況に応じた柔軟思考で二の手、三の手のアイデアを出していけば、課題解決の糸口が見出せるということです。

リソースフルネスとは？

①臨機応変な対応能力	②資源の調達能力
難しいなら違うやり方を考えればいい	足りないものがあれば他からもらってくればいい
これが必要！	**これが必要！**
・状況に応じた柔軟な思考 ・アイデアの引き出しの多さ	・自前主義にこだわらない姿勢 ・最高の結果に向けて妥協しない姿勢 ・交渉力、ネットワーク

どちらの場合も、いろんな知恵や助けてくれる人脈が頭の中にインプットされている必要があるのね。

※リソースフルネスの解説は、グロービス経営大学院での石川真一郎氏のコメントをもとに発展させました。

提供価値を高める資源調達を

足りないものがあるのなら、「外部からもってくる」というのが**資源の調達能力**です。新規事業を実現するために、不足している技術や人材、外部委託先や提携・協力パートナーを外部から見つけてくるわけです。

その際に大事なことは、**最高の資源**を調達してくることです。単に事業を運営できるだけではなく、**顧客への価値を高められる資源の調達**を目指すことが重要です。ここを妥協すると、ありきたりで真似《まね》されやすい事業となってしまいます。

たとえば、ユニクロの発熱・保温下着ヒートテック。この大成功は、東レという最高のパートナー資源を得たことが大きいでしょう。東レは、発熱・保温繊維という技術とともに、圧倒的な物量を支える供給体制ももっていました。ヒートテックは当初から爆発的に売れましたが、東レの大量供給体制がなければ欠品を起こし、これほどの大きなヒットにならなかったかもしれません。

リソースフルネスで知識や経験も外部調達

若林さんは困ったことがあってもどんどん解決策を出してくれますよね

そうでもないよ。たまたま前にやったことがあるだけだよ

でも、若林さんがいれば、そうした知識や経験を調達できるから、とても助かります

自分ではできなくても、他の人に相談して解決策を見つけるのは、新規事業の推進に不可欠な能力だよね

それって、ほめてくれているんですよね……

もちろんさ。リソースフルネスにはキミみたいな柔軟性が必要なんだ

また、前述の立食式レストラン「俺のイタリアン」なども同様です。単なる普通の立食式レストランというだけでは、マスコミの話題にもならず、行列もできなかったはずです。成功の理由は、一流のスーパーシェフという人材資源を調達したことにあるのです。

リソースフルネスを高めるコツ

リソースフルネスを高めるためのコツは、次のような点です。

- 強いメンタル、妥協しない姿勢をもつ
- インプットとKnow Whoを蓄積する
- 相談力・交渉力をもつ

まず不可欠なものは、多少のことではへこたれないメンタルと、最高のものを追求する妥協しない姿勢です。ちょっと問題にぶつかっただけで、「もうダメだ」となるようでは先が思いやられます。新しい事業の立ち上げは、「もうダメだ」の連続なのです。

2つめは、インプットとKnow Who（誰を知っているのか）の蓄積です。他業界の技術・ノウハウや過去の経験などを頭の中に入れておけば、課題解決に役立ちますが、それに加えて「あの人なら知っているだろう」というKnow Whoの知識があれば、自分でノウハウをもたなくても、必要に応じて関係者からヒントやノウハウを仕入れることができます。

3つめは、相談力・交渉力をもつことです。自分ではその課題を解決できないという場合、知識や経験をもつ人に相談したり、必要な資源やノウハウをもっている人や会社に交渉して協力をお願いするのです。

自分ひとりの力には限界があります。まわりの協力を得て課題を解決しようというオープンな姿勢が大切です。

事業の実現には臨機応変な対処能力と資源調達能力が不可欠で、それらをリソースフルネスと言うんだ。リソースフルネスの発揮には、あきらめないメンタルと、自分で無理なら得意な人の協力を得るという姿勢も大切だよ。

ブレイクスルーへの挑戦

新しい価値を生み出すにはハードルがつきもの。それを乗り越えるブレイクスルーを生み出すヒントを解説します。

事業実現を
阻《はば》む課題を
打ち破らなくちゃ

よいビジネスモデルの3要件

よいビジネスモデルには、次のような3つの要件があります。

①儲《もう》けの仕組みが明確
②整合性・一貫性がある
③ブレイクスルーがある

①**儲けの仕組み**がなければ、ビジネスモデルの意味がありません。

②**整合性・一貫性**では、ターゲット顧客と提供価値がきちんとフィットし、その価値の提供を実現するバリューチェーンと、売上を上げるマネタイズモデルが明確である必要があります。それらの各要素が矛盾することなく一貫して連動して、最後のキャッシュフローモデルで利益が確認できるというつながりが重要です。

そして、最後に挙げた③**ブレイクスルー**が、この節のテーマです。

ブレイクスルーで課題を打破

ブレイクスルーとは、事業の実現に向けて本質的な課題を打ち破る**革新的な解決策**のことです。「不可能に思えるようなチャレンジを可能にする工夫」と言ってもいいでしょう。

困難な課題に対する解決策を見出すには、表面的な状況に振り回されず、事業のハードルとなる「真の制約」を見極める必要があります。そのような制約は千差万別ですが、一般的には次の3つが挙げられます。

①技術やコストの制約
②事業インフラの制約
③アイデアの制約

そこで、これらの制約に対してブレイクスルーを生み出す有効な着眼点を紹介していきましょう。

新技術のコスト低下を狙う

着眼点の1つめは、**新技術のコスト低下**です。顧客への価値提供が、技術の制約によってできないことはよくあります。また、期待の新技術があっても、そのコストが高いと事業として成立しません。

しかし、登場時にはコスト高だった新技術も、利用が広がっていく中でコスト低下が進んでいきます。そ

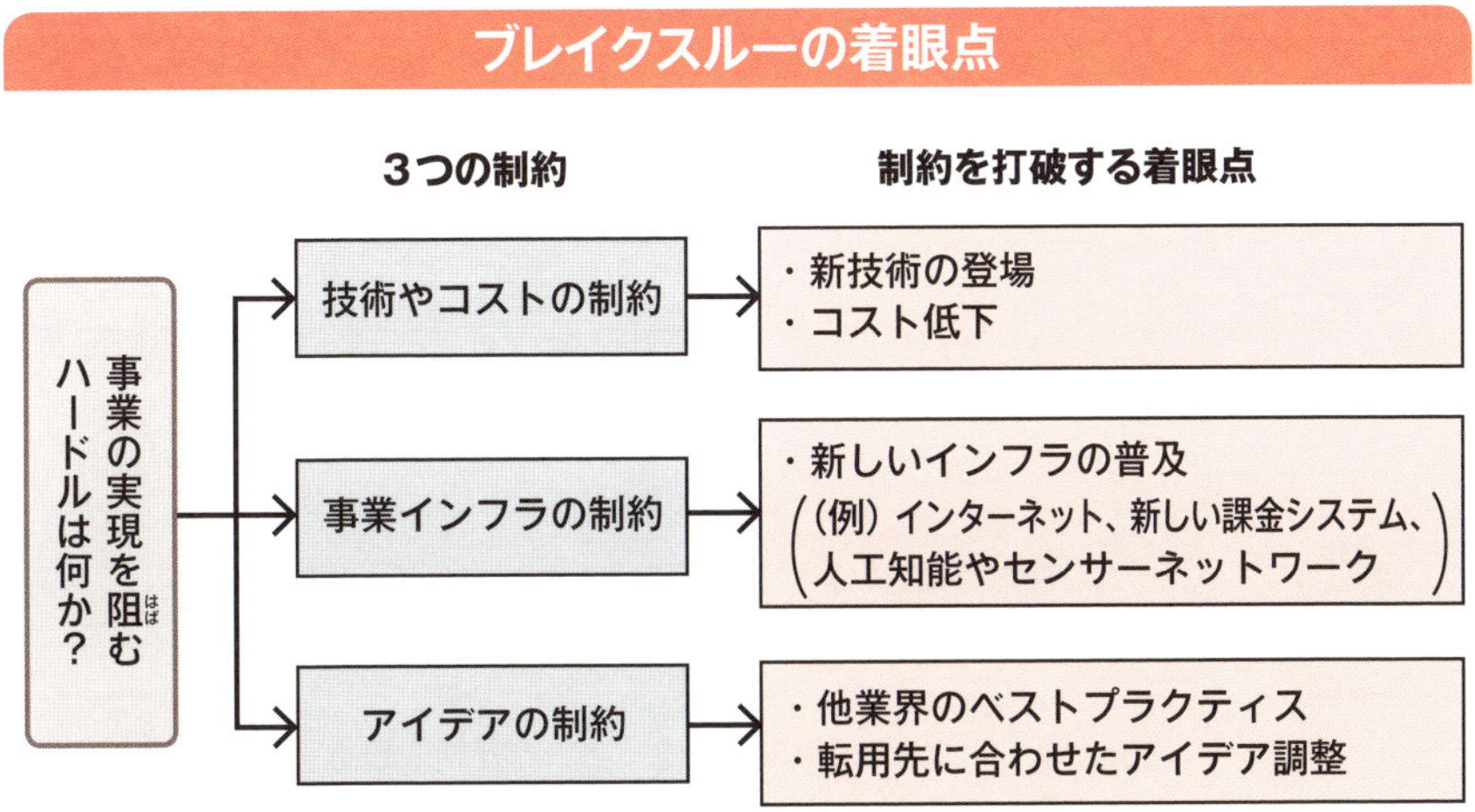
ブレイクスルーの着眼点
3つの制約
制約を打破する着眼点
事業の実現を阻《はば》むハードルは何か?
技術やコストの制約
・新技術の登場
・コスト低下
事業インフラの制約
・新しいインフラの普及
（例）インターネット、新しい課金システム、人工知能やセンサーネットワーク
アイデアの制約
・他業界のベストプラクティス
・転用先に合わせたアイデア調整

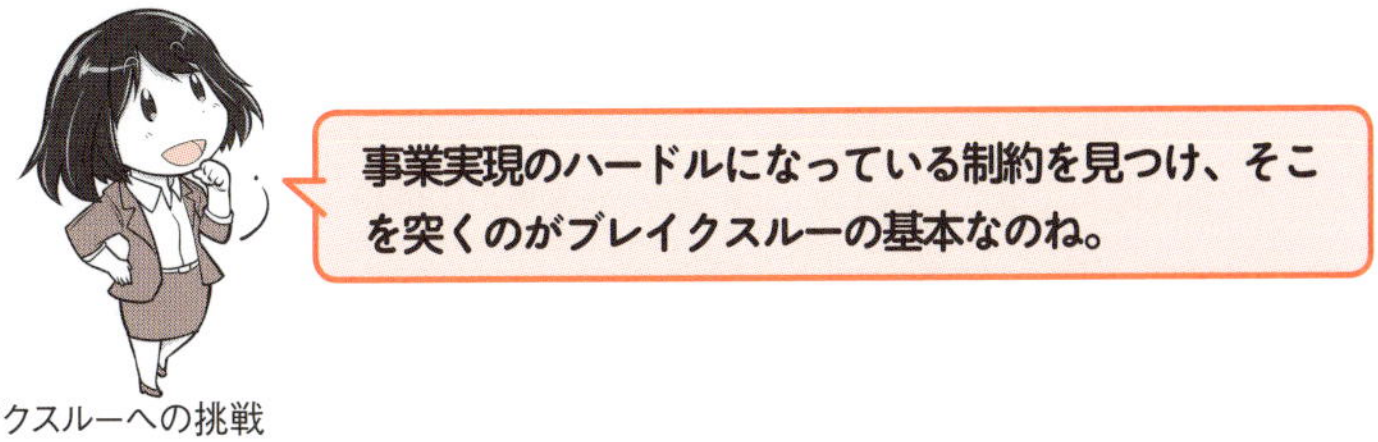
事業実現のハードルになっている制約を見つけ、そこを突くのがブレイクスルーの基本なのね。

してコストがある水準に達した瞬間、事業として成立するようになります。そのタイミングが、ブレイクスルーを起こすチャンスなのです。

たとえば、遺伝子解析技術の例を見てみましょう。ヒトの遺伝子解析は10年以上の歳月と30億ドルの巨費を投入して成功しましたが、その後、遺伝子解析コストはすさまじい勢いで低下が進み、近年は10万円を下回るほどになってきました。

そして、この遺伝子解析コストの低下をとらえたブレイクスルーによって、遺伝子診断ビジネスが実現するようになりました。今後は、無料で遺伝子診断を行って、その後の継続的な健康サービスで収益を上げるというビジネスや、数万人の遺伝子データベースを構築し、それを医療・製薬業界に提供するといったビジネスの可能性も出てきます。

新事業を立ち上げる際、技術コストが下がって初めてその新技術に気が付く場合と、その新技術のコストが事業として成り立つラインまで低下するのを虎視《こし》眈々《たんたん》と狙っていた場合とでは、スタート時の動きがま

新しい技術に対する見方

最近は、いろんなセンサーやネット接続料低価格化がすごいですよね

うん、そのあたりがIoT（さまざまなモノをインターネットで接続する技術）やビッグデータが騒がれている引き金なんだ

でも、新技術はどこまで信頼性があるのか、ちょっと不安なんですよね

実績がないわけだから当然だけど、どんな技術も最初はそうなんだよ

不安ばかり言っていたら、何も進みませんからね

思い悩むより、どうしたらその不確実性を払拭《ふっしょく》できるのか、工夫ができないかを考えることが大切なんだ

ったく違ってきます。当然、後者が優位な立場を確保できます。

新しい事業インフラの普及を狙う

次の着眼点は、**新しい事業インフラ**です。事業インフラとは、事業展開に活用できる共通基盤のことで、鉄道網や道路網、インターネットなどはもちろん、スマートフォンなどの端末、クレジットカード決済や携帯キャリア決済などの課金システムも含まれます。こうしたインフラが、事業の実現性に大きく影響します。

たとえば、近年はスマートフォンのアプリを使ったサービス事業がたくさん誕生していますが、そうした事業が実現したのは、ネットインフラや端末の普及があったからです。

また、アプリを使ったサービスの課金システムとして、まず無料で利用してもらい、高度な機能やアイテムを望む人に課金するというフリーミアムが増えています。これは携帯キャリア決済の普及があってこそ実現したものです。

ブレイクスルーを起こすポイント

①事業コンセプト
・新しい技術やインフラの活用
・発想や思い込みの打破

②顧客への提供価値
・新しい顧客の発見と開拓
・ターゲットの絞り込み
・提供価値の再定義

③バリューチェーン
・新しいマーケティング手法の活用
・顧客リーチ、インターフェイスの工夫
・製造・運営などのオペレーションの工夫
・新しい資源調達先の開拓

④マネタイズモデル
・利益モデルの転換
・新しい課金方法の適用
・バリュープライシングの徹底

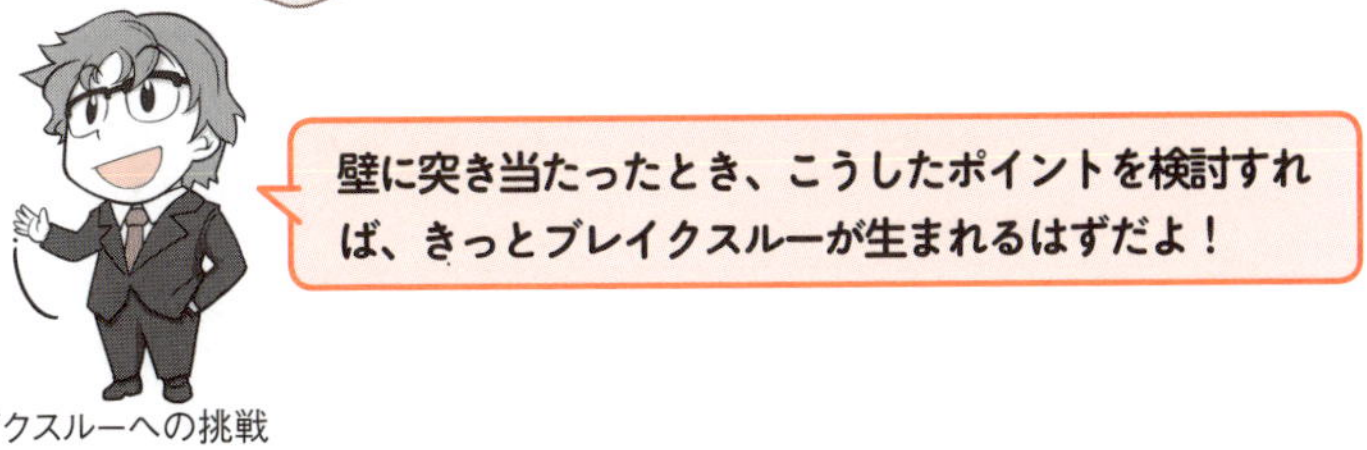
壁に突き当たったとき、こうしたポイントを検討すれば、きっとブレイクスルーが生まれるはずだよ！

つまり、新しいインフラが従来のインフラの制約を打破することで、新規事業が実現できるようになるわけです。さらに、その新規事業を基盤として、また新しい事業の可能性が広がっていきます。ですから、ブレイクスルーを生むために、どのようなインフラが普及しているか、それを基盤にどのような新規事業が普及しているか、いち早く認識してアイデアを検討することが重要となります。

ベストプラクティスを組み合わせる

最後に問題となるのは、**アイデアの制約**です。せっかく新規事業の課題解決に使えそうな技術やインフラが普及しても、それらを使った事業化のアイデアを考えつかなければ、どうにもなりません。

そこで、重要になるのが**ベストプラクティス**です。ベストプラクティスとは、「最善の方法やノウハウ」といった意味で、他業界のビジネスモデルやブレイクスルーの例を参考にして、自らの課題の突破策を考えるということです。

マジョリティ層の認識変化もブレイクスルーの着眼点

ブレイクスルーの着眼点は他にないんですか？

そうだな、もうひとつ言うと「マジョリティ層の認識変化」かな……

マジョリティ層って、アーリーアダプターから影響を受ける人たちですね

慎重な人たちだけど、この人たちが動くタイミングをとらえられたらいいね

そのタイミングなら、ブレイクスルー（新しいやり方）が受け入れられるわけですね

マジョリティ層が動くと、新技術やインフラもどんどん普及するからね

これも「組み合わせ発想」のひとつですが、他業界のモデルからの転用を考えるときには、**転用先に合わせた調整**が不可欠です。

たとえば、前述したオフィスグリコのビジネスモデルは、「富山の薬売り」モデルを転用したものです。しかし、薬に比べてお菓子は単価が低いので、事業を成立させるために、販売先を人数の少ない家庭ではなく、ボリュームのまとまりやすいオフィスにするという調整を加えています。

5つのステップが課題解決の道筋に

競争の激しい昨今、ふと思いついた事業アイデアが、そのまますんなり実現するケースはほとんどありません。新しい試みを始める際は、必ずと言っていいほど課題が出てきます。

ビジネスモデルを構築するために、「5つのステップ」があることはすでに述べましたが、実はこの「5つのステップ」は課題解決の道筋でもあるのです。

新技術やインフラ、ベストプラクティスを組み合わせて**事業アイデア**を発想し、顧客の絞り込みで新しい**顧客への提供価値**を見出し、リソースフルネスで**バリューチェーン**を実現させるなど、それぞれのステップ自体がブレイクスルーの生み出し方であると言えます。

一見難しそうなところに突っ込んで、そこにブレイクスルーを生み出せれば、それこそが事業の独自の強みになります。場合によっては、競合にとって参入障壁が大きい模倣《もほう》困難な事業となり得るかもしれません。

このようなブレイクスルーを通じて、これまでになかった価値を実現し、**マネタイズモデル**と**キャッシュフローモデル**によって事業の経済性を成立させるというのが、ビジネスモデル作りのポイントなのです。

事業実現の課題を打破するブレイクスルーの着眼点は、新技術のコスト低下、新しい事業インフラの普及、ベストプラクティスの3つ。強力なブレイクスルーがあれば、他社が模倣できない事業になるよ。

コラム

B2B事業のポイントは「顧客の顧客」を理解すること

相手への対応だけではB2B事業はうまくいかない

Ｂ２Ｂ（法人向け）事業を考える場合も、やはり「顧客への提供価値」が重要となってきます。

Ｂ２Ｂ事業では、相手企業（直接の顧客）の意思決定基準、意思決定プロセスなどを理解して攻めていくわけですが、どうも相手企業の反応が悪い、相手の言う通りにしても売上が伸びない、相手の言うことがコロコロ変わるというケースがあります。これはなぜかというと、相手企業が彼ら自身の顧客（顧客の顧客）のニーズをとらえようと試行錯誤して、ブレているからです。

そういう状況でいくら相手企業に完璧《かんぺき》に対応しても、最終顧客への価値提供につながっていかないので、結局その相手企業ともども沈んでしまうのがオチです。そこで重要になることは、相手企業にとっての顧客、つまり最終顧客をしっかり理解することです。

最終顧客のニーズを踏まえて提案していこう

この最終顧客のニーズは、相手企業から聞くのではなく、直接コンタクトして把握することが必要です。

なぜなら、相手企業は、こちらが本当は何が得意でどんなことができるのかをよく知りません。彼らの勝手な顧客理解を頼りに、こうしたことをやってほしいと要求してくるわけです。こちらも何とか頑張って対応するわけですが、必ずしも得意なことでもない場合は、最終顧客にも受け入れられず、結局うまくいきません。

そうした状況に陥《おちい》らないためには、こちらが相手企業と同じ目線で最終顧客のニーズをつかみ、そのうえで自社の提供できる価値や能力をもとに、「こういう製品やサービスをやったらどうですか、ウチが手伝えますよ」と提案することです。最終顧客のニーズを踏まえてこちらから提案することで、初めてあなたは相手企業にとって信頼するに足るビジネスパートナーになることができます。

このように「顧客の顧客」を理解することが、ソリューション営業、コンサルティング営業と言われるものの真髄《しんずい》です。

第5章

しっかりと利益は出せるのか

第5話　視点を変えると「本当の顧客」が見えてくる

つまり働きながら子育てをする親を助けるシステムです
ロボットやナビなどを考えています
すっ
サービス内容はわかりますがそのサービスにお金を払うのは誰なのでしょうか？
えっと…
それは利用者本人ですが…
また名取さん…
それでは、金銭的に余裕のない状態の家庭では普及しませんよね？
ぐぐぐぐ
これを使えば仕事の効率が上がってお給料も増えると思うので
¥
ロボットのリース代を残業して払えとでも言うのですか？

どうしたの?
若林さん…
誰が高いリース代を払うかって…
べつに自分で払わなくてもいいよね。君も自分で使っているのに、他人に支払いしてもらっているものがあるじゃない
私はそんな相手いませんよ!!
ね〜
買ってぇ〜
ははっ毎日見るだろ
テレビだよ!
TV SHOW
番組を楽しむのは消費者だけど
その費用を払うのはスポンサーだよ
新発売
UMi Beer
たとえば…リース代を会社が支払うとか…

ねえ、君が前に言っていたよね
…
子育て中の社員だけが「子育て」の問題について悩んでいるわけじゃないってさ
親＝顧客ってずっと思っていたけど…
少子化を止めるには収入を増やす必要がある
子育て中の社員にふり回されて困る
優秀な社員を手放したくない…

そっか!
私ずっと子育て中の社員だけを顧客と思っていたけど
このサービスはもっと広く
会社にとって利益になるサービスにすればいいんです
子育て中の社員とそれに協力する社員同士をつないで
環境づくりも含めてサポートするサービスです

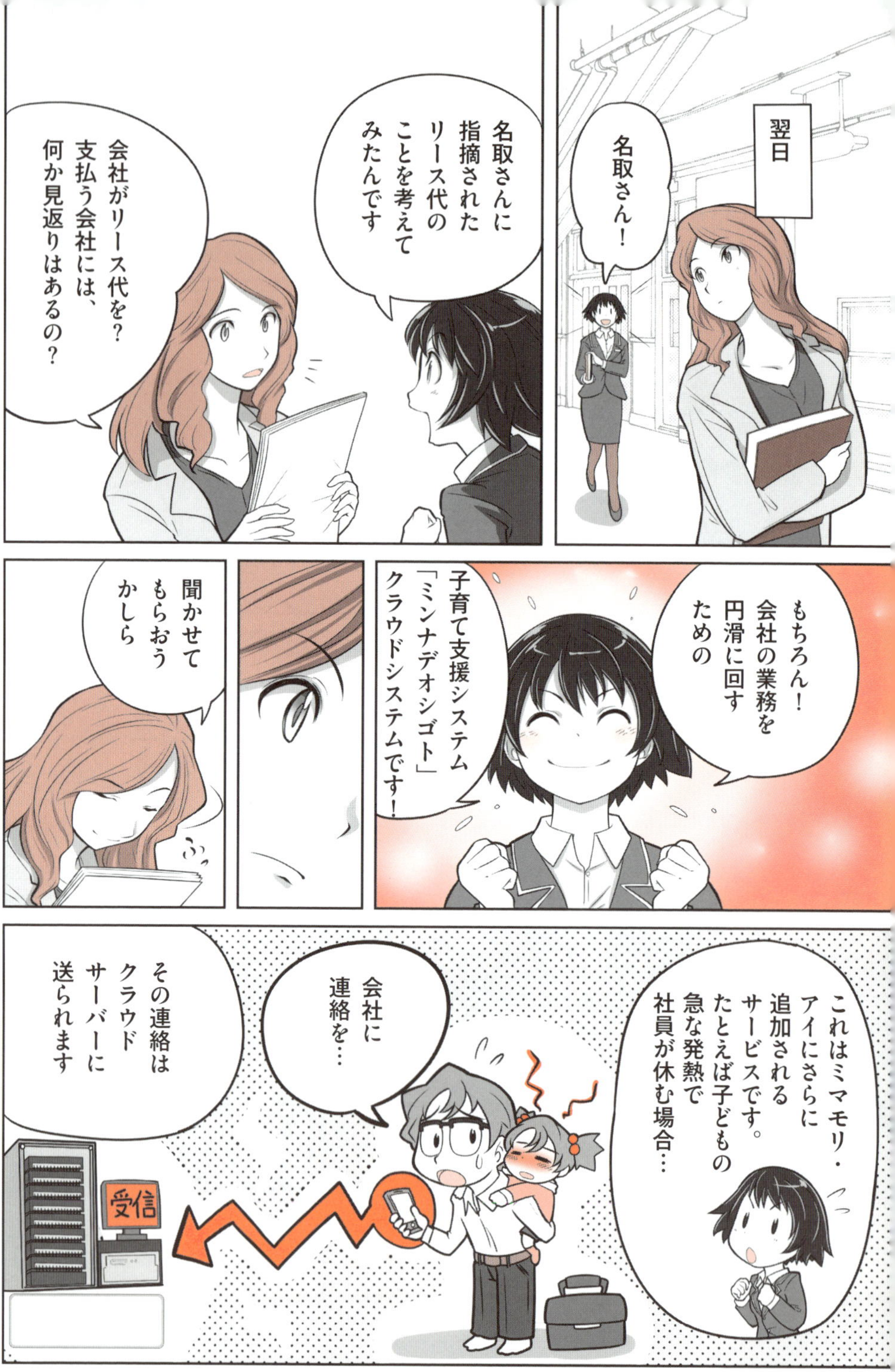

翌日
名取さん！
名取さんに指摘されたリース代のことを考えてみたんです
会社がリース代を？支払う会社には、何か見返りはあるの？
もちろん！会社の業務を円滑に回すための
子育て支援システム「ミンナデオシゴト」クラウドシステムです！
聞かせてもらおうかしら
ふっ
これはミマモリ・アイにさらに追加されるサービスです。たとえば子どもの急な発熱で社員が休む場合…
会社に連絡を…
その連絡はクラウドサーバーに送られます
受信

他の社員にその情報が送られて急に休んだ社員をフォローできます
HELP
送信
これによって会社の業務がスムーズに行われます！
なるほど会社にもメリットが期待できるわね
その他にも急な残業でも提携する外部サービス（家事代行、ベビーシッターなど）に
独自のネットワークで簡単に依頼できたりします。もちろん通常業務の情報共有にも利用できます
UMiHOW
なるほど
マネタイズモデルは考えたようね
やったー

ついに名取さんにも認めてもらえた
よっしゃー
大変だったけど実感が湧いてきた
コピー
ガガガガ
しぱーしぱーしぱーしぱー
若林さんに見てもらおう
たっ たっ たっ
ここでその話は…
ぴた
ボクも君の今の状況は理解しているつもりだよ
名取さん…
だったらなおさら!
勝手かもしれないけど

君にも子どものことを一番に考えてほしいんだよ
若林さんと名取さん…
そうね…やはり
母親はいたほうがいいわよね
じゃあ来月の24日
再婚の話!?
2人はそんな関係だったんだ…

マネタイズモデルを考える

マネタイズモデルでは、収益を得る仕組みを考えます。事例を通してマネタイズモデルの概要を押さえましょう。

自分の事業に最適な
マネタイズモデルを
見つけなくちゃ

マネタイズモデルは収益を得る仕組み

前章では、顧客に価値を届けるためのバリューチェーン設計までのステップを解説しました。ビジネスモデルの完成には、さらに**マネタイズモデル**と**キャッシュフローモデル**の検討が必要になります。

まずはマネタイズモデルから解説していきますが、これは別名「レベニューモデル」や「キャッシュポイント」とも言い、誰からどういう名目や方法でお金を得るかということです。言い換えれば、**収益を得る仕組み**です。

単純なマネタイズモデルは、製品・サービスの提供と引き換えに、受益者からそれに見合う対価を得るというものですが、それ以外にも、すでに何度かふれた**広告モデル**や**フリーミアムモデル**など、多様なマネタイズモデルがあります。

新しいマネタイズモデルも登場

近年は、スマートフォンなどのネット端末や少額課金サービスの普及で、新しいマネタイズモデルの可能性が広がっています。

携帯ゲーム事業などで、アプリを無料提供して顧客を広げ、その後にもっと高度なアイテムを望む顧客に課金するというフリーミアムモデルは、新しいマネタイズモデルの代表例です。

さらに、フリーミアムモデルで広げた顧客をベースに、スポンサーからの広告料も取るというパターンも、多くのWebサービスで使われるようになっています。これは、フリーミアムモデルと広告モデルの組み合わせです。

従来にない斬新《ざんしん》な製品・サービスは、そう簡単に顧客が広がるものではありません。かといって、よくあるような製品・サービスは、すでにたくさんの既存事業者が競争していて、新たな顧客獲得が難しいという状況の場合が多いでしょう。

そうした厳しい状況の中で顧客に食い込んでいくために、まずは無料で使ってもらって利用者を広げるなどのアプローチが生まれたわけです。フリーミアムモデルや広告モデル、あるいはそれらを組み合わせたモデルなど、**さまざまなマネタイズモデルの可能性**を検討し、自らの事業に適切に取り込んでいくことが必要

マネタイズモデルも進歩している

考えてみれば、テレビ放送にもマネタイズモデルがあるんですね。いつもタダで観てるから気付かなかった

テレビ放送局は、視聴者から対価を取らず、視聴者にモノを売りたいスポンサーから対価を取っているんだ

結構複雑なことをやってる気がしますね

昔はテレビ放送に個別課金の仕組みがなかったから、それが一番だったんだ

でも、最近はケーブル放送や衛星放送で個別課金も当たり前になりましたね

進歩したよね。テレビ放送という事業は同じでも、複数のマネタイズモデルが併存してるわけだ

です。

フリーミアムモデルのメリット

近年、フリーミアムモデルを採用した事業が増加していますが、その理由として、フリーミアムモデルには次のようなメリットがあることが挙げられます。

●初期利用時の顧客負担が小さい
●継続的な安定収益が見込める

フリーミアムモデルは、その製品・サービスをまず無料や低額で提供するものなので、顧客負担が小さく、**初期利用時のハードルが低い**わけです。

そのため、価値が見えにくい新製品・サービスでも比較的容易に利用してもらえますし、購入資力が小さい顧客にも浸透していきます。そうやって多くの顧客に製品・サービスが浸透すれば、あとは課金の継続によって**安定した収益**が期待できます。

しかし、フリーミアムモデルにはデメリットもあります。当初は無料などで製品・サービスを提供して顧客を広げる方法なので、**顧客獲得のための先行投資**が

ゲーム機器メーカーのマネタイズモデル

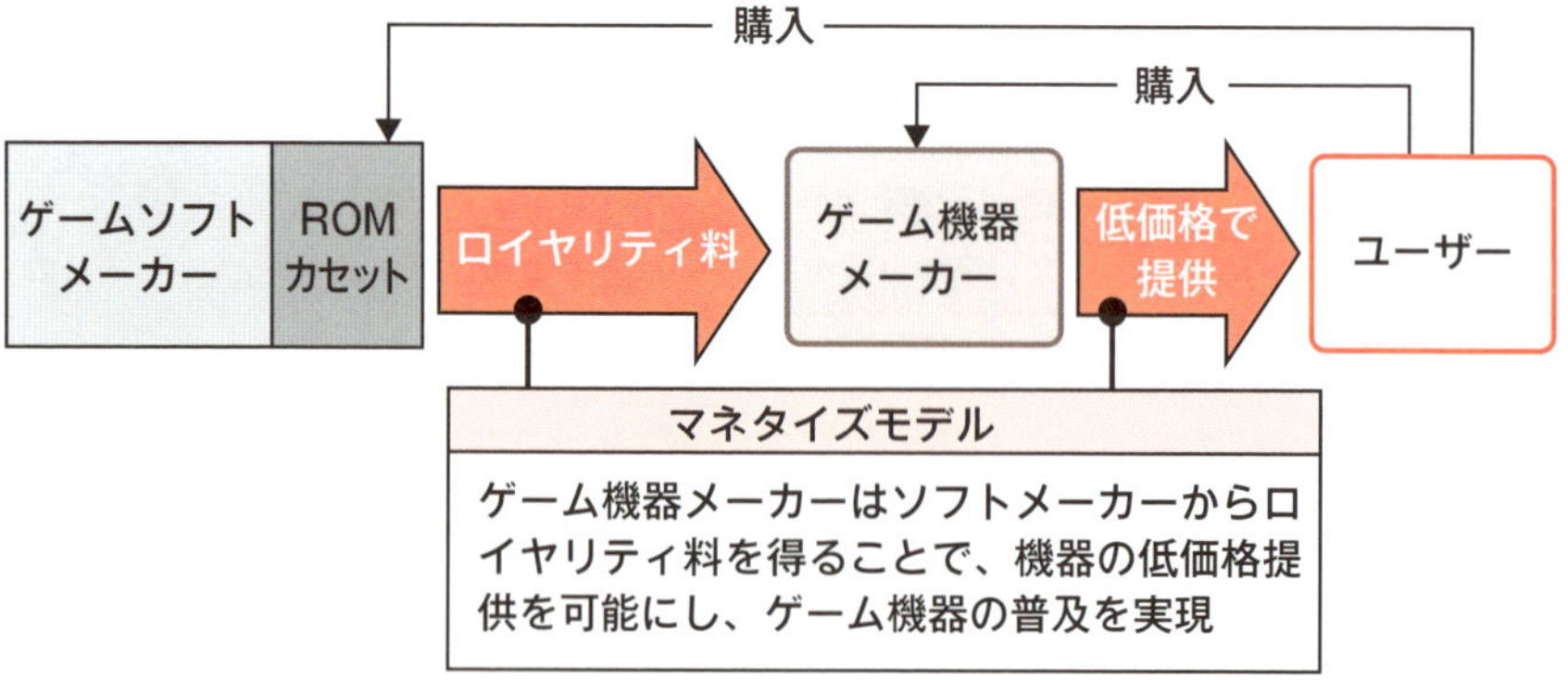

購入
購入
ゲームソフトメーカー
ROMカセット
ロイヤリティ料
ゲーム機器メーカー
低価格で提供
ユーザー
マネタイズモデル
ゲーム機器メーカーはソフトメーカーからロイヤリティ料を得ることで、機器の低価格提供を可能にし、ゲーム機器の普及を実現

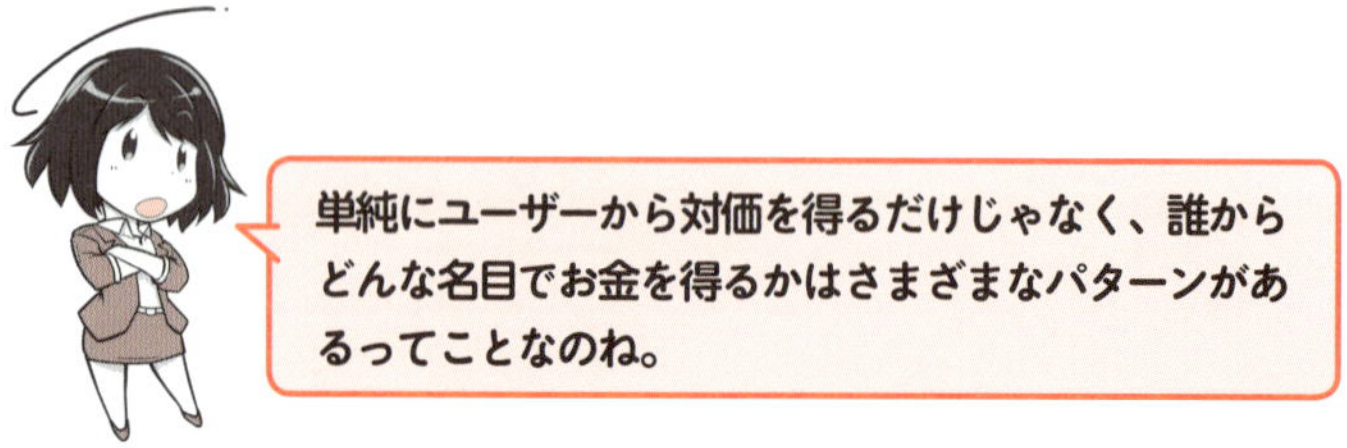

単純にユーザーから対価を得るだけじゃなく、誰からどんな名目でお金を得るかはさまざまなパターンがあるってことなのね。

かかり、その分の回収リスクがあるのです。デジタルコンテンツでフリーミアムが普及しているのは、コンテンツ自体が高粗利で、そのうえ販売もネット経由なので低コストで行えるなど、先行的な費用負担が軽いという事情があるからです。

ハードの低価格提供で顧客獲得

デジタルコンテンツなどの「ソフトウエア」の他に、「ハードウエア」が関わる領域においても、フリーミアムとはいきませんが、初期の顧客負担を小さくして顧客を広げた事例があります。

たとえば、家庭用ゲーム機事業です。普通なら機器メーカーは機器販売で、ソフトメーカーはソフト販売でそれぞれ儲《もう》ければよいわけです。しかし、家庭用ゲーム機器メーカーの実際の収益の多くは、ソフトメーカーからの**ロイヤリティ料**によるものです。

このロイヤリティ料で儲けるというマネタイズモデルが、家庭用ゲーム機事業の隆盛《りゅうせい》をもたらしたといわれています。機器メーカーはロイヤリティ料で儲けられるので、ゲーム機を原価ギリギリの低価格で提供でき、普及台数が増加します。台数が増加すれば、ソフトメーカーも新作ソフト開発に注力し、よりゲームタイトルが出てくることで、さらにゲーム機の普及が伸びるというサイクルが始まります。

この他にも、ヤフーＢＢがＡＤＳＬ用のモデムを無料提供した例があります。モデム費用はＡＤＳＬ回線利用料の数カ月分で回収できるため、それ以降はすべて収益になるという読みです。モデムの無料提供には、１００億円単位の先行投資が必要だったと言われますが、そのおかげで日本にブロードバンド時代が到来し、ヤフーＢＢも大きく飛躍しました。

マネタイズモデルとは収益を上げる仕組み。Ｗｅｂ関連事業などでは、新しいマネタイズモデルも登場してるよ。それらを自らの事業に応用できるようにすれば、収益の可能性がさらに広がるはずだよ。

マネタイズモデルの設計（1）
─課金の対象者と利益モデル

マネタイズモデルの設計は、まず誰にお金を支払わせるのか、どんなパターンで利益を得るのかを考えていきます。

生涯価値をもとに
マネタイズモデルを
考えてみよう！

受益者と支払者の分離を検討する

マネタイズモデルの設計には、次の４つの要素を検討します。これらは事業の可能性を広げるためのポイントとなるものです。すべてを適用する必要はありませんが、検討の際の参考にしてください。

①課金の対象者（受益者と支払者を分離）
②利益モデル（顧客の生涯価値を重視）
③対価の獲得方法（収益の安定化）
④価格設定（バリュープライシングの重視）

この節では①と②を解説し、③はＰ２１０以降、④はＰ２１４以降で解説します。

まず、**課金の対象者**です。通常、製品・サービスの対価は受益者に支払ってもらうわけですが、受益者に直接課金せずに**受益者と支払者（課金対象者）の分離**という方法を考えることもできます。

受益者と支払者を分離した代表的な例は、「広告モデル」です。一般的なテレビ放送事業では視聴者（受益者）からお金を取らず、広告を出すスポンサーに課金して収益を得ています。また、教育関連サービスも、直接の受益者は子どもたちですが、課金の対象者は親たちです。このように、本来の受益者に課金できなくても、代わりにお金を払ってくれる人がいれば、事業は成立するということです。

利益モデルは顧客ベース型が増加

２つめの検討ポイントは、**利益モデル**です。第４章のＰ１６４で解説したように、利益モデルには**マージン型**、**回転型**、**顧客ベース型**があります。

マージン型は、価格とコストの差を作り出して利益を得る方法なので価格を下げにくく、そのことが顧客獲得ハードルとなりがちです。回転型は、低価格と低マージンをボリューム（販売量）で補って、利益を確保する方法です。この場合、販売量が伸びることでコストが下がり、マージンが増えるという効果が出ることもあります。

従来はこの２つがメインでしたが、最近は顧客ベース型が増えています。これは、できるだけ多くの顧客を確保して、顧客から継続的に利益を得る方法です。

顧客ベース型においては、**顧客の生涯価値（ライフタイムバリュー）**という視点が必要になってきます。

業界のエコシステムから支払者を見つける

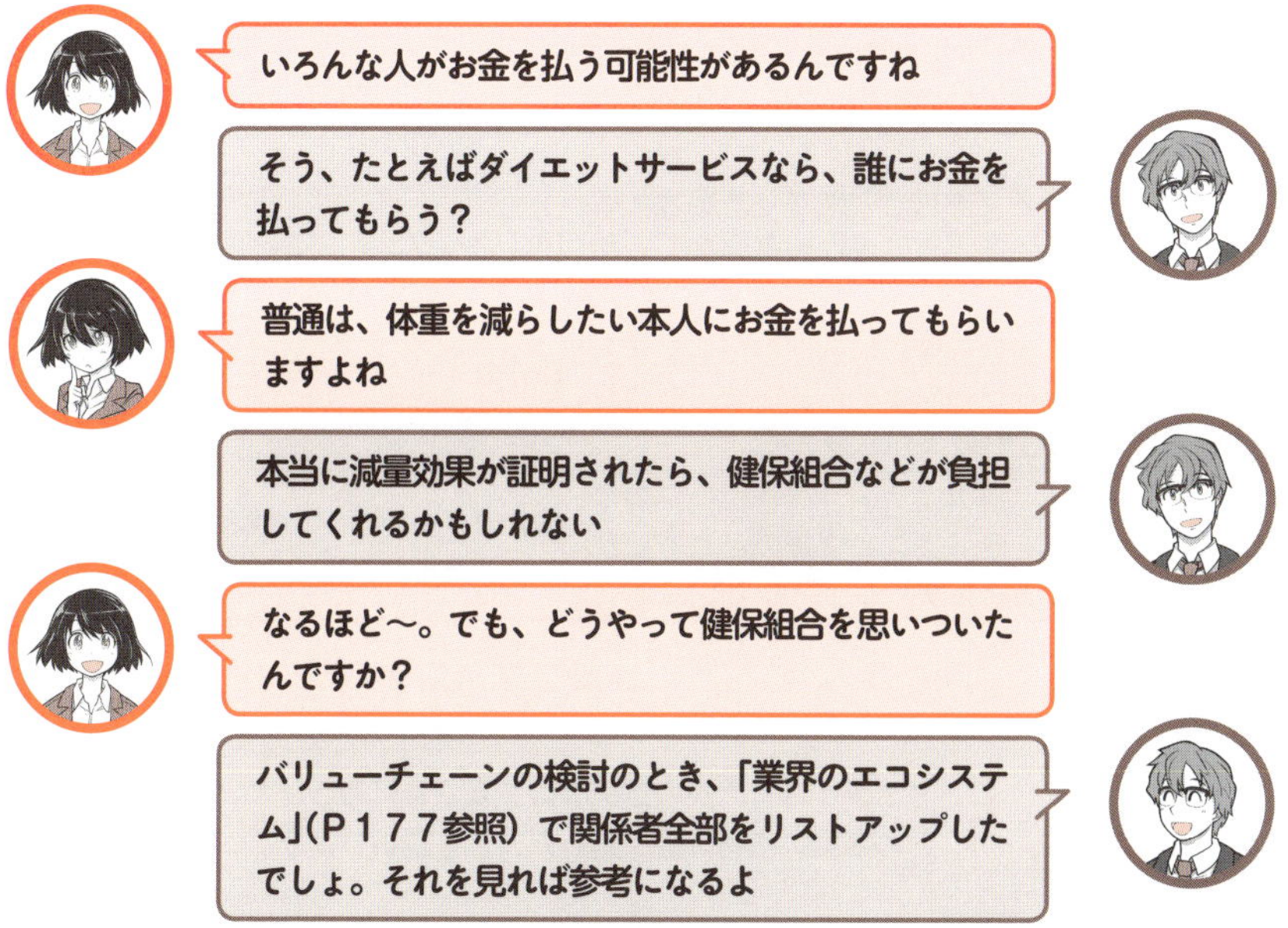
いろんな人がお金を払う可能性があるんですね
そう、たとえばダイエットサービスなら、誰にお金を払ってもらう？
普通は、体重を減らしたい本人にお金を払ってもらいますよね
本当に減量効果が証明されたら、健保組合などが負担してくれるかもしれない
なるほど〜。でも、どうやって健保組合を思いついたんですか？
バリューチェーンの検討のとき、「業界のエコシステム」（Ｐ１７７参照）で関係者全部をリストアップしたでしょ。それを見れば参考になるよ

顧客の生涯価値とは、顧客1人がその後に継続的に企業にもたらす利益のことです。単発の売上によって儲《もう》けを考えるのではなく、**顧客のリピート化**などで、長期的に利益を考えていくということです。

その際のポイントは、低価格化や無料提供などの先行投資を行い、顧客の負担を後回しにすることです。

生涯価値型のマネタイズモデル

前節で紹介したヤフーBBの例が、まさに顧客の生涯価値から発想したマネタイズモデルです。ヤフーBBは、ADSLモデムの無料提供という巨額の先行投資を行いましたが、モデム設置後に顧客が継続的に支払う回線使用料で投資回収していけば、中長期で利益が得られると判断したのです。

このように生涯価値型のマネタイズモデルの場合、**顧客獲得コスト（先行投資）**が必要になります。まずコストをかけて顧客を確保し、あとでそのコストを回収するという考え方です。そして、**顧客の生涯価値が顧客獲得コストを上回る仕組み**を作り上げることで、

マネタイズモデルにおける4つの検討ポイント

課金の対象	受益者から対価を直接取れない場合、受益者以外に課金できないかを考える。	【例】テレビ放送の広告スポンサーへの課金、教育サービスの親への課金など
利益モデル	利益ドライバーの動かし方を考える。顧客生涯価値に視点を置いた発想が重要。	【例】マージン型、回転型、顧客ベース型
課金方法	販売代金のほかにも別の名目で課金できないかを考える。また、固定収入か変動収入かも考える。	【例】ロイヤリティ料、メンテナンス料、使用料、仲介料、成功報酬料など
価格設定	製造・提供コスト、競合の提供価格、製品・サービスの価値のどれを重視して価格を決めるかを考える。	【例】コストプラス、競合比較、バリュープライシング

マネタイズモデルの選択肢はさまざまにあるけど、自分の事業の維持に最も適した方法を選択しよう。

事業を成立させるわけです。先行して顧客獲得コストをかけても、結果的に顧客の生涯価値でそれが回収できれば、利益がもたらされます。

このように、顧客から生涯価値を得るには、**顧客との長期的関係やロイヤリティの維持・向上**が必須です。ロイヤリティとは、その商品への顧客の愛着心のことです。近年のＩＴ技術を活用したＣＲＭ（顧客情報管理）やデータベース・マーケティングなど、顧客との関係維持に有効な手法を取り込んで、せっかく獲得した顧客を逃さない仕組みを作ることが重要です。

顧客の購入ハードルを下げる方法

生涯価値型のマネタイズモデルでは、顧客獲得のために、顧客の初期負担を軽減して購入ハードルを下げます。具体的な方法は、次のようなものです。

- ローン
- リースやレンタル
- 無料や低価格での提供
- ポイントプログラム

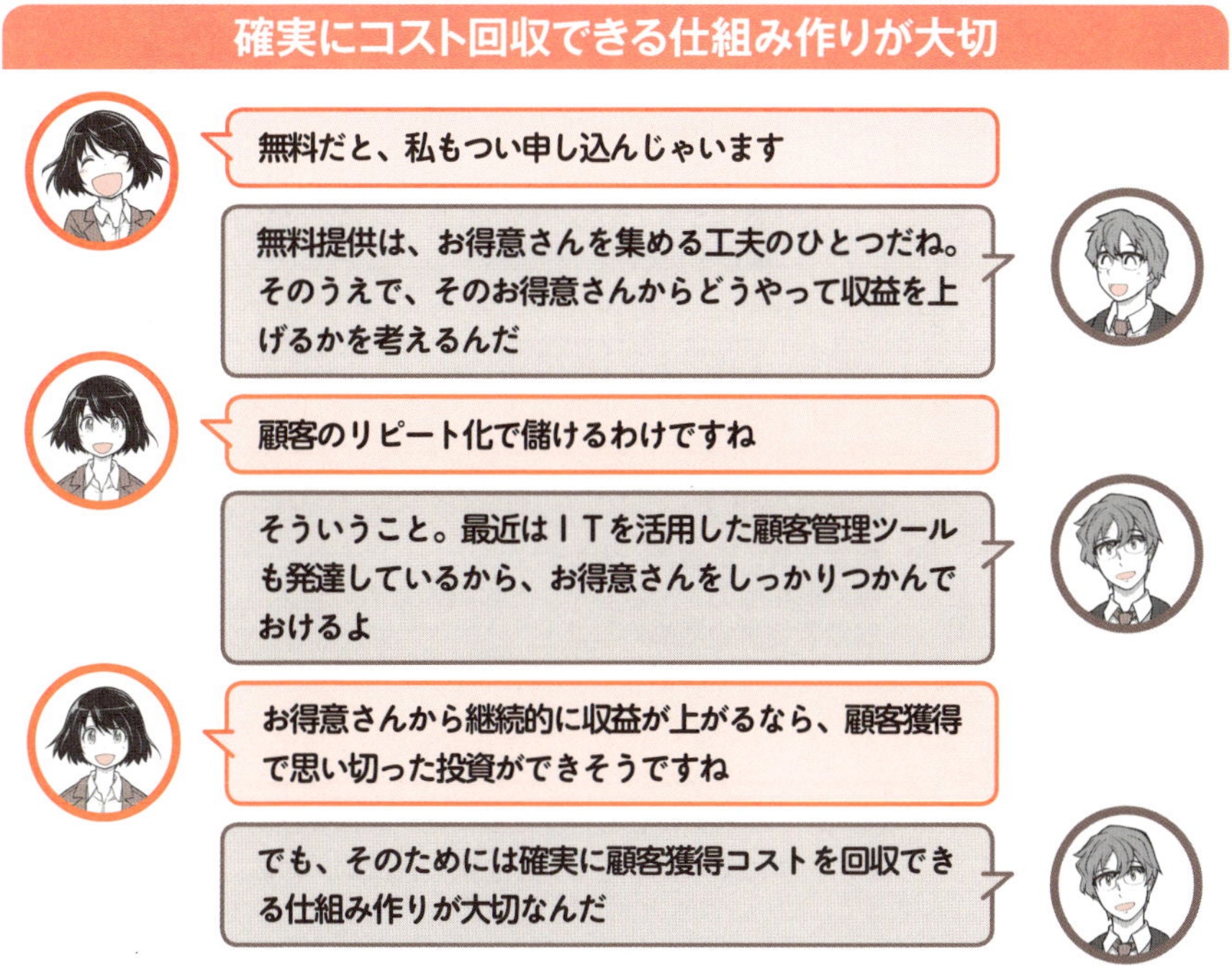
確実にコスト回収できる仕組み作りが大切
無料だと、私もつい申し込んじゃいます
無料提供は、お得意さんを集める工夫のひとつだね。そのうえで、そのお得意さんからどうやって収益を上げるかを考えるんだ
顧客のリピート化で儲けるわけですね
そういうこと。最近はＩＴを活用した顧客管理ツールも発達しているから、お得意さんをしっかりつかんでおけるよ
お得意さんから継続的に収益が上がるなら、顧客獲得で思い切った投資ができそうですね
でも、そのためには確実に顧客獲得コストを回収できる仕組み作りが大切なんだ

ローンは、顧客の手元に現金がない場合などに、ローン会社が支払いを立て替えるというものですが、顧客にとっては分割払いで初期負担が減るものの、結局購入することに変わりありません。一方、**リースやレンタル**は、月々の使用分の費用のみで済み、トータルの負担が抑えられます。事業者側にも、顧客との長期的関係が築けるメリットがあります。

無料や低価格での提供は、すでにいくつか事例を紹介しましたが、事業者側が顧客の初期負担を肩代わりする形なので、顧客側の購入ハードルが低くなり、顧客獲得に大きな力を発揮します。**早期予約割引き**なども、この類例です。

ポイントプログラムは、購入時にポイントを付けて値引き的な印象を与え、顧客の意識面での購入ハードルを下げる方法です。さらに、顧客はポイントを使ってリピート購入してくれるので一挙両得です。

顧客獲得におけるトレードオフ

顧客の購入ハードルを下げる方法を紹介しましたが、

生涯価値型マネタイズモデルの採算性

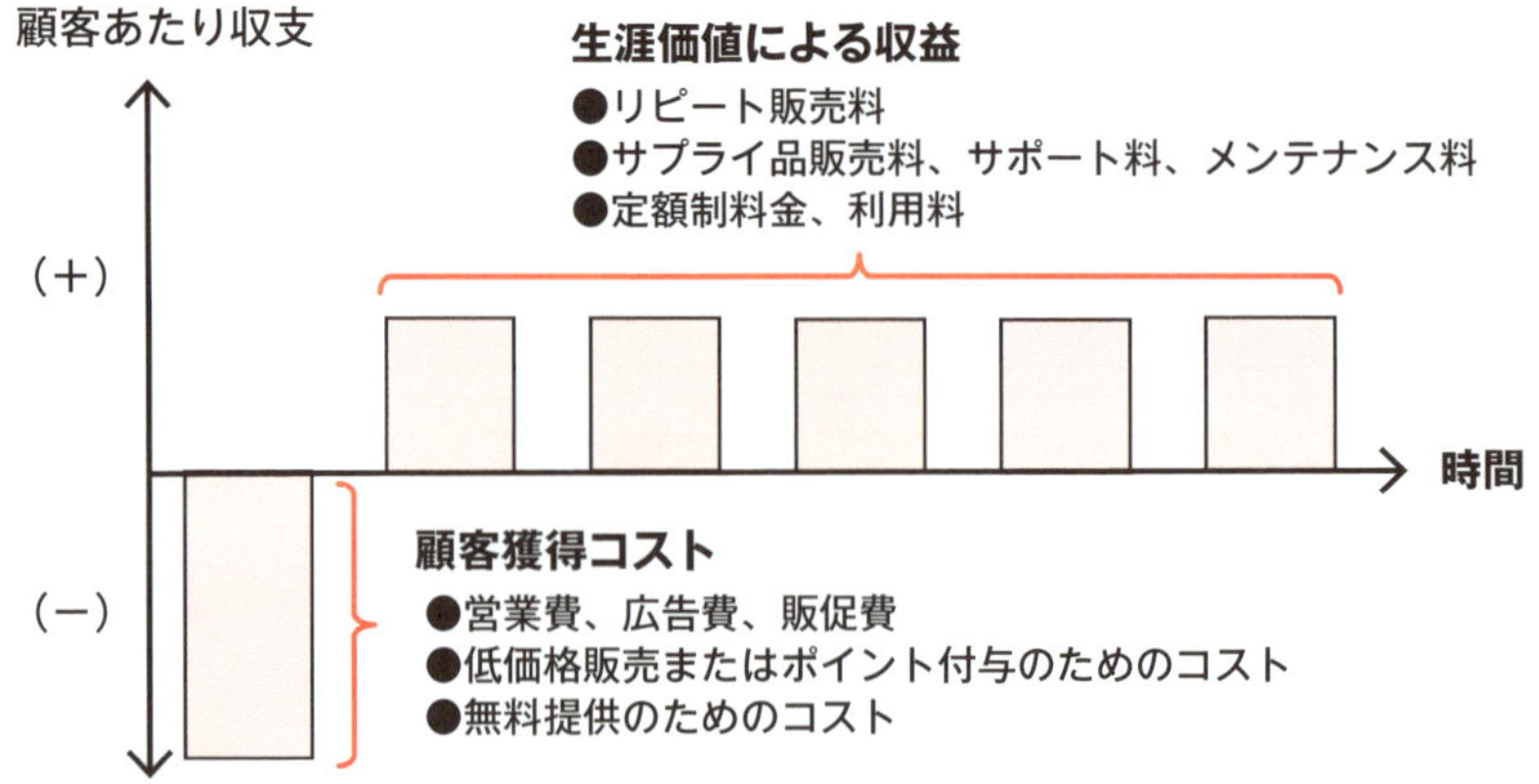

顧客あたり収支
(+)
(−)
時間
生涯価値による収益
●リピート販売料
●サプライ品販売料、サポート料、メンテナンス料
●定額制料金、利用料
顧客獲得コスト
●営業費、広告費、販促費
●低価格販売またはポイント付与のためのコスト
●無料提供のためのコスト

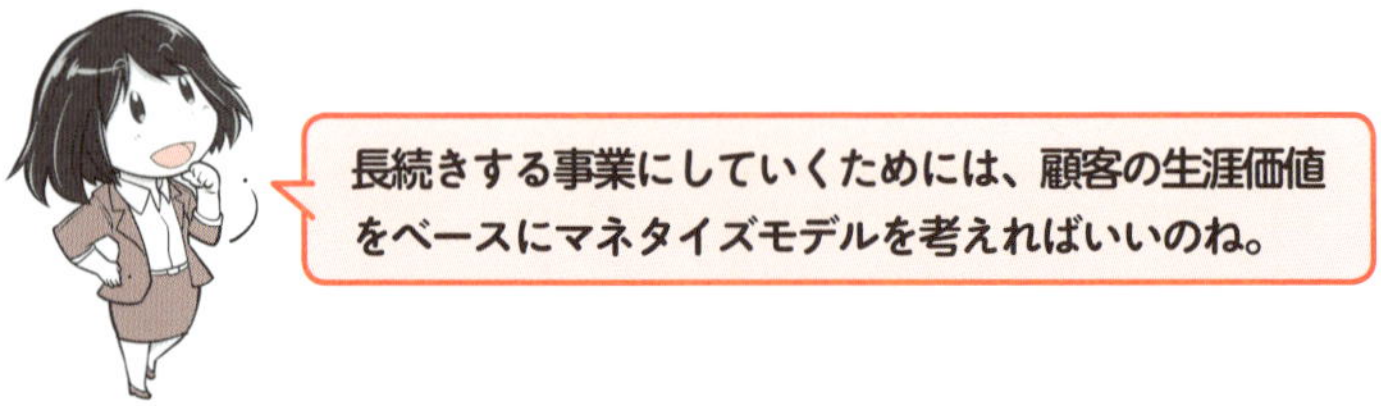

長続きする事業にしていくためには、顧客の生涯価値をベースにマネタイズモデルを考えればいいのね。

実は顧客の購入ハードルを下げると、その分、先行投資がかさみ、事業者側の**顧客獲得コストの回収リスクが大きくなる**というトレードオフの問題が生じます。

本来、購入と同時にコストも含めた代金を顧客に払ってもらえば、コストの回収リスクはなくなるので、確実に売上を得たいのなら引き換え払いが基本になります。しかし、それでは顧客の負担が大きくなって、顧客獲得が難しくなってしまいます。

このような売上回収の不確実性は事業上の大きなリスクにもなるので、それを避けるさまざまな工夫も行われます。航空券などの早期予約割引きは売上を確定できるからですし、英会話教室の入会時の一括前払いは、獲得した顧客が結局通わなくなり売上を逃すリスクを避けるためです。

顧客の生涯価値を高める

前述した回収リスクを乗り越えるには、**顧客の生涯価値を高める**ことです。顧客獲得コストが大きくなっても、それを十分に上回る生涯価値を確保できれば、コストは回収できます。

顧客の生涯価値の合計は「**顧客数×収益機会**」に分解できるので、先行投資によって獲得した個々の顧客からきちんと収益を上げればよいということです。

たとえば、製品・サービスの普及で顧客がその使い方に慣れ、さらに他の事業者がその周辺製品・サービスを提供するなどして「事実上の標準」になると、定番化が促進され、安定的な収益が期待できます。また、こうした「標準化・定番化」によって、「コスト低減効果」が期待できる場合もあります。販売規模の拡大やオペレーションのノウハウの蓄積でマージン幅が拡大して、投資回収が進みます。

近年の利益モデルのパターンは、単発売上の積み重ねよりも、顧客生涯価値が重視されている。顧客生涯価値の場合、「顧客の獲得しやすさ」と「コスト回収リスク」のトレードオフをいかに解消するかが重要だよ。

マネタイズモデルの設計(2)—対価の獲得方法

収益の安定化には、生涯価値型のマネタイズモデルが有効。ここでは、顧客の生涯価値を高めるための対価の獲得方法を解説します。

継続的な収益確保を目指そう

前節でマネタイズモデルの4つの検討要素を挙げましたが、ここでは3つめの**対価の獲得方法**について見ていきます。

対象となる顧客が限られる中で、製品・サービスを単発的に売って終わりという「売り切り型」では、売上が止まってしまって事業が続きません。売り切り型の中でも、購買顧客に他商材を売り込む「クロスセリング」や「アップセリング」といった工夫がありますが、それも単発で終わっては同じことです。

「売り切りは手離れがよい」と言う人もいますが、それでは焼き畑農業的に市場を食べてしまってから苦労するでしょう。収益の安定性や継続性を重視するのであれば、できるだけ「売り切り型」から脱却し、獲得した顧客から安定継続的に収益を得る**生涯価値型のマネタイズモデル**を考えていく必要があります。

ただし、生涯価値型のマネタイズモデルと言っても、具体的なお金の取り方となると、さまざまなものがあります。その事業の特性を踏まえて、最も安定的に収益を得られる方法を見つけ出す必要があるのです。たとえば、以下のような方法を検討してみましょう。

対価をもらう方法は
さまざま。
どれでいこうかしら…

●別の課金名目での収益を得る
●広く薄く取る、狭く厚く取る
●固定収入を得る、変動収入を得る

別の課金名目によって収益を得る

まずは、**別の課金名目**で収益を得られないか検討しましょう。下図のように収益を得るための課金名目はさまざまありますが、おもしろいのは同じ事業でも、別の課金名目がありうることです。従来の業界慣例や常識をいったん離れて、**新しい課金名目で顧客に提案できないか**、それによって**その事業の特性を変えられないか**という視点で考えてみてください。

課金名目を考える際には、できれば**固定収入化しやすい名目**を選ぶことがポイントです。その代表的な例として次のものがあります。

■補完製品（付属品・サプライ品）で収益を得る

家庭用ゲーム機メーカーはゲーム機自体のほかに、ソフトのロイヤリティ料からも収益を得ています。また、コピー機メーカーの収益の多くは、トナーカート

「課金名目」のリスト

販売・売却型	技術・権利型	サービス型	マッチング型
製品販売 サプライ品※	特許・著作権料 ライセンス料※	サービス、メンテ※ 保証、保険料※	
投資収益 開発差益	利息※ 配当※		
		成功報酬 利用料	広告料 掲載料
		会費※ 派遣料※ コンサル料※	仲介手数料 送客手数料 決済システム手数料

提供物の性格で分類。
※は固定収入化しやすい名目

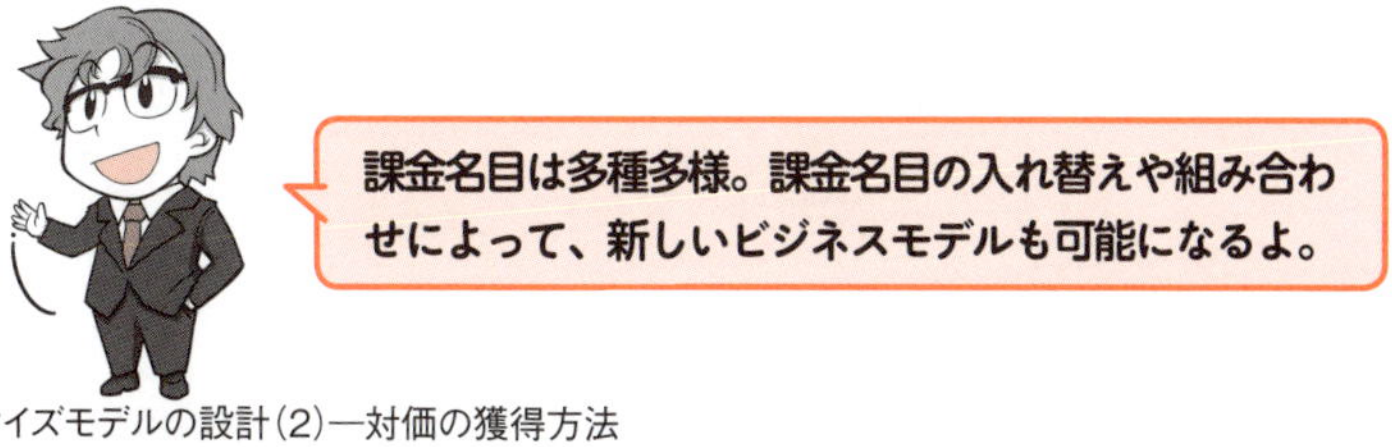
課金名目は多種多様。課金名目の入れ替えや組み合わせによって、新しいビジネスモデルも可能になるよ。

リッジから上がっています。

これらは、髭剃《ひげそ》り製品が替え刃によって儲《もう》けるのと同じ仕組みなので、「替え刃モデル」と呼ばれています。本体価格を抑えて、リピート購入が必要な「補完製品」で継続的に収益を上げていくわけです。

■使用料やメンテナンス料で収益を得る

携帯電話会社は、携帯電話機そのものではなく、通話料やパケット料で継続的な収益を得ています。システム開発事業やＢ２Ｂ機器（法人向け機器）事業では、保守メンテナンス料が収益の柱になっていることがよくあります。

「広く薄く」、「狭く厚く」を選択

次は、**広く薄い課金**と**狭く厚い課金**です。顧客への提供価値や特性に適しているほうを選択します。

広く薄い課金は、**顧客ベース全体**を対象にしたうえで、それぞれの顧客に少額課金をするというものです。少額課金であっても、顧客ベースの数が圧倒的ならば、総額として大きな収入になります。

ハード事業のサービス化

固定費・変動費みたいに、収入にも固定と変動があるんですね

特に固定収入型は事業が安定するんだ。積み上げモデルとか座布団モデルって言うんだよ

でも、機器とかハードウエアを売る事業は、固定収入型にするのが難しそうですけど……

機器単体ではそうだろうけど、お客さんの利用プロセス全体を見るとチャンスはあるかもしれないよ

お客さんの目線で経済的・心理的価値（第２章P124参照）を高めるように工夫するってことですね

そう、それがハード事業のサービス化を考えるポイントなんだよ

このパターンの始まりは、NTTドコモの「iモード」です。iモードのサービスはどれも月額300円程度という少額ですが、多くの顧客を獲得していたので継続的に大きな安定収益が得られました。今では、コンテンツサービスなどで広く薄い課金パターンが多く見られます。

一方、狭く厚い課金は、**顧客ベースの一部**からまとまった収益を得ようというものです。フリーミアムモデルや成功報酬型のマッチングモデルなどが該当します。ヤフーオークションの出品者課金やクックパッドのプレミアム課金などもこのパターンです。

固定収入と変動収入を使い分ける

最後は**固定収入型**と**変動収入型**の使い分けです。それぞれのメリット、デメリットを押さえましょう。

多くの場合、事業が不安定になるのは売上が不安定だからです。固定収入型は獲得した顧客から**月額固定などで売上が入る**ので事業が安定しますし、安定的なコスト回収ができると、先行投資の判断も行いやすくなります。ただし、顧客にとっては利用しなくても費用がかかるので、顧客獲得面では不利です。そのため、金額を抑えて負担感を減らすのが一般的です。

変動収入型は、**利用度に応じて課金**します。取引額などによって支払額が決まる不動産仲介手数料や、成功報酬一般もこれに該当します。顧客にはムダな負担がなく、顧客獲得はしやすいのですが、利用がないと収入にならないのでコスト回収リスクがあります。

これらの考え方は、バリューチェーンで協力してもらう事業パートナーへの支払い方法にも応用できます。変動収入がメインの場合、事業パートナーへの支払いも変動費化すれば、売上の変動リスクを吸収できます。

収入が安定していなければ、コスト回収もできないおそれがあるよ。売り切り型偏重の発想から脱却し、事業特性に適した対価の獲得方法を取り入れてマネタイズモデルを設計しよう！

マネタイズモデルの設計（3）
─価格の設定

収益性に大きな影響を与える価格設定には3つのアプローチがありますが、特に「バリュープライシング」に注目しましょう。

バリュープライシングを
しっかり
検討してみるわ

3つの価格設定アプローチ

マネタイズモデルの最後の検討ポイントは、**価格の設定**です。価格設定には、基本的に次の3つのアプローチがあります。

- ●コストプラス（自社視点）
- ●競合比較（競合視点）
- ●バリュープライシング（顧客視点）

コストプラスは、「自社の都合から、いくらで提供できるのか」によって価格設定を行うものです。具体的には、製品・サービスの製造・提供コストに一定の利益率を加えて価格を設定します。

競合比較は、「競合はいくらで提供しているのか」を基準に価格設定を行うものです。競合がいなくとも、製品・サービスの「相場感」がある場合や、代替品（P131参照）が存在する場合には、そうしたものも価格設定の参考にします。

バリュープライシングは、「顧客がいくらなら払ってくれそうか」を考えて価格設定を行うものです。この場合、その製品・サービスが顧客にもたらす価値や需要に見合った価格を検討します。

これらはどれか1つだけ適用されるわけではなく、

たいていの場合、この**3つを総合的に勘案**して考えていきます。

コストプラスだけでは不十分

よくある価格の決め方は、コストに一定の利益率を上乗せするというコストプラスです。しかし、自社の都合での価格設定なので顧客に受け入れられず、そのうち競合製品も出てきて値下げを余儀なくされ、結局儲《もう》からないということになりがちです。

そこで、市場での競争に勝ち抜くためには他のアプローチ、特に顧客の視点による**バリュープライシングが重要**になるのですが、うまくできていないのが現状です。「顧客価値を価格に換算」するのが難しいからです。顧客に希望価格を聞いてみても、「安いほどよい」となってしまうのが関の山です。

「顧客が何の価値にいくら支払うのかわからない」というのは、事業のどこに注力したらいいのかわからないのと同じです。だから、魅力のない総花的な機能の高コスト製品が出てきたり、顧客に「高い」と言わ

価格設定方法によるアプローチの違い

コストプラス

積み上げたコストに所定の利益を上乗せして、価格を設定する

①コスト
↓
②利益
↓
③価格

競合比較

競合の価格から所定利益を引いたコストで、どう実現するかを考える

①価格
↓
②利益
↓
③コスト

バリュープライシング

提供価値で価格設定し、それに見合うコストを引いて利益を出し、利益が低ければ価格アップする

①価格
↓
②コスト
↓
③利益（→①価格へ戻る）

価格は顧客の購買決定に大きな影響があるし、事業の利益に直結するから、よく考えよう。

れたからといって、肝心の機能を削ってしまうようなことが起こるのです。

競合比較とバリュープライシング

コストプラスは、事業に必要なコストを積み上げて価格を決める内部視点のアプローチですが、競合比較とバリュープライシングは**外部視点のアプローチ**です。

競合比較は、競合品や代替品が明確な場合に使います。競合の価格などから、まず市場で売れる価格を決め、そこから確保すべき利益を先に引いて、残った額で事業が実現できるように必死でコスト削減を検討するわけです。数量の目標や生産・運営方法の見直しなど、**コストの作り込み**が必要になります。

バリュープライシングの場合は、まず顧客への提供価値に見合う価格を決め、その価値を生むためのコストを価格から差し引き、残った額が利益となります。価値向上に必要なコストはしっかりかけ、不要なコストだけを減らすというメリハリが重要です。その結果、利益がまだ不十分なら、**提供価値のレベルをもっと向**

バリュープライシングは顧客への深い理解が必要

バリュープライシングは難しそう。「高い」って言われたら、すぐに値引いちゃうかも

ポイントは、お客さんの事情をどのくらい把握できているかだと思うよ

同じ製品でも、顧客によって受け取る価値が違うってことですよね

そう、わかってきたね。顧客が買ってくれて、あとにどういう使い方をするかで価値が違ってくる

だいぶ相手に入り込んで理解してないとダメですね

うん。そこで初めて「受け取る価値」が定量化できて、費用対効果が提示できるんだよ

上できないか再検討して値上げを考えるわけです。

このバリュープライシングでは、次のポイントを参考にして検討することが大切です。

- **経済的価値を定量化するとどのくらいか**
- **心理的価値は顧客に刺さるか**
- **市場での独占・寡占《かせん》状況や希少性はどうか**
- **ニーズと提供価値のマッチング度合いはどうか**

顧客が「高い」と言うのは、「値段を下げろ」という意味ではありません。「自分の欲しいものが提案されていない」という意味です。そのため、こちらから提供価値と見合う価格を提示して、納得させることがカギになります。

2つの価格戦略

価格設定では、これらのアプローチに加え、市場参入時の方針によるアプローチもあります。**浸透価格戦略**と**スキミング価格戦略**（上澄み価格戦略）です。

浸透価格戦略とは、その製品・サービスを**低価格で提供**することで早期に市場に浸透させ、新規参入を阻止してシェアを拡大させようというものです。シェアが拡大すれば販売数が増加するので、規模化の効果で単品あたりのマージンアップも狙えます。ただし、浸透価格はあとから値上げがしにくく、安売りイメージが付くことがデメリットです。

逆にスキミング価格戦略は、製品・サービスを**高価格で提供**し、高いブランドイメージや利益率を確保しつつ、コストの早期回収を図ろうというものです。こちらは高価格なので市場への浸透が遅く、高い利益率が競合の参入を招きやすいデメリットがあります。

最近の例では、前者はアマゾン社、後者はアップル社が代表例です。

価格設定では、コストプラスよりも、競合比較とバリュープライシングを重視すべきなんだ。その場合、「利益を確保できるコストの実現」や「価格に見合う価値のアピール」などの工夫が重要だよ。

キャッシュフローモデルを考える

事業計画の評価において儲《もう》かるかどうかは最大のポイント。キャッシュフローモデルは、それに答えを出すものです。

CFモデル構築のために、5つのステップを押さえるのね

利益を語るには根拠が必要

事業計画の説明でよく出てくるのは、売上と利益見通しのグラフです。グラフはキレイな右肩上がりなのですが、なぜそのペースで伸びるのかを聞いても、要領を得ません。「何年後にこれくらいの売上と利益を見込んでいます」と言われても、根拠がなければただの妄想です。

事業計画で語らなくてはいけないことは、そもそも**事業として成立するのか**という点です。さらに、事業として成立するならば、売上規模や利益が具体的にどのくらいになるのか、そのための準備や営業活動などにどんなコストがどれだけ必要なのか、投資資金はどれくらい必要なのか、といった質問にしっかり答えることができなければいけません。

つまり、事業として成立するということを示すためには、**キャッシュフローモデル**（以下、CFモデルと表記）が必要になってくるのです。

CFモデルで収支や資金を調整する

キャッシュフローとは、簡単に言うと「事業の立ち上げや運営に伴う投資や仕入れ、その他の経費、売上や増資、借入れなどの資金の出入り」のことです。

ＣＦモデルの作成では、これまでの事業の検討内容をもとにキャッシュフローの見通しを項目別に時系列で整理します。そのうえで、最終的に事業として儲《もう》かるか、魅力的なキャッシュフローを生み出せるかを確認し、さらには事業を成立させるために必要な条件やＫＰＩ（業績評価指標）を発見・調整するわけです。ＫＰＩとは、業績目標への到達度合いを見る目印となるものです。

事業を評価するうえで必要なポイントを下表に整理しました。ＣＦモデルを作成することによって、これらにきちんと数字で答えられなければいけません。

具体的には潜在顧客数と顧客開拓ペース、価格想定、コスト予想などを調整しながら、**投資額や単年度黒字化の時期などの条件を満たすＣＦモデル**を数値によって組み上げます。

ビジネスモデルは「儲けの仕組み」ですから、その検討もキャッシュフローで終わり、ここでようやく「儲かるのか？」という問いに答えが出るのです。

事業の評価に必要な6つのポイント

収支サイド	•「粗利」はどのくらい出るのか •「損益分岐点」の達成は現実的か • どのくらい「売上規模」の見通しがあるのか
資金サイド	•「立ち上げ資金」はどのくらいかかるのか •「投資収益率」（IRR）はどのくらいか • うまくいかなかったときの「最大リスク」（累積損失額＋撤退費用）はどのくらいか

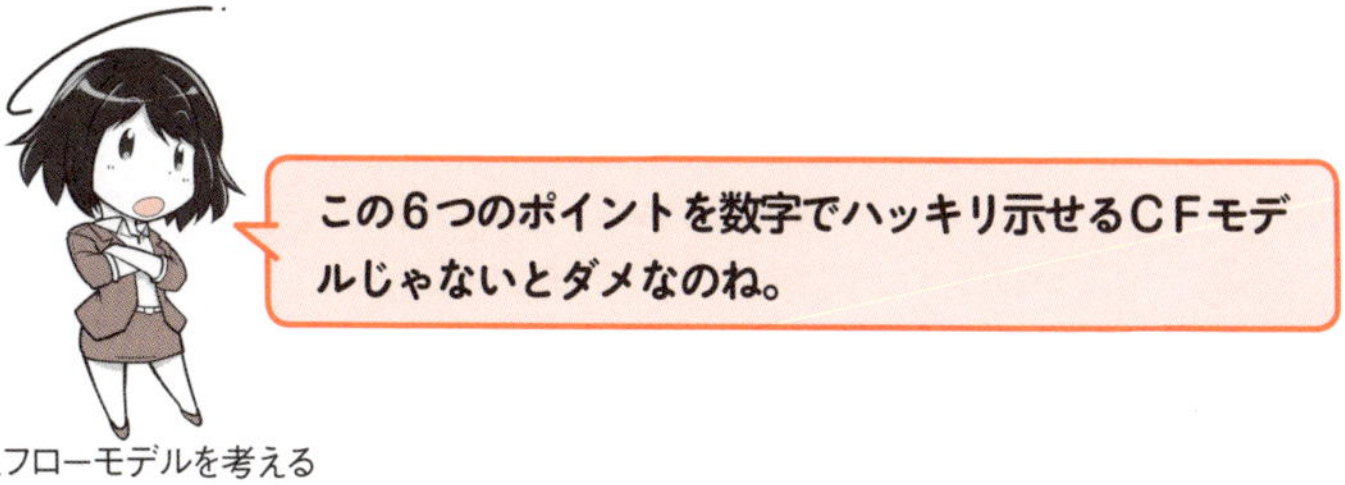
この6つのポイントを数字でハッキリ示せるＣＦモデルじゃないとダメなのね。

5つのステップでCFモデル構築

　CFモデルは、次のステップによって構築していきます。ステップの詳細は次節以降で解説しますが、ここでは概要を簡単に紹介しておきましょう。

①売上見通しの作成⇩P222

　売上見通しは、ターゲット市場の規模を推定したうえで、その市場の顧客をどのくらいのペースで獲得していくかを考えます。その顧客数に客単価を掛けて、各期の売上高を出します。

②コスト構造の設計⇩P226

　ここでは**損益分岐点**の分析を行います。まずコストを固定費と変動費に分類して、損益分岐点達成時の売上高を求めます。さらに損益分岐点売上高が現実的なものになるように、コストと価格を調整します。

③収支見通しの作成⇩P228

　各期の売上高とコスト、初期投資や追加投資の数値を整理して、各期のキャッシュフローの値を出します。ここで単年度黒字化の時期がわかるので、収支を調整

キャッシュフローモデル構築の流れ

①売上見通し	②コスト構造	③収支見通し	④資金見通し	⑤シナリオ
・市場規模 ・顧客獲得ペース ・客単価 ・各年度の売上高	・固定費と変動費 ・損益分岐点売上高	・各期のコスト ・各期の投資CF ・各期の営業CF	・各期の累積CF ・必要資金総額 ・資金回収期間	・妥当なCF予想 ・うまくいった場合のCF予想 ・失敗した場合の最大リスク額

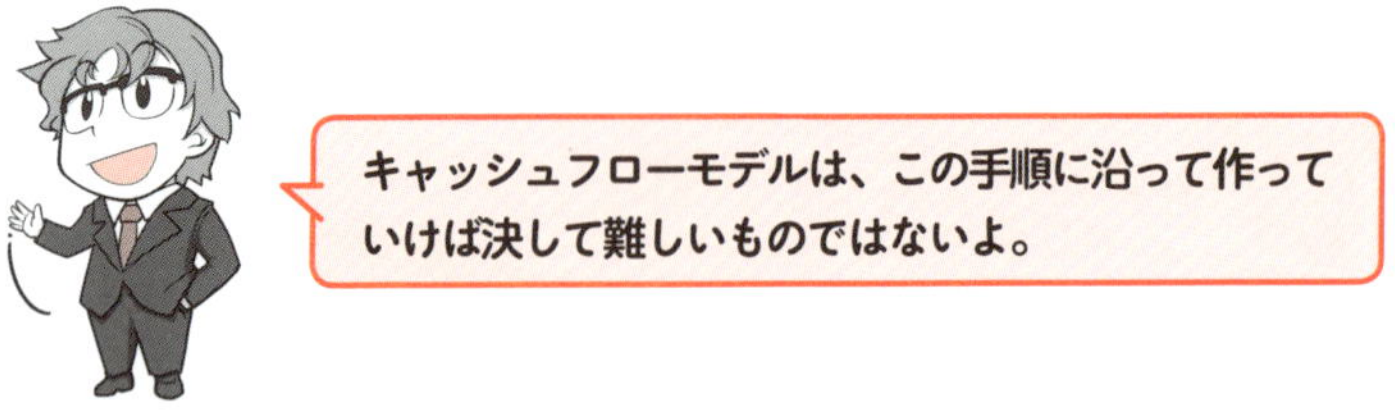
キャッシュフローモデルは、この手順に沿って作っていけば決して難しいものではないよ。

することでその時期を早めることができないかを検討してみます。

④資金見通しの作成⇩Ｐ２３０

収支見通しで算出した各期のキャッシュフローを累積化すれば、資金見通しになります。ここでは、事業成立に必要な資金総額とその資金回収期間を確認し、それらが現実的になるように、初期投資や収支見通しの調整、資金繰りの改善などを考えていきます。

⑤シナリオの作成⇩Ｐ２３２

最後に複数のシナリオを用意しておきましょう。現実的で妥当な条件のＣＦモデルをベースケースとして、売上とコストの条件を変えてＣＦモデルの変化を見ます。事業がうまくいかなかった場合に、事業撤退の判断基準となるリスク額（損失額）も見積もっておきます。

ＣＦモデルは誰にでも作れる

ＣＦモデルは「財務や会計の知識がなければ作れない」と思っている人もいるようです。けれど、最低限の知識と表計算ソフトを使って、前述した５つのステップを踏んでいけばＣＦモデルは誰にでも作れます。

実際の作業では、表計算ソフト上にこれまでの検討をもとにした売上高、価格、コスト、初期投資額など必要な項目の数値を集約していきます。そのうえで、損益分岐点の売上高や達成時期、必要な資金総額や資金回収期間などの事業成立の目標水準をクリアできるように、売上高や価格、コストなどをシミュレーションしながら調整していくのです。

つまり、最初は**概算で当たりをつけ、徐々に精緻《せいち》化していく**というのがＣＦモデルの作り方です。この作業を通じて、事業の成立条件の勘所《かんどころ》やＫＰＩの目標値が決まってきます。

CFモデルは、これまでのステップで検討してきた内容を、数値に集約したものと言えるよ。5つのステップに沿いながらCFモデルで数値を調整して、事業計画を実現可能なものにしていくんだ。

CFモデルの構築(1)―売上見通し

CFモデル構築の最初のステップとなる売上見通しでは、市場規模の推定と顧客獲得ペースの設定をしっかり行いましょう。

潜在市場の規模を推計する

CFモデルは、まず**売上見通し**から作っていきますが、売上を想定する前提として、事業の**潜在的な市場規模を明らかにする**必要があります。市場規模がわからなければ、どこまでが売上の限界なのかもわからないからです。

しかし、市場規模の見極めはなかなかの難問です。顕在市場の規模であれば、調査会社やマスコミ等の資料で確認できるものもありますが、特定のターゲットに絞り込んだ市場や現在は存在していない潜在市場には実績数値がないので、推定するしかありません。

そうしたときに役立つのが、**フェルミ推定**です。これは、推定したい事柄について、数値がわかるいくつかの要素に分解した計算式を立てて試算するという手法です。

たとえば、市場の金額規模ならば、一般的に「顧客数×取引頻度×取引単価」に分解できます。こうした分解をすれば、市場の顧客数はパブリックな資料から推測でき、取引頻度は顧客ヒアリングから推測でき、取引単価はマネタイズモデルからわかるので、市場の金額規模を推定できるというわけです。

市場規模は
どうやったら
わかるのかしら？

フェルミ推定を習得しよう

フェルミ推定の例題として、「新成人をターゲットにした事業を行う場合、潜在顧客数（20歳の人口）はどのくらいなのか？」を考えてみましょう。

日本の人口についてわかっていることは何でしょうか。全人口、平均寿命くらいは常識でわかるはずです。そうすると日本人の年齢別の平均人口は、「日本の全人口÷平均寿命」という式で出せます。ただし、少子化が進んでいるので、若い世代の人口は上の世代の人口の8割くらいに見積もることにします。

こうした考え方で計算式を立てると、20歳の顧客数は次のように推定できます。

●全人口1・3億人÷平均寿命80年×0・8（少子化傾向）＝130万人

これに客単価（取引頻度×取引単価）を掛ければ、新成人市場の金額規模もわかります。事業計画を提案する際、数字はインパクトと説得力が大きいので、フェルミ推定はぜひ習得したいスキルです。

フェルミ推定の例

インプットと計算式が正しければアウトプットは正しいはず

考え方

例題
1）20 歳の日本人は何人いるか？
2）６カ月で都内コンビニに飛び込み営業するには何人必要？

回答例
1）13,000 万人 ÷80 年 ×0.8（少子化傾向）＝130 万人
2）都内コンビニ数 ÷６カ月 ÷21 営業日 ÷1 日訪問件数

推定の効果
数字で示すインパクトと説得力によって、事業検討が前に進む
・ユニークなターゲットほどデータがないので、推定が必要
・市場規模の他にもコスト見通しなど、推計が必要な数字は多い

注意点
計算式はシンプルでなければ説得できない
・計算式は慎重に設計しないと、１桁くらいはすぐズレる
・数字が独り歩きしないように式を考える

何度も練習を重ねてコツさえつかめば、私にもフェルミ推定ができそうね。

マネタイズモデルで金額規模は変わる

市場規模を推定する際に注意したいことは、市場規模には**顧客数規模（件数規模）**と**金額規模**があるということです。この両面を考えなければいけません。

たとえば、その市場の顧客数が同じであっても、マネタイズモデルで想定価格を半分にすれば、市場の金額規模は半分になってしまいます。また、売り切り型のマネタイズモデルの場合と、継続的な使用料で対価を得るモデルの場合とでは、単年度での金額規模は継続型のほうが小さくなりますが、だからと言って魅力がないわけではありません。

そう考えると、世の中で一般に「この分野の市場規模は何億円」と言われていても、それを鵜《う》呑《の》みにはできないことがわかります。市場の金額規模は、**マネタイズモデルに応じた推定**をする必要があるのです。

売上見通しでは、このようにマネタイズモデルを勘案した「金額ベースの潜在市場」が売上高の天井となるわけです。

売上見通しの作成例

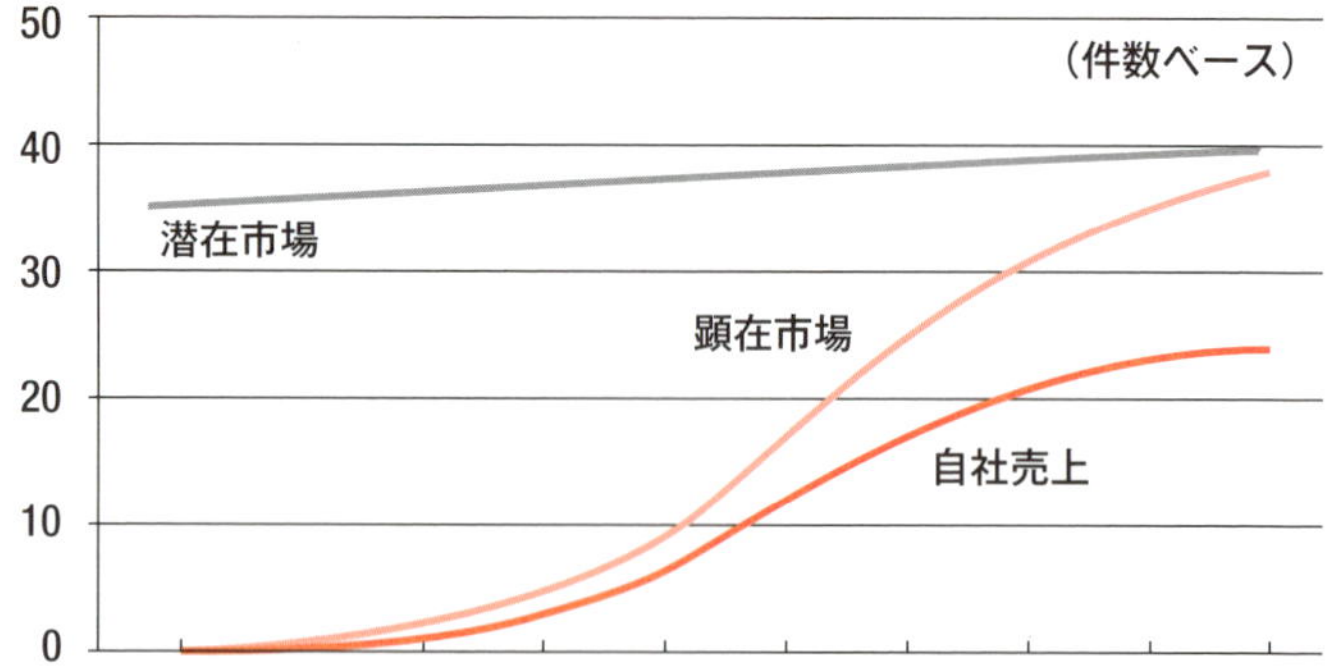

	立ち上げ時	1期	2期	3期	4期	5期	6期	7期	8期	9期
潜在市場	35	36	36	37	37	38	38	39	39	40
（浸透率）	0%	3%	6%	12%	24%	43%	64%	80%	90%	95%
顕在市場	0	1	2	5	9	16	24	31	35	38
（成長率）		∞	110%	115%	96%	85%	48%	28%	13%	8%
自社売上（件）	0	1	1	3	6	12	17	22	23	24
（自社シェア）		63%	62%	68%	72%	73%	72%	69%	66%	62%
自社売上（¥）	0	6	13	31	64	120	175	216	233	236
（単価）		10	10	10	10	10	10	10	10	10

売上見通しを作る

市場規模の推定方法がわかったところで、売上見通しの作り方を紹介しましょう。売上見通しは各期の売上高を示すもので、次の3段階で作っていきます。

①市場規模（顧客数と金額）を推定する
②顧客獲得ペースを設定する
③各期の獲得顧客数に単価を掛ける

最初に顧客数ベースの**市場規模**を考えてから、それを念頭に置いて、各期ごとの**獲得顧客数**がどのように伸びていくかを想定します。期間の設定は年次が基本ですが、立ち上げ時は重要なので、初年度は月次で展開しておくとよいでしょう。そして最後にマネタイズモデルの**客単価**（取引頻度×取引単価）を掛けて、各期の売上高を出していくわけです。

新規事業のターゲットの多くは潜在市場なので、その市場規模のフェルミ推計が必要です。既存事業の場合でも案外と市場の数字がないことも多く、また潜在市場の掘り起こしによって事業成長を担うこともあるため、やはりフェルミ推計が必要になります。

この3段階ステップの中で一番難しいのは、**顧客獲得ペースの設定**です。ロケットスタートを期待したいでしょうが、立ち上がり期は認知度や信用度がまだ低いので、思うようにいかないことが多いのです。そのため、特に対策がないのであれば、顧客獲得ペースは当初はゆっくりで、徐々に伸び率が増えていくという**S字カーブで想定**しておきます。

いずれにしろ、顧客獲得ペースを設定する場合には、根拠が必須です。「こうした営業・マーケティングや先行投資で、この顧客獲得ペースが実現できる」といった裏付けを示し、説得力をもたせることが大切です。

市場規模の推定は、売上見通しの前提条件なので、しっかり推定方法を覚えよう。また、顧客獲得ペースを設定するときは、数字のお遊びにならないように、どうやって顧客を増やすのか裏付けが必要だよ。

CFモデルの構築(2)
ーコスト構造と収支見通し

売上見通しができたら、コスト構造と収支見通しを検討します。その際、損益分岐点の分析が重要なポイントになります。

損益分岐点とは?

CFモデル構築の2番目のステップは、**コスト構造の設計**です。これには、**損益分岐点の分析**が必要です。事業のスタート時点では、売上がゼロでコストだけが生じていますが、売上が伸びていくと、売上とコストが等しくなる点に達します。その売上水準が「損益分岐点」です。売上が損益分岐点を上回れば、利益が出るようになります。つまり、損益分岐点は**事業の利益を出すために必要な売上**を示しているのです。

損益分岐点を売上とコストの関係からグラフに表すと、左図のようになります。このグラフを見るとわかるように、売上が伸びればコストも増加します。その理由は、コストに**固定費**（人件費や管理費など）と**変動費**（原材料費や仕入費など）があるからです。

固定費は売上と関係なく一定ですが、変動費は売上に比例して増えていきます。そのため、損益分岐点を求める際には、まずコストを固定費と変動費に分類しなければなりません。

コスト構造を設計する

では、具体的にコスト構造の設計の仕方を見ていきましょう。

まず、**バリューチェーンで検討したコスト項目**を固定費と変動費に分けます。次に、人件費や設備の減価償却費などの**固定費**と、**変動費率**（売上高に対する変動費の割合）を設定します。たとえば、売上高が1000万円の場合に、仕入れなどの変動費が200万円かかるとすれば、変動費率は20％になります。

そしてこれらをもとに、次の計算式で「損益分岐点達成時の売上」を求めてみます。

●損益分岐点売上＝固定費÷（1－変動費率）

たとえば、固定費の水準が6000万円で、変動費率を20％に設定した場合なら、「6000万円÷（1－0・2）で損益分岐点売上は7500万円です。

こうして求めた損益分岐点達成時の売上が、**市場規模と比較して現実的な売上**になるように、コストや価格を調整していくのです。「損益分岐点売上がこれくらいなら大丈夫」という確実な数値はないのですが、仮に損益分岐点達成時の売上が金額規模の市場の80％だったなら、市場シェアが8割ないと利益が出ないと

損益分岐点の考え方

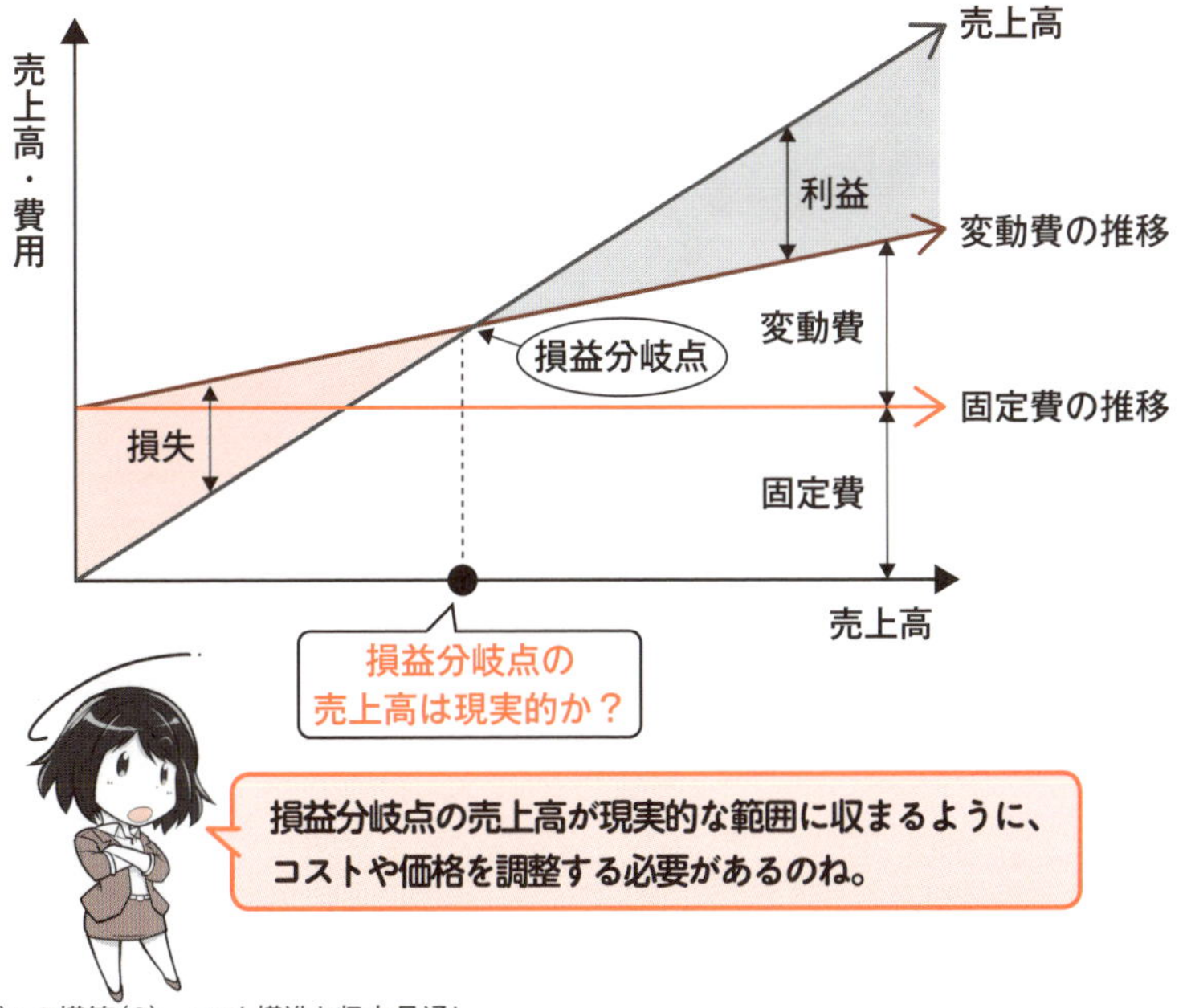
売上高・費用
売上高
利益
変動費の推移
変動費
損益分岐点
固定費の推移
損失
固定費
売上高
損益分岐点の売上高は現実的か？
損益分岐点の売上高が現実的な範囲に収まるように、コストや価格を調整する必要があるのね。

いうことなので、相当厳しいと言えます。

このように損益分岐点売上が高すぎる場合、実現可能な範囲に**損益分岐点売上を低下させる**必要があります。具体的には、次のようなアプローチで損益分岐点売上を低下させることができます。

●ムダを削るなどして固定費と変動費を下げる

●価格を上げるなどして変動費率を下げる

収支見通しを作る

コスト構造の設計ができたら、いよいよ**収支見通し**の作成です。これは、表計算ソフトに以下の項目を入力して、キャッシュフローの値を算出していきます。

- **各期ごとの売上（「売上見通し」より）**
- **各期ごとのコスト（固定費と変動費）**
- **初期投資額および追加投資額**

各期の売上からコストや投資額を差し引いたものが、その期における**期間キャッシュフロー**になります。期間ごとのコストの中の変動費は、「売上×変動費率」で算出します。

収支見通しの作成例

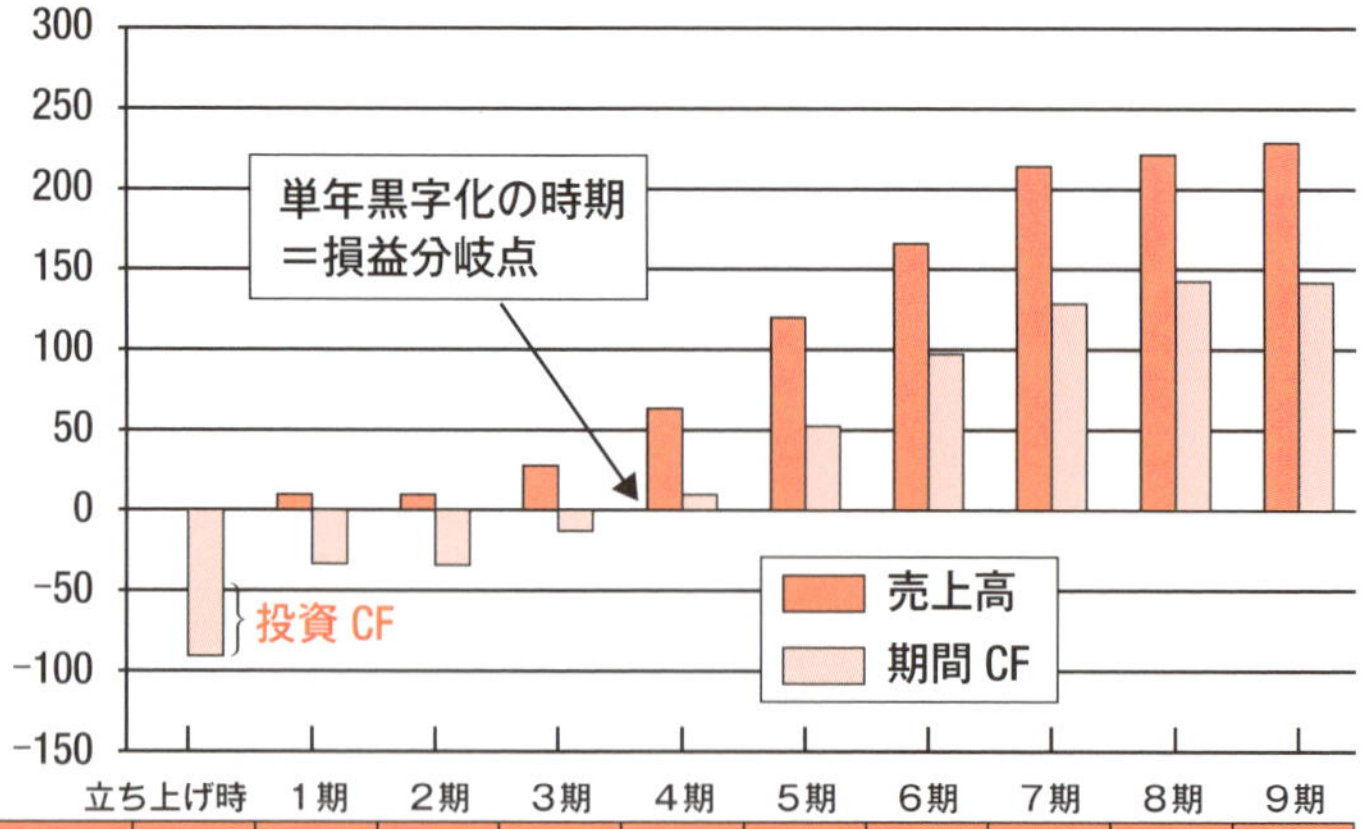

	立ち上げ時	1期	2期	3期	4期	5期	6期	7期	8期	9期
自社売上	0	6	13	31	64	120	175	216	233	236
コスト計	40	41	43	46	53	64	75	83	87	87
固定費	40	40	40	40	40	40	40	40	40	40
変動費	0	1	3	6	13	24	35	43	47	47
（変動費率）	20%	20%	20%	20%	20%	20%	20%	20%	20%	20%
営業CF	−40	−35	−30	−15	11	56	100	133	146	149
投資CF	−50									

立ち上げ時は売上が小さく、期間キャッシュフローはマイナスが続きますが、これがプラスになる年度から利益が生じるようになります。収支見通しで、単年度黒字化の時期（損益分岐点の達成時期）がわかったら、単年度黒字化の時期を早められないかを検討してみましょう。

単年度黒字とは、その年の売上がその年のコストを上回った状態です。単年度黒字化の時期を早めるには、コスト抑制のほか、顧客獲得ペースを上げる、価格を上げるといったことを検討します。

もちろん顧客獲得ペースを高めるためには、営業・マーケティングの活動コストを増やすといった連動性もあります。顧客数の伸びや価格水準、コストなどのトータルな見直しや調整が必要になるということです。

収支見通しの調整で成立条件を明確化

収支見通しの作成目的を簡単に言えば、その事業における利益額の目標を達成できるように**売上高やコスト、投資額を最適な数値に調整する**ことです。事業を成立させるために、どのくらいの売上、コスト、投資が必要なのかを明らかにしていくわけです。

収支見通しの検討を通じて、事業の特性や事業展開に必要な勘所《かんどころ》がわかってきます。たとえば、「この事業のポイントはマーケティングであり、その費用を1億円に抑えて、担当者1人あたり500万円の獲得効率であれば事業が成立する」「その条件を満たすマーケティング施策は？」などと、実際のアクションへの示《し》唆《さ》を導くことができます。

このような過程を通じて、事業についての「手触り感」や「肌感覚」を得ていくわけです。

コスト構造は、まず実現可能な損益分岐点売上高を想定し、それに見合うように調整していく。さらに、収支見通しによって、事業が成立する最適な売上高やコスト・投資額を探って、CFモデルを作っていくんだ。

CFモデルの構築（3）―資金見通しとシナリオ作成

資金面からも事業の成立条件を探ります。さらに、シナリオ別に事業の可能性とリスクを示すことで、CFモデルが完成します。

事業の可能性をシナリオでアピールするのね

資金見通しを作る

前節の「収支見通し」で必要なコストや投資額が明らかになるわけですが、事業を立ち上げるには、初期投資や赤字期間の支出などを勘案した**資金見通し**を考える必要があります。資金見通しで、まず確認しなければならないことは次の2点です。

●事業成立までの必要資金総額
●投資した資金の回収期間

これらは、収支の見通しで算出した期間キャッシュフローを累積化した**累積キャッシュフロー**を出すことで求めることができます。

多くの場合、事業の初年度は初期投資が必要で、また売上も小さいため、期間キャッシュフローが赤字になります。次年度も営業赤字が続けば、それが初年度のマイナス額に上乗せされ、累積損失として蓄積していきます。そして、ちょうど単年度黒字化（損益分岐点の到達時）のタイミングで累積損失がピークとなります。このときの累積損失額が最大資金需要、つまり**必要資金総額**です。

黒字化以降は、累積損失が解消されていき、しかるべき時期に累積損失が一掃されます。この資金投入から累損一掃までの期間が**資金回収期間**です。

事業参入についての経営判断において、この必要資金総額と資金回収期間が現実的なものかどうかが、重要なポイントとなります。

資金繰りの改善を検討する

資金見通しで確認できた必要資金総額は、手持ちの資金でカバーできればよいのですが、足りなければ借入や増資による**資金調達を検討する**ことになります。しかし、営業赤字の時点では、金融機関からの借入が難しく、増資するにも株価の交渉が不利になるのが現実です。

資金見通しが苦しい状況だとわかれば、以下の点を検討してみることが大切です。

●**初期投資を抑える**
●**収支見通しを調整する**
●**資金繰りを改善する**

このうち見逃されがちなのは、資金繰りの改善です。

主な手法としては、**仕入から売上金回収までの日数の**

資金繰りはとても重要

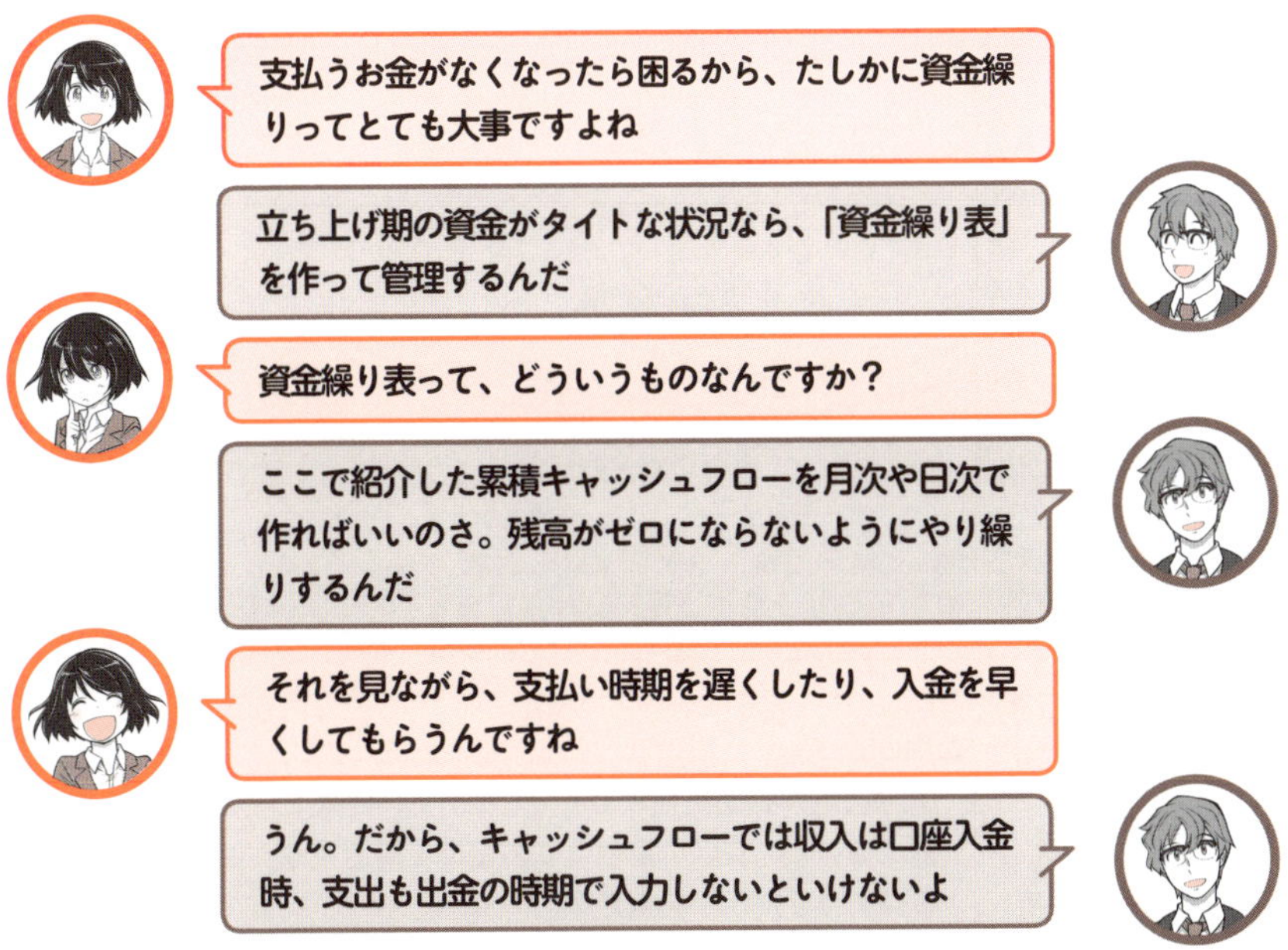
支払うお金がなくなったら困るから、たしかに資金繰りってとても大事ですよね
立ち上げ期の資金がタイトな状況なら、「資金繰り表」を作って管理するんだ
資金繰り表って、どういうものなんですか？
ここで紹介した累積キャッシュフローを月次や日次で作ればいいのさ。残高がゼロにならないようにやり繰りするんだ
それを見ながら、支払い時期を遅くしたり、入金を早くしてもらうんですね
うん。だから、キャッシュフローでは収入は口座入金時、支出も出金の時期で入力しないといけないよ

短縮があります。この回収日数のことを**キャッシュ・コンバージョン・サイクル（CCC）**と言います。

通常は先に仕入代金を支払い、あとから売上金を回収します。CCCが長ければ、仕入代金を払うばかりなので、多くの資金が必要になってしまいます。しかし、CCCを短縮できれば、仕入代金をすぐに売上金から支払えるので必要資金は少なくて済みます。さらに、仕入先との交渉で売上金の回収後に仕入代金を払う条件にできれば、資金調達も不要になります。

たとえば、2012年の米国アップル社のCCCは「マイナス20日」だったそうです。これは売上金回収から20日後に仕入代金を支払う状態なので、売上が伸びるほど手元にキャッシュが積み上がるわけです。

複数のシナリオを作る

最終ステップは、**シナリオの作成**です。事業成立の条件を満たすCFモデルと言っても、企業が新規事業を立ち上げる場合は保守的な見通し、起業家の場合は強気の見通しになる傾向があるようです。

累積キャッシュフローとシナリオ

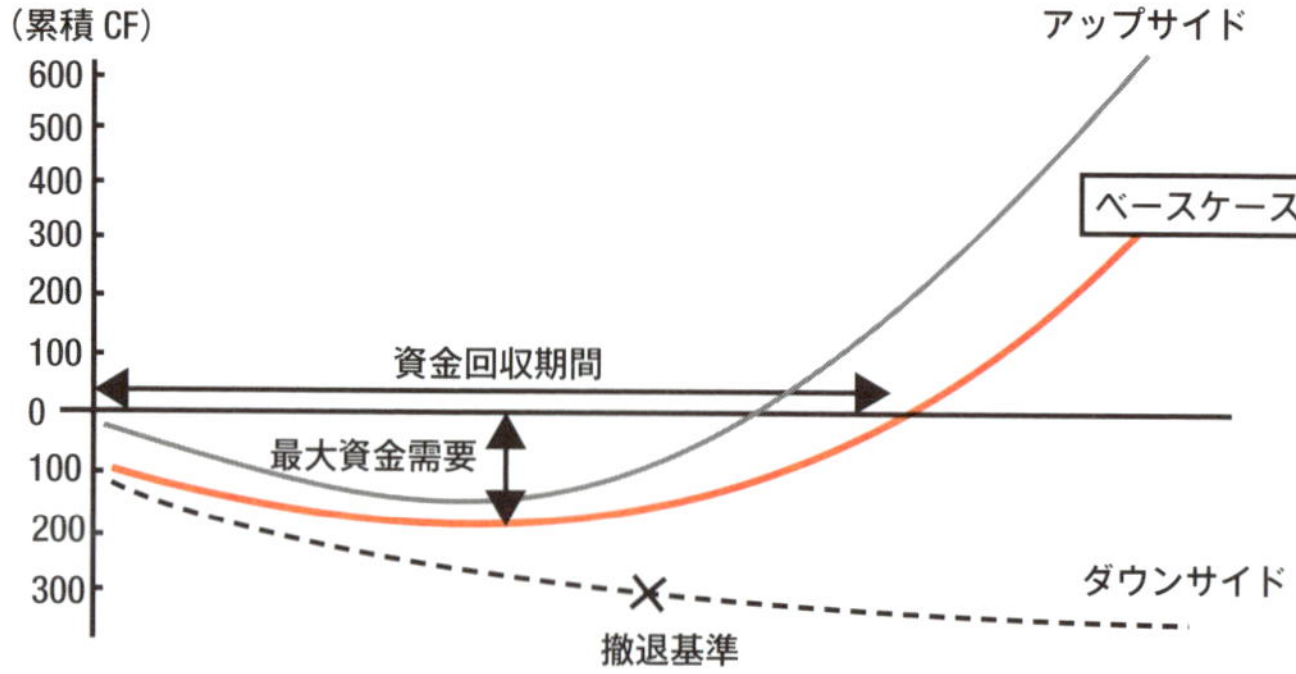

（累積 CF）
600
500
400
300
200
100
0
100
200
300
アップサイド
ベースケース
資金回収期間
最大資金需要
ダウンサイド
撤退基準

	立ち上げ時	1期	2期	3期	4期	5期	6期	7期	8期	9期
期間CF	-90	-35	-30	-15	11	56	100	133	146	149
累積CF	-90	-125	-155	-170	-159	-103	-3	130	276	425

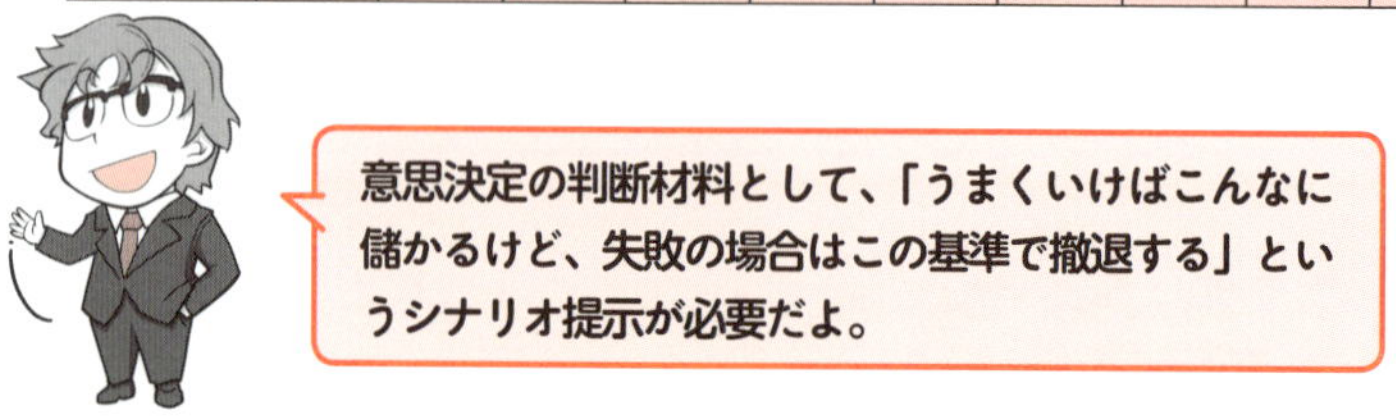

意思決定の判断材料として、「うまくいけばこんなに儲かるけど、失敗の場合はこの基準で撤退する」というシナリオ提示が必要だよ。

売上見通しや価格設定、コストなどは状況に応じて変動する可能性があり、努力によって改善することもできるので、キャッシュフローの見通しはひとつだけに限られません。そこで、最も現実的で妥当なＣＦモデルを**ベースケース**として示しつつ、それよりさらにうまくいくことを想定した**アップサイドケース**、失敗を想定した**ダウンサイドケース**といった複数のシナリオを議論の場に提示するのです。

事業計画のプレゼンテーションの際、確実に達成できそうな数字を並べるだけでは迫力がなく、アピール不足です。その事業のもつ魅力を納得してもらうために、アップサイドケースのシナリオも見せて、「努力や創意工夫によって、こんなに大きな収益が期待できる」という事業の可能性を示すことが重要です。

リスクを示すシナリオも必要

シナリオでは、事業の可能性のみではなく、最悪の場合のリスク（損失額）もきちんと示す必要があります。私が作った新規事業の法則に、「売上は思った通りにはいかず、コストは思ったよりもかかる」というものがあります。場合によっては、営業赤字が続いて累積損失がかさむ一方という状況にもなります。

経営で一番困るのは、その事業が失敗であっても、見切りをつけられず、ずるずると赤字を垂れ流すことです。それを防ぐために、「もし累積損失がこの額に達したら撤退する」という撤退の判断基準を設定し、**リスクを限定**しておきます。そうすることで、むしろチャレンジの判断がしやすくなるのです。

なお、実際に事業撤退をする場合、累積損失額のほかに撤退費用もかかります。したがって、最大リスクの額は**撤退時の累積損失額＋撤退費用**となります。

資金見通しによって、事業にどれだけの資金が必要かわかるので、資金回収の改善など資金調達の工夫を検討しよう。そして、事業から撤退する場合の最大リスク（最大損失額）もシナリオでしっかり示しておこう。

コラム

フェルミ推定で早めに数値を確認しておこう

市場規模やコストの推計があれば検討が進む

5章P222で「フェルミ推定」について解説しましたが、慣れれば簡単にできるので、気になる数値はすぐに試算してみるクセをつけることが大切です。特に次のような数値は、フェルミ推定で早めにわかれば、事業検討がしやすくなります。

- 潜在市場の規模や需要予測
- 実行上のコスト
- 顧客にとっての経済的価値

事業の可能性をしっかり伝えるためにも、まず市場や需要の大きさを推測しておくことが重要です。その際、初期ターゲットはもちろんですが、本格的な成長を担う成長ターゲットがだいたいどのくらいの規模なのかも、アタリをつけておきましょう。何となく「巨大市場」と言うのと、「3千億円の市場」と言うのとでは、イメージがまったく違います。

コストも安くできるのか、結構かかるのか、先に具体的な数値を示せば、実現のために何を検討すべきかという議論も自然と出てきます。

顧客にとっての価値もフェルミ推定で定量化

3つめは、顧客がどのくらいの経済価値を得られるのかです。いくら機能的に優れた製品・サービスでも、顧客にとってメリットがなければ、うまくいきません。そこで、その製品・サービスによって、顧客にどのくらいの収入増やコスト減が期待できるかを推計しておきましょう。

このあたりが曖昧《あいまい》なままだと、自信をもって価格設定ができません。安易な価格競争ではなく、お客さんが喜んでお金を払ってくれる付加価値で勝負するためには、価値の定量化が大事なステップです。

これらのフェルミ推定は、たとえば喫茶店でお茶でも飲みながら、それこそナプキンやレシートの裏でもいいので、書き出してやってみてください。思いつき段階では、もちろん精緻《せいち》な数値にはなりませんが、まずはケタがわかればいいのです。そうした姿勢が、思いつきを形あるものにしていく秘訣です。

第6章

人を動かす事業計画書

第6話　事業の意義が伝われば実現への扉が開く

スキルのある子育て中の社員を活用し、企業の利益を大幅にアップする
新ウェブ事業〝子育てナビゲーションシステム〟を提案します
"子育てナビ"
働く親子の為の育児ナビゲーションシステム
子育て中の社員は何らかの事由により突発的に休んだり時短勤務などの状況にあります
しかし、子育て中の社員も思いきり働きたい、会社に貢献したい
優秀な子育て中の社員をフル活用したいと思っている企業もあります
会社

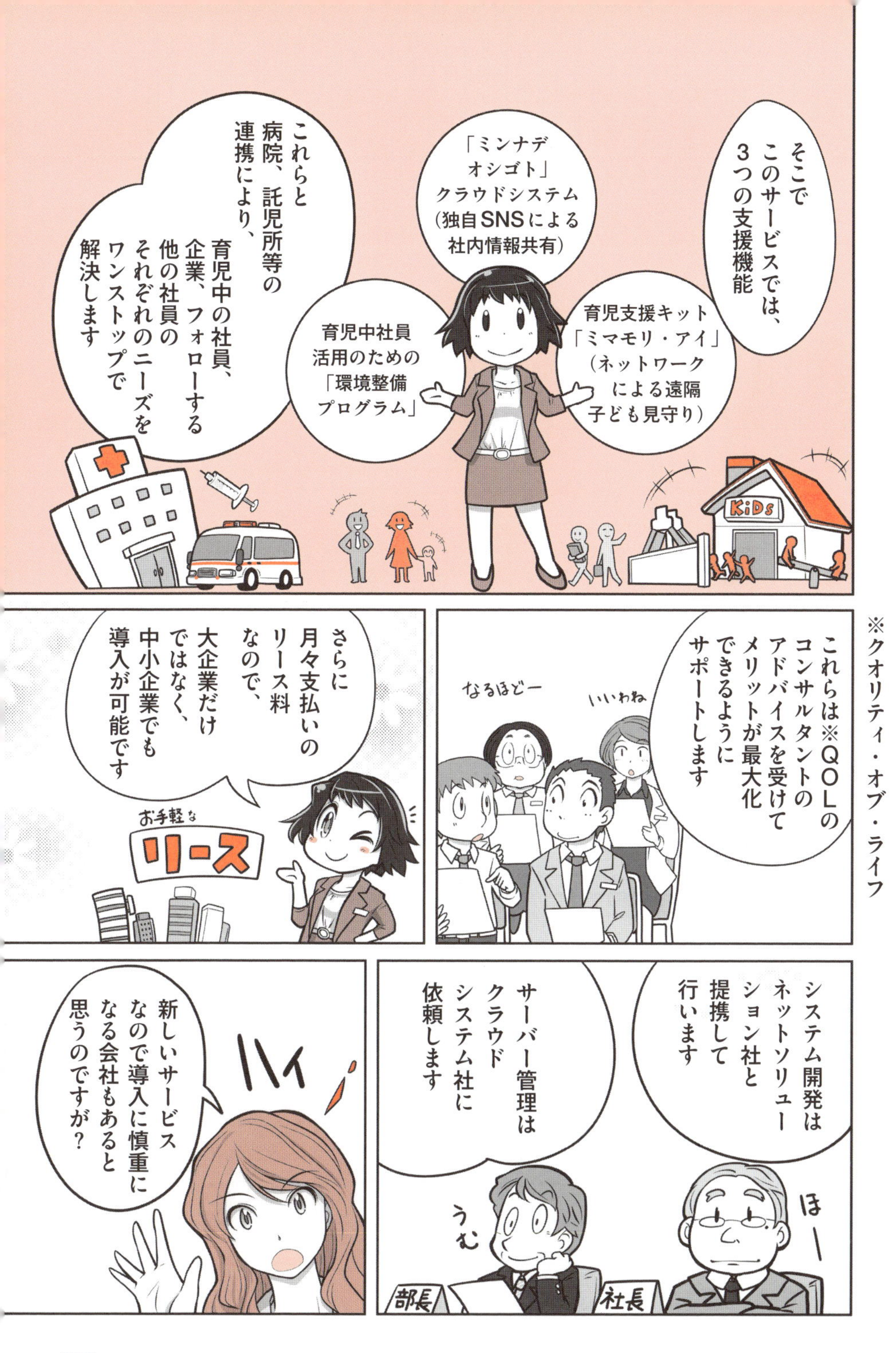
そこで
このサービスでは、
3つの支援機能
「ミンナデオシゴト」クラウドシステム（独自SNSによる社内情報共有）
育児支援キット「ミマモリ・アイ」（ネットワークによる遠隔子ども見守り）
育児中社員活用のための「環境整備プログラム」
これらと病院、託児所等の連携により、育児中の社員、企業、フォローする他の社員のそれぞれのニーズをワンストップで解決します
KiDS
これらは※QOLのコンサルタントのアドバイスを受けてメリットが最大化できるようにサポートします
いいわね
なるほどー
※クオリティ・オブ・ライフ
さらに月々支払いのリース料なので、大企業だけではなく、中小企業でも導入が可能です
お手軽な
リース
システム開発はネットソリューション社と提携して行います
サーバー管理はクラウドシステム社に依頼します
ほー
うむ
社長
部長
ハイ
新しいサービスなので導入に慎重になる会社もあると思うのですが？

はい、
いきなり全体導入
ではなくまず数名の
部署単位から
お試しで利用
できるように
してあります
必要な受注件数は
損益分岐点の
グラフの通り
おさえられるので、
確実に達成
できます
達成!
今後のサービス開発、
追加も可能なので
将来の大きな展開も
見込めます
部長
ガタッ
ドキッ
詰める部分は
多々ありそうだが

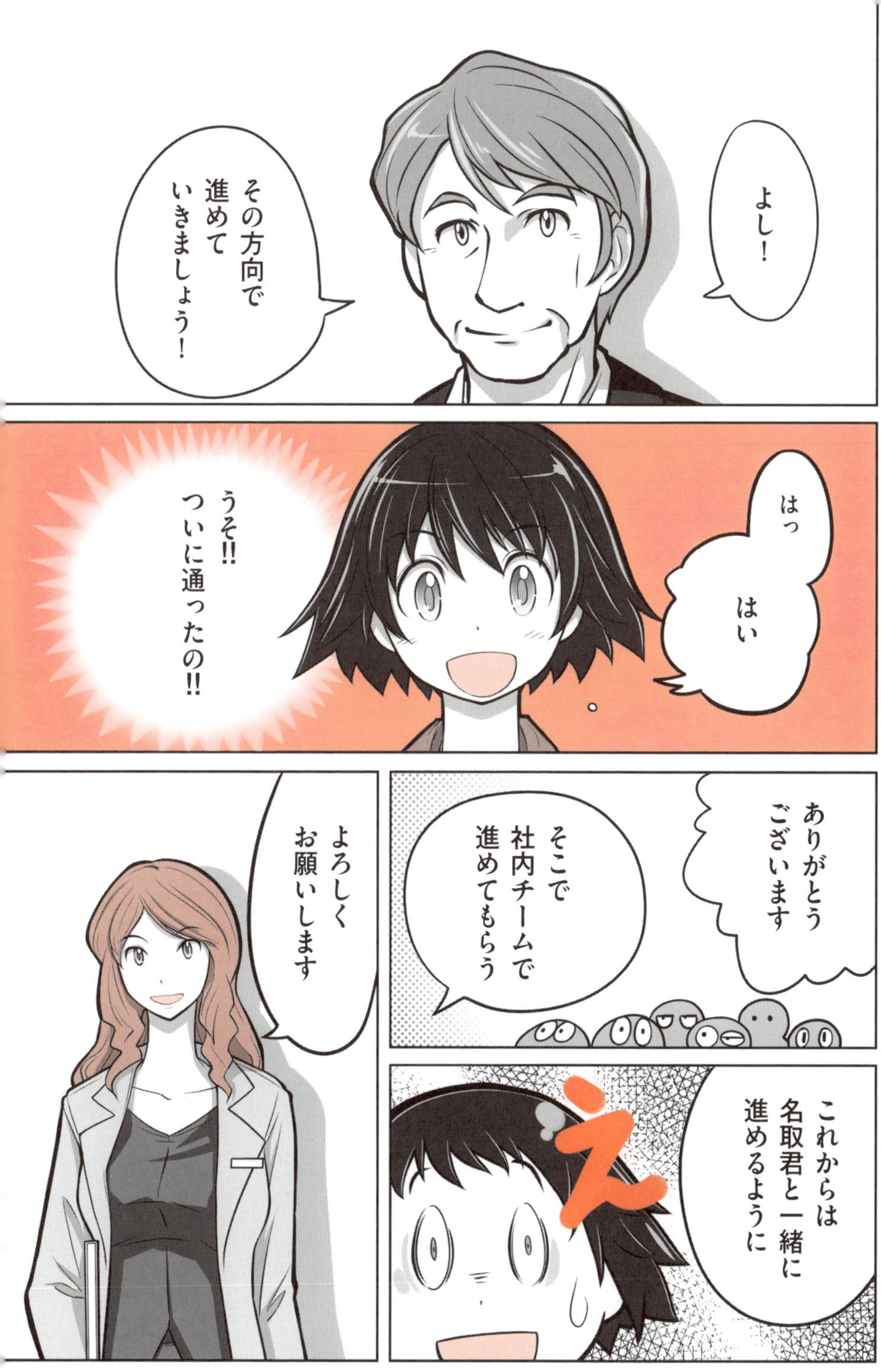
よし！
その方向で進めていきましょう！
はっ
はい
うそ!!ついに通ったの!!
ありがとうございます
そこで社内チームで進めてもらう
よろしくお願いします
これからは名取君と一緒に進めるように
え

よろしくお願いします！
今までの資料をすべてまとめてもってきてください
これからは私に報告してね
サービス開発のトライアル段階に入るわ
机上の空論ではなく自分の目で確かめる必要があるのよ
はい…
……
よかったねやっと通ったんだ

はい…でも名取さんは私なんかの考えた事業に不満があるんじゃないかと不安で…
そうかな…？
名取さんはそう思ってないと思うよ
彼女は大局的に物事を考えられる人だから
君が彼女を納得させられるかにかかっているよ
大局的
彼女を信じて！
…はい
これからは使う顧客や関係者の生《なま》の声を確認してサービスをニーズに合致したものにしていくんだ
完成度UP
フィードバック

顧客候補にしっかり確認しながらここまで進めてきたけど…
「いいね！」って言ってくれた会社や利用者が本当に便利に使ってくれてお金を払ってくれるかどうか…
イイネ
イイネ
イイネ
うーん
……
確かにそこまでは確認できてない
目論見《もくろみ》と違うことになるかもしれないし
でもね！
逆にもっといいアイデアが出てくるかもしれない
実際のサービスインまでどこまで提供価値を高められるかが勝負だ

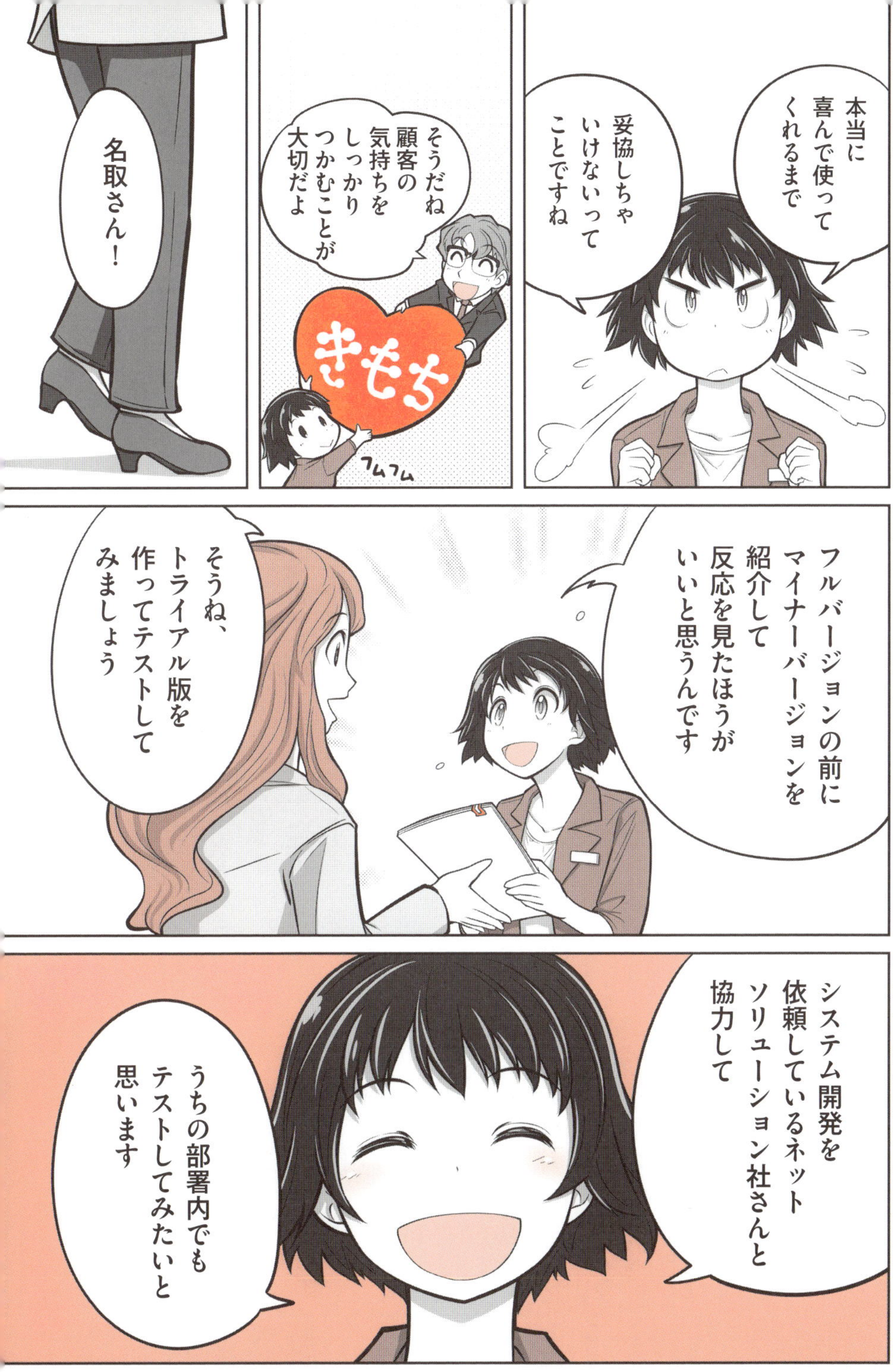
本当に喜んで使ってくれるまで
妥協しちゃいけないってことですね
そうだね顧客の気持ちをしっかりつかむことが大切だよ
きもち
フムフム
名取さん！
フルバージョンの前にマイナーバージョンを紹介して反応を見たほうがいいと思うんです
そうね、トライアル版を作ってテストしてみましょう
システム開発を依頼しているネットソリューション社さんと協力して
うちの部署内でもテストしてみたいと思います

事業計画書は人を巻き込むツール

事業の骨子を固めたら、いよいよ事業計画書を作成します。その際の心構えを、第1章でふれたポイントを含めて整理しておきます。

明確なメッセージと
確信が伝わることを
目指さなくちゃ

みんなの議論で事業計画書を磨こう

事業計画書は、あなたの発想を現実化させるための重要なツールです。まずは叩き台を作り、それをもとに協力者を巻き込んで議論を重ね、**共通認識**を創り出していきます。その「共通認識」が、ゼロから事業を生むための背骨となります。

当初の事業アイデアは、あなたの単なる思いつきにすぎないかもしれません。けれど、協力者と意見を戦わせながら検討を進めていく過程で、**事業内容や訴えたいメッセージ**が結晶化され、人を動かす力が生まれてきます。

自分の頭の中だけでこねくりまわしていても、事業計画はできません。アイデアを言葉や文字や絵にしてまわりの人に伝え、フィードバックをもらいながら、確度の高い事業計画へと徐々に磨いていくのです。まわりが手伝いたくなる魅力的な事業計画を目指して、不断に改善していく努力が大切です。

事業の意義が最重要

第1章では「よい事業計画書の条件」として、以下の3つを挙げました。

①取り組む意義（Why）が明確
②取り組む内容（WhatとHow）が具体的
③根拠（Why so）が示されている

最初の2つはあなたが伝えるべきこと、つまり「メッセージ（言いたいこと）」です。特に**取り組む意義**がとても重要です。いくら事業をアピールしようと、相手がその事業の意義を感じてくれなければ、どうにもなりません。事業を立ち上げるためには、まわりの人にも事業の意義に共感してもらう必要があるのです。

具体的な「意義の中身」はさまざまです。例を挙げてみると、次のようなものがあります。

●メリットの獲得
●デメリットの回避
●方向性との合致
●未来図の実現

あなたの事業にとっての意義は何でしょうか。事業検討の過程で見えてきた事業の可能性、あなたがその事業に取り組もうと思った理由、さらにはまわりの共感を生んだポイントなどが、「意義の中身」になり得

事業に取り組む意義は何？

メリットの獲得	・売上・利益がアップする ・組織の評価やブランドが高まる など
デメリットの回避	・減収を食い止められる ・組織の課題が解決できる など
方向性との合致	・経営にとってインパクトがある ・全社方針の中での位置付けや意味がある
未来図の実現	・「顧客のあるべき姿」（P137 参照）が実現できる ・社会環境の変化に対応できる

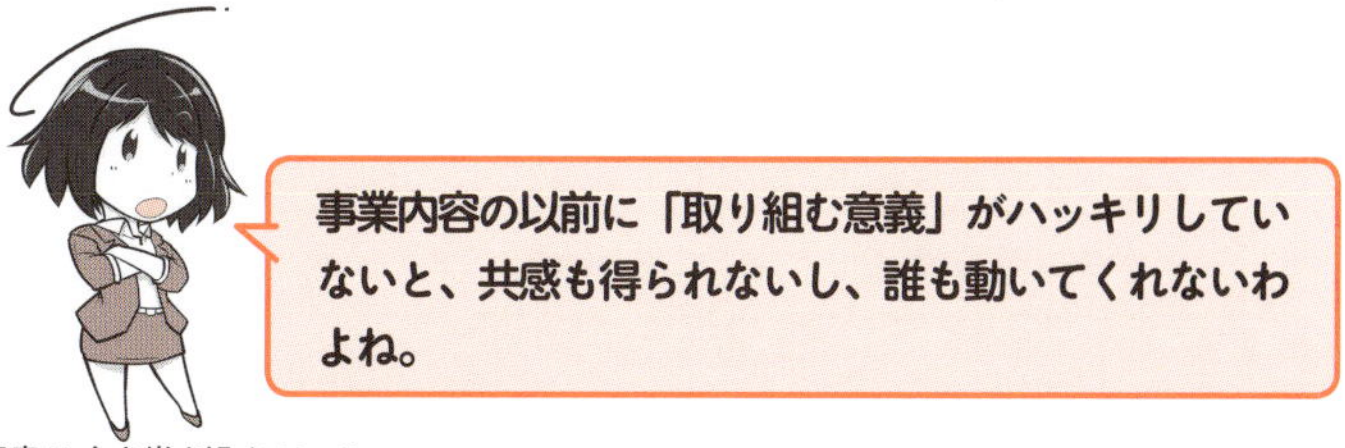
事業内容の以前に「取り組む意義」がハッキリしていないと、共感も得られないし、誰も動いてくれないわよね。

ます。人を動かすためには、**その意義をきちんと言語化する**ことが重要です。

具体性に裏打ちされたビジョンを

取り組む意義を言語化する場合、「消費者の幸せのために」といったどうにでも取れるお題目を並べても、意味がありません。「実現したいビジョン」がビビッドに伝わるようにすることが大切です。

そのためには、「何をどうやるのか」という**取り組み内容を具体化**しておく必要があります。取り組み内容は事業計画のコア部分なので、それが抽象的なままだと、取り組む意義も曖昧《あいまい》なものになってしまい、まわりの人を動かす力が生まれてこないのです。

つまり、「実現したいビジョン」の中で、プロダクトやサービスを具体的にイメージさせることが重要なわけです。アップル社の創業者である故スティーブ・ジョブズは、プレゼンテーションの名手と言われましたが、彼がビジョンを語ると、周囲はその未来がもう実現しているかのような錯覚《さっかく》を覚えたそうです。それ

言い切るためには根拠が大事

う～ん、言い切る勇気かぁ…。たしかに「～かも知れない」とか、「～の可能性があります」って言っちゃいますよね

そう、何かあったときに困るから、無意識に「保険」をかけちゃうんだよね

それじゃあ説得力がありませんね

本人が言い切らないと、誰も言ってくれないよ。そういうところを見られてるのさ

やってる本人が確信をもたなくちゃ！ってことですね

もちろんカラ元気じゃなくて、顧客の声などでその根拠をきっちり検証しておくことが大事だよ

は、彼の語るビジョンが具体性に裏打ちされたものであったからです。

言い切る勇気をもとう

人は「確信」をもって語るリーダーに惹《ひ》かれます。スティーブ・ジョブズのように、目指すべき未来について具体的に確信をもって語ることが重要であり、その熱意と自信が「共感」を生むのです。

もちろん、事業を立ち上げるには、単に共感してもらうだけでは不十分です。第三者を納得させて巻き込んでいくためには、**その事業で儲《もう》かるという根拠**が必要になってきます。根拠の示し方として、たとえば次のようなものが挙げられます。

・トライアル販売の結果、競合の売上実績
・顧客や関係者への直接インタビューやアンケート
・収支見通しなどの財務シミュレーション
・記事や統計などのパブリックデータ

しかし、いくら根拠があったとしても、実際の未来が完全にわかるわけではありません。できるだけ客観的な根拠を示そうとすれば、資料も大量になり、ごちゃごちゃとわかりにくくなります。また、結局わからないことが残るので、根拠の書き方や言い方に「逃げ」が入ってしまう場合もあります。それでは相手を説得して行動を促すことは難しいでしょう。

結局、最後はあなたが**その事業の可能性を言い切る勇気**をもてるかどうかです。現実のプレゼンテーションの場で、老練な意思決定者が本当に知りたいことは、実は根拠ではありません。彼らは、あなたがその事業に腰を据《す》えて取り組もうとしているのかどうか、「本気度」を見ているのです。

事業計画書の最大の目的は、計画書を作ることを通してまわりの人を巻き込み、事業に向けて人を動かすことなんだ。人を動かすために必要不可欠なものは、あなたの熱意と確信だよ！

説得力のある事業計画書を作ろう

実際の事業計画書の作成は、どんな点に注意してどのように進めていくのか、基本的知識をここで解説しましょう。

目的と相手の理解度に
合わせたものを
作ることが大切なのね！

事業計画書を考えるポイント

事業計画書やプレゼン資料は、以下の3つのポイントを考えていきます。

①ストーリー（説明する項目とその順序）
②コンテンツ（各項目の具体的内容）
③デリバリー（プレゼン時の口頭説明と質疑応答）

ストーリーは、事業計画書のいわば「全体構成」です。わかりやすくて説得力のある事業計画書にするためには、何の項目をどんな順番で説明するかを考えなければなりません。また、ストーリーには、プレゼンテーションの予定時間の長さによっていくつかのパターンがあります。

コンテンツは、それぞれの項目の中に盛り込む内容です。内容は抽象的ではなく具体的に、分量は必要十分であることが大切です。また、スライド形式のコンテンツの場合は、読み手・聞き手の理解を促すビジュアルデザインも考える必要があります。

最後の**デリバリー**は、プレゼンテーションでの口頭説明と質疑への対応です。単に資料配布をするだけなら不要ですが、最近はほとんどの場合に口頭説明が求められます。人によって巧拙《こうせつ》の差が出る部分です。

目的によって内容は変わる

これらのポイントを検討するうえで、まず考えなくてはいけないことは、**誰にどんな目的で事業計画を伝えるのか**です。たとえば以下のようなものがあります。

・協力者を獲得したい
・社内の決裁がほしい
・投資家や金融機関の支援を受けたい
・社外の提携候補に事業を理解してもらいたい
・顧客候補から購買意思の感触をつかみたい

こうした目的に応じて、事業計画書に盛り込む項目や内容が異なってきます。第1章のP26で紹介した「ひな型」は、一般的な項目を網羅《もうら》した例です。そうしたものを参考にしながら、相手によって盛り込む内容にメリハリを付け、相手にしっかり理解してもらえる最適な構成を考えるわけです。

事業展開には、社内外の関係者の理解と協力が必要です。それぞれの関係者に示す資料のポイントを下図に挙げたので、参考にしてください。

事業計画書で誰に何を伝えるのか？

伝える相手	目的	盛り込む内容
①自分自身・協力者	頭の整理と確信を高める、協力者を募る	事業の背景や目的、目指す姿などを強調。起業家の場合は自分自身の紹介も加える
②社内関係者・意思決定者	協力の取り付け、推進の決裁	取り組む意義や基礎知識を示す。すでに共有済みの場合は具体的内容に集中
③資金パートナー	出資や融資（借入）の獲得	投資家には成長性と現状、金融機関には安定性と実績を示す
④事業パートナー	運営や顧客開拓など事業面での協力・支援	事業の可能性、相手が協力をする意義、相手側の収益やメリット、シナジー（相乗効果）、役割分担など
⑤顧客候補	簡易的な顧客検証・需要確認の一環	サービス内容の具体的説明・イメージ（提供価値、価格。製品の場合はデザインやサイズも）

伝える内容は相手によって変わってくる。最適な内容でしっかり理解してもらおう。

相手の理解度を考慮する

事業計画書の作成においてもうひとつ大切なことは、**相手の理解度**をしっかり考慮して必要な提示内容を決めることです。

相手がその業界や事業に理解や知識があれば、説明は楽でしょう。しかし、事業計画書が難しいのは、基本的にそれがわかっていない人を対象に説明しなければならない点です。相手の理解度を想像しつつ、どんな資料が必要なのかを考えなければいけません。

日常業務で説明慣れしている人でも、自分がのめり込んでいる事業計画となると、実現させたい思いばかりが先に立ち、相手の理解度を想像しないケースが多くなります。

事業計画書の作成にあたっては、次の点を意識するようにしましょう。

●相手はどんな点に興味をもつのか
●相手がどこまでわかっているのか
●相手がわからない点をどう説明すべきか

事業計画書作りの効率的なステップ

「材料」の整理	ストーリー作成	コンテンツ(内容)作成
●「材料」を４つに分類する ①論点 ②メッセージ ③根拠 ④事例	●①論点と②メッセージを中心に説明の流れを考える。それを③根拠と④事例でサポートする ●余分な情報は入れない	●①論点や②メッセージが伝わるように盛り込む内容を考える ●スライドのデザインは「わかりやすくシンプル」に

「説明目的」と「相手の理解度」を意識しながら作成することが大切なのね。

3つのステップで作成する

実際の事業計画書の作成は、前述した「説明目的」と「相手の理解度」を念頭に置いたうえで、以下のステップで進めていきます。

①「材料」の整理
②ストーリー作成
③コンテンツ（内容）作成

まずは**「材料」の整理**です。事業検討の過程で出てきた検討結果などをいったん箇条書きにして吐き出します。伝えるべき内容はいろいろあると思いますが、すべて盛り込むことはできません。そこで、**論点**（検討が必要な事項）、**メッセージ**（言いたいこと）、**根拠**、**事例**の4つに整理します。

次の**ストーリー作成**では、事業の魅力が伝わるように、何をどんな順序で語るかを検討します。その際、まず論点とメッセージを中心に説明の「流れ」を考え、根拠や事例で肉付けして説得力を高めていくわけです。

ここではネタの取捨選択が重要です。余計な情報は入れません。ストーリーには基本形がありますが、それについてはＰ252以降で解説します。

そして最後の**コンテンツ**は、全体の流れの中で「論点・メッセージ」と「根拠・事例」の整合性に注意して作っていきます。ポイントは「できるだけシンプルにわかりやすく」です。ストーリーを意識しながら、盛り込みすぎないことも重要です。

事業計画書は試行錯誤しながら何度も書き直す場合が多く混乱しがちなので、この大枠の流れを押さえて作成を進めましょう。相手への想像力、内容を整理できる論理力、内容を伝えられる言語力が求められます。

事業計画書は、誰にどんな目的で事業を説明するかを、まず考えることが前提。この前提がしっかりしていないと、実際の計画書作りに必要なストーリーもコンテンツも整理できなくなるよ。

6つの原則を守って ストーリーを作る

わかりやすさと説得力のカギは、ストーリーです。何をどんな順序で説明していくかをしっかり検討しましょう。

どうしたらもっと
わかりやすい
ストーリーになるの？

ストーリーの基本構造

事業計画書のストーリーは、いきなり細かい部分から作り始めると、全体が見えなくなって読み手にわかりにくいものになります。そこで、①**イントロ**、②**本文**、③**まとめ**という流れを念頭に置いて、その流れに適した項目を並べていきます。これがストーリーの基本構造です。

最初の「イントロ」によって、相手に受け入れの準備を整えてもらいます。人間の集中力は最初の5分で切れると言われているので、相手に興味を抱かせるためのイントロは「短時間で簡潔に」を心がけましょう。

通常、イントロには次のような要素を盛り込みます。

●事業の趣旨や目的、意義
●事業の可能性につながるエピソードや変化
●全体の概要と説明の流れ

そして「本文」では、検討した事業の中身を整理して伝えます。事業の中身となる主な項目は以下のようなものですが、分量が多い場合は、これらをいくつかの章に分けます。

●提供する製品・サービス
●ターゲット顧客とその課題

●ビジネスモデル
●実行・運営体制
●収支計画

最後の「まとめ」には、次の要素を入れます。

●大事なポイントの繰り返し
●今後の展開ステップ
●読み手・聞き手への要請事項

わかりやすいストーリーとは？

しかし、同じようにイントロ、本文、まとめという構造でストーリーを作っても、わかりやすいストーリーとそうでないものがあります。実はわかりやすいストーリーは、次の原則に即して作成されているのです。

①Ｗｈｙを先に示す
②全体像を先に示す
③メッセージから入る
④大事なことは繰り返す
⑤話の幹と枝葉を切り分ける
⑥できるだけシンプルにする

わかりやすさの6原則

①Ｗｈｙを先に示す	趣旨や目的、意義をしっかり示せば、なぜこの話が重要なのか、なぜ聞く必要があるのかをわかってもらえる
②全体像を先に示す	全体の概要を説明してから各論に入ることで、ストーリー内での個別部分の位置付けが理解しやすくなる
③メッセージ（結論）から入る	相手が本当に知りたいことは結論。それを冒頭で語ることで落ち着いて聞いてもらえる
④大事なことは繰り返す	最初と最後に重要事項を示すことで、相手の記憶に残り、聞きもらしも防げる
⑤話の幹と枝葉を切り分ける	情報量が多すぎるとわかりにくくなる。枝葉的な情報は参考資料で別に示す程度にしておく
⑥できるだけシンプルにする	相手に理解してもらうことが最大の目的なので、相手の理解度に応じて、複雑な事柄もシンプルに見せる工夫が必要

相手が何を聞きたいのか、理解できるのか、常に相手の立場に立ってストーリーを考えることが大切なのね。

Whyを先に示すとは、まず趣旨や目的、意義をきちんと伝えておくということです。相手に協力を望むときは、その理由（Ｗｈｙ）が明確でなければ話を聞いてもらえません。

次の**全体像を先に示す**というのは、個別部分をバラバラに説明するのではなく、全体の概要を先に述べてから、個別部分をあとで説明していくというものです。聞く側にとっては、全体説明から個別説明という流れのほうが、圧倒的にわかりやすくなります。

「メッセージから入る」が最重要

3つめに挙げた**メッセージから入る**という原則は、最重要の原則です。ここでいう「メッセージ」とは、あなたの伝えたいこと、相手が聞きたいことなどを総称したものです。

メッセージを相手の集中力が高い冒頭のタイミングで相手の頭にすり込むのです。

メッセージから入るだけで、かなり説明がわかりやすくなるのですが、それをしない人も多いようです。

メッセージって何だろう？

メッセージって大事なんですね

相手に伝える内容そのものだからね。相手に何を伝えるべきかわかってないといけないよ

言いたいことを並べればいいってわけじゃないんですね

うん、こちらが言いたいことだけではなく、相手の知らないことや疑問点に答えてあげないと

「言いたいこと」と「聞きたいこと」ですね！

そういうこと！　「根拠」とか「事例」なんかは特に相手が聞きたいことだね

結論はいろいろな検討をして最後に出てくるものなので、その「思考の順序」に沿って時系列で語るほうが、説明側にとって楽だからでしょう。けれど、それでは聞く側に負担がかかります。相手にすっきり理解してもうためには、説明側で一手間《ひとてま》かけて、結論が先という順序に組み替える必要があるわけです。

事業計画を説明する際、もし結論を最後にもってくると、それまで相手はこちらが何を話したいのかわからず、飽《あ》きてしまうかもしれません。相手が忙しい人なら、結論まで行き着かず時間切れです。

4つめは**大事なことは繰り返す**ことです。人間の頭は、同じ情報を何度か聞くと、それが大事だと判断して記憶しようとする性質があります。重要なメッセージは最初に述べ、最後にもう一度述べれば、しっかり相手の記憶に残るはずです。

シンプルさを追求しよう

5つめは、**幹と枝葉の切り分け**です。これは、本筋の情報と本筋でない情報とを区別して扱うということです。相手を説得しようとして、できるだけ多くの情報を盛り込みたくなりますが、情報量が多くなりすぎると、ポイントがボケてしまうので逆効果です。本筋でない情報は、参考資料として別に提示したほうがよいでしょう。

そして最後の原則は、**できるだけシンプルにする**ことです。相手にわかってもらうためには、複雑な事柄をどれだけシンプルに説明できるかがカギになります。事業検討をしてきたあなたにはシンプルに思える事柄でも、初めて聞く人には複雑に見えるものです。相手の理解度を考えて、シンプルさを追求することが大切です。

思いついたことをバラバラに説明していては、事業を理解してもらえないし、説得もできないよ。大切なことは、「わかりやすいストーリー」で事業を説明すること。ここに示した「6つの原則」を参考にしよう。

ストーリーのひな型（1）―時間が限られている場合

ストーリーを考える際、説明項目と順序を示すひな型があると便利です。ここでは短時間の説明用に使えるひな型を紹介します。

短時間の説明の場合は、簡潔な要約を心がけるのね

利用シーンに応じてひな型を選択

事業計画に関する書籍やＷｅｂ記事などで、よくストーリーの「ひな型」が紹介されていますが、事業内容や利用シーンによって、フィットするひな型は異なります。そこで本書では、利用シーンに合わせた次の４つのひな型を紹介します。

- ●エレベーターピッチ（30秒の説明用）
- ●ショートピッチ（5分の説明用）
- ●ベーシック（15分以上のプレゼン用）
- ●フルバージョン（配布用）

このうち、短い時間の説明に使う**エレベーターピッチ**と**ショートピッチ**のひな型はこの節で解説することにして、その項目を次頁の下図に挙げておきました。**ベーシック**と**フルバージョン**のひな型は、Ｐ２６０の「ストーリーのひな型（２）」で解説します。

ひな型の項目は、さまざまなケースに適合するように工夫してあります。しかし、実際にひな型を使う場合は、自分の事業に適合する項目を取捨選択したり、項目内の内容（コンテンツ）も、「初期時点ではこの内容だけにして、進捗《しんちょく》したらこの内容も」といった具合に追加していくとよいでしょう。

エレベータピッチは要約を提示

上司や投資家とエレベータに乗り合わせたといったような場面を想定し、30秒以内で説明できるようにするのが**エレベータピッチ**です。

ほんの短時間でその事業を理解してもらう必要があるため、**事業を簡潔に要約**し、ポイントをかいつまんで述べなければなりません。項目は次の3つです。

■何をするのか

予備知識のない人にもわかるように、簡潔に事業内容を述べます。抽象的な言葉や専門用語は、できるだけ避けましょう。例として次のようなものがあります。

・すべての書籍を60秒以内に手に入るようにする（アマゾン・キンドル）
・世界中の情報を整理し、世界中の人々がアクセスできて使えるようにする（グーグル）
・1000曲をポケットに（iPod）
・無印良品（良品計画）

（例の出典：『未来は言葉でつくられる』ダイヤモンド社）

エレベータピッチとショートピッチの項目例

		エレベータピッチ	ショートピッチ
サマリー	何をするのか	・どんなビジネスなのか	（左記内容と同様）
	取り組む価値	・巨大な潜在市場の存在 ・新しい変化、競合の遅れ ・技術と顧客のギャップ	（左記内容に追加） ・事業の将来性 ・このタイミングで行う理由
	これまでの進捗	・顧客数、検証結果 ・売上、利益	（左記内容に追加） ・顧客や投資家の声など
事業内容	具体的内容や対象顧客		・内容の具体的説明 ・ユニークな発見や洞察 （例）潜在的ニーズ、独自技術、競合が参入できない理由
	ビジネスモデル		・マネタイズモデル
実現と運営の方法	チーム体制		・創業者、社長、経営チーム ・アドバイザー、協力会社

※米国の投資会社「Yコンビネータ」のひな型を参考に作成

エレベータピッチもショートピッチも短い時間しかないから、項目の中で話す要点を絞り込まないとね。

■取り組む価値

その事業が成立したら大きな意義があることをシンプルに述べて、相手の興味を引きます。たとえば、「自社のビジョンや戦略との合致」「巨大な潜在市場」「新しい変化に競合が気付いていない」「この技術で顧客ニーズを取り込める」「このタイミングで行う理由」などといったものがあり得ます。

■これまでの進捗《しんちょく》

事業検討や推進準備がどこまでできているのか、進捗や実績を示します。顧客検証の結果のほか、獲得顧客数や売上の見通しなども伝え、準備や展開のスピード感を知ってもらうようにします。

この他、「問題、解決策、チーム体制または要望」という項目の立て方もあります。

ショートピッチには情報を追加

ショートピッチのひな型は、新規事業の概要を紹介する会議や対外的なイベントでのプレゼン大会などで利用でき、3～5分の説明に適しています。

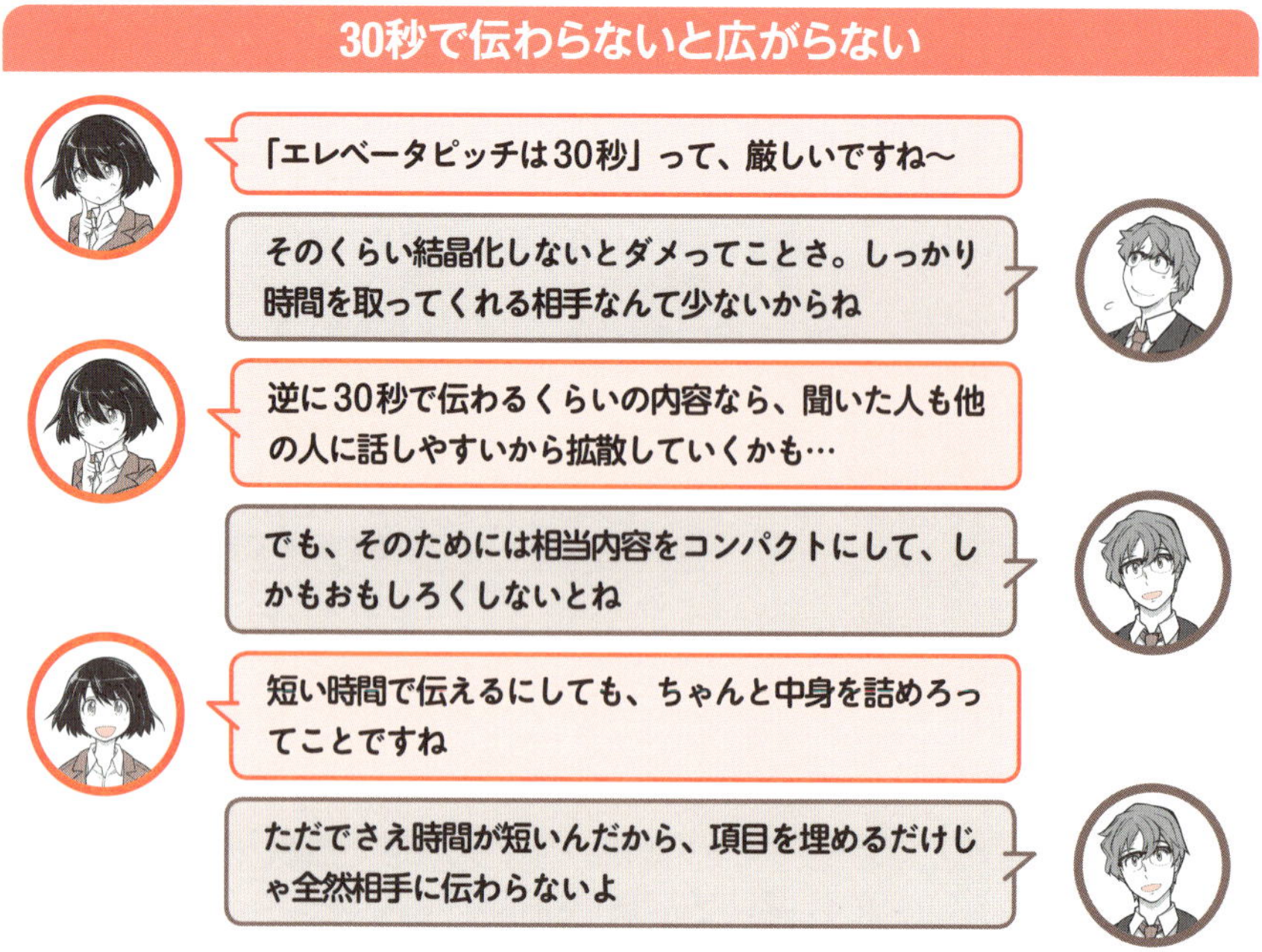
30秒で伝わらないと広がらない
「エレベータピッチは30秒」って、厳しいですね～
そのくらい結晶化しないとダメってことさ。しっかり時間を取ってくれる相手なんて少ないからね
逆に30秒で伝わるくらいの内容なら、聞いた人も他の人に話しやすいから拡散していくかも…
でも、そのためには相当内容をコンパクトにして、しかもおもしろくしないとね
短い時間で伝えるにしても、ちゃんと中身を詰めろってことですね
ただでさえ時間が短いんだから、項目を埋めるだけじゃ全然相手に伝わらないよ

ショートピッチの項目は前頁の下図の通りですが、「何をするか」「取り組む価値」「これまでの進捗」の3つは**エレベータピッチと同じ項目**です。説明時間の範囲内で、「取り組む価値」の内容に事業の将来性などを盛り込んだり、「これまでの進捗」の内容に利用者や関係者の声などの情報を加えるとよいでしょう。

さらにショートピッチでは、実際の事業内容や運営方法に関する次の項目も聞き手に説明します。

■具体的内容や対象顧客

製品・サービスや対象顧客の具体的説明の他に、「ユニークな発見や洞察」があれば加えます。これは、聞き手にその事業を「なるほど！」と思わせる材料を示す項目です。たとえば、その製品・サービスの独自技術や新しさ、掘り起こし可能な潜在的ニーズの中身、既存大手などの競合が参入できない理由など、プロダクトや市場、競合の視点から事業の可能性を述べるわけです。

■ビジネスモデル

どうやって儲《もう》けるのかを説明します。時間が限られているので、利益モデルや課金方法、顧客単価など**マネタイズモデル**を中心に説明します。

■チーム体制

創業者やリーダー、担当チーム、協力会社など、事業を進めるチームのメンバーを紹介します。時間が許すなら、メンバーがもつスキルやリソース、メンバーの関係性なども説明しましょう。

以上、ショートピッチの説明項目を見てきましたが、投資家や事業パートナーとの面談でのショートピッチなら、これらの項目に**要請事項や依頼事項**も加え、相手へのリターンも明確にしたうえで実現に向けて必要な資金や人材、技術などについての協力を要請します。

ゼロからストーリーや説明内容を考えるのは難しいけれど、「ひな型」に沿って考えていけばいいんだ。でも、ひな型の項目はあくまでモデルケースなので、事業特性や説明の目的に応じて内容を変えていこう。

ストーリーのひな型（2）ーしっかり説明する場合

プレゼンテーションでしっかり説明するときに利用するベーシックのひな型と、配布用のフルバージョンのひな型を紹介します。

プレゼン用や配布用は
多角的に事業の
可能性を伝えてね

サマリーはショートピッチと共通

P262～P263の下段に、プレゼン用**ベーシック**と配布用**フルバージョン**のひな型の項目を掲載しました。大きく「サマリー」「事業内容」「実現と運営の方法」「収支・財務計画」「今後のアクション」という5つの章に分かれていますが、ベーシックは時間的制約があるので、いくつか使わない項目があります。

そこに掲載したひな型に沿って、項目ごとにどんな内容を述べるのかを見ていきます。

まずは**サマリー（要約）**です。これは基本的にショートピッチと同じ項目ですが、ベーシックやフルバージョンでは、内容をふくらませていきます。たとえばフルバージョンの場合、「運営会社の基本情報」「事業の背景と目的」「実現したい将来像」「なぜ今、その事業なのか」といった情報を盛り込んだりします。

また、全体の重要ポイントが一目《ひとめ》でわかる1枚ものの**エグゼクティブサマリー**も添えると、非常に効果的です。

事業内容の項目で3Cを網羅する

事業内容の最初の3項目は、「3C（自社・顧客・

競合）」に対応しています。それぞれの項目の内容は、次のようなものです。

①プロダクトやソリューション（自社）

具体的な**製品・サービスの特徴**や、**顧客への提供価値**を中心に紹介します。ユースケースや利用シーンを示して提供価値を訴え、価格にもふれます。写真やビデオ、実演などで具体的イメージをもってもらいます。

フルバージョンでは、「製品ラインアップ」「独自技術やノウハウ」「インフラ普及やコスト低減のチャンス」「開発のロードマップ」なども加えて、事業の理解を深めてもらいます。

②マーケットやカスタマー（顧客）

ターゲット顧客と彼らが抱える課題、その**製品・サービスを顧客が使う理由**を示します。顧客は「初期ターゲット」だけだと規模が小さいので、将来の広がりが期待できる「成長ターゲット」と2段階で設定しましょう。

フルバージョンでは、さらに「事業機会を生む市場と顧客の変化」「類似・関連市場の事業例」「具体的な顧

枝葉に当たる事柄は参考資料にしてしまおう

プレゼン時間が多いと、あれこれ説明したくなっちゃいます

気持ちはわかるけど、そういうときこそ伝えるべき点を明確にして、シンプルさを維持しないとね

でも、検討しないといけない点はたくさんありますし、大事なポイントが漏れてないか心配で…

もちろん目配りは必要だけど、網羅《もうら》的に何でも盛り込むのはダメだよ

じゃあ、どうすればいいんですか？

ポイントを絞って説明して、細かい点やデータなどの枝葉に当たることは、参考資料としてうしろに付けておけばいいんだ

客像（ペルソナ）」なども追加します。

③競合や代替品に対する優位性（競合）

競合や代替品に対する優位性を、ポジショニングマップや戦略キャンバスなどで示します。その際、他社ができない理由や参入障壁の築き方も説明します。

ターゲット顧客や提供価値によって競合相手は変わりますし、また同じ課題を別の方法で解消している代替品の存在にも注意が必要です。フルバージョンでは、**競合や代替品のリスト**なども追加しておくとわかりやすいでしょう。

④ビジネスモデル

マネタイズモデルだけでなく、**バリューチェーン**も含めて詳しくビジネスモデルを説明します。フルバージョンでは、「参考にした成功モデル」「事業パートナーとの協業のポイント」などの情報も盛り込みます。

⑤まとめ

適宜《てきぎ》、「まとめ」によってポイントを整理し、また必要に応じて顧客検証の結果やヒアリングコメントなどで補強をしておきます。

実現と運営の方法	収支・財務計画	今後のアクション
①チーム体制 ・創業者、リーダー、経営チーム ・アドバイザー、協力会社 ・メンバーのスキルやリソース、コミットメント	①収支計画 ・収支の規模感 ・黒字化の確度と達成時期 ・将来の売上や利益	①展開ステップ ・展開ロードマップ ・途中目標点（マイルストン） ・具体的アクション
②実行・運営上のポイント ・実行プランの全体像 ・顧客獲得、顧客サポートの方法 ・開発、製造、品質管理、運営管理などのポイント		②要請事項・検討事項 ・チャレンジと協力の効果 ・資金、人材、営業、技術などの課題 ・相手方のメリットやリターン
③マーケティング ・訴求すべきメッセージ ・具体的施策と顧客獲得見込み		

①チームと体制 （ベーシック内容に追加） ・組織図、役割と権限 ・不足している要因やスキルの調達計画	①収支計画 （ベーシック内容に追加） ・粗利の見通し（収益性） ・事業の特性と主な重要業績評価指標	①展開ステップ ・展開ロードマップ ・途中目標点（マイルストン） ・具体的アクション
②実行運営上のポイント （ベーシック内容に追加） ・PDCAの実施方法 ・インセンティブ	②資金計画 ・CF見通し、投資収益率 ・初期投資と資金需要 ・撤退時の最大リスク	②要請事項・検討事項 ・チャレンジと協力の効果 ・資金、人材、営業、技術などの課題 ・相手方のメリットやリターン
③マーケティング（ベーシック内容に追加） ・STPと4Pの整合性、連動 ・プルとプッシュの具体的な活動 ・法人顧客リスト	③資金調達計画 ・資金使途、調達方法 ・資本政策と条件、時期やプロセス	
④オペレーション ・開発、製造、運営、管理などの活動 ・会議・連絡、採用・評価 ・コスト減やノウハウ化などの効果	④まとめ ・準備や取引交渉の成立状況	

実現と運営の方法を明らかにする

事業内容の次に**実現と運営の方法**を説明していきます。項目の内容は次の通りです。

①チーム体制

チーム体制で説明する内容は、ショートピッチの場合（P259参照）と基本的に同じですが、メンバーが提供できる**スキルやリソース**、それぞれの事業へのコミットなどもしっかり説明するようにします。

また、フルバージョンでは、「不足している要員やスキルの調達計画」「組織図や役割・権限」などを追加します。

②実行・運営上のポイント

「顧客獲得や顧客サポートの方法」「技術開発、製造・品質管理」「組織の運営管理」といった具体的なポイントを示し、**実行プランの全体像**を説明します。フルバージョンには、「実行を保証するPDCAの実施方法やインセンティブ（報奨）」なども盛り込むとよいでしょう。

	サマリー	事業内容	
ベーシック（15分以上）	①何をするのか ・どんなビジネスなのか	①プロダクトやソリューション ・具体的内容 ・利用シーン、写真／ビデオ ・顧客への提供価値、提供価格	④ビジネスモデル ・マネタイズモデル ・顧客単価と顧客生涯価値 ・バリューチェーン、協業者
	②取り組む価値 ・巨大な潜在市場の存在 ・新しい変化、競合の遅れ ・技術と顧客のギャップ	②マーケットやカスタマー ・顧客の定義とその課題 ・使ってもらえる理由と根拠 ・２段階のターゲティングと規模	⑤まとめ ・事業成立の検証状況 ・主なヒアリングコメント ・章まとめ
	③これまでの進捗 ・スピード感と実績 ・顧客数、検証結果 ・売上、利益	③競合や代替品に対する優位性 ・競合優位性（顧客視点） ・参入障壁、競合ができない理由 ・戦略キャンバス、ポジショニングマップ	
フルバージョン（配布用）	①何をするのか （ベーシック内容に追加） ・１枚ものサマリー ・運営会社の基本情報	①プロダクトやソリューション （ベーシック内容に追加） ・製品ラインアップ ・独自技術やノウハウ ・インフラ普及やコスト低減のチャンス ・開発ロードマップ	⑤まとめ （ベーシック内容に追加） ・顧客検証、パートナー状況 ・追加コメントで充実
	②取り組む価値 （ベーシック内容に追加） ・事業の背景と目的 ・実現したい将来像 ・なぜ今なのか	②マーケットやカスタマー （ベーシック内容に追加） ・市場と顧客の変化 ・類似・関連市場の状況 ・顧客のペルソナ、具体例	
	③これまでの進捗 （ベーシック内容に追加） ・過去からの推移 ・今後の見直し	③競合や代替品に対する優位性 （ベーシック内容に追加） ・競合・代替品のリスト ・競合・代替品の特徴、スペック	
		④ビジネスモデル （ベーシック内容に追加） ・参考にした成功モデル ・協業のポイント、リソース	

③マーケティング

顧客獲得のための**訴求メッセージと具体的なアクション**を説明します。マーケティングの方法には、広告やPRによるプル型と直接的な営業活動によるプッシュ型があります。法人向け事業の場合は、営業ターゲット顧客リストがあると具体的でよいでしょう。

④オペレーション

ベーシックではこの項目にふれないこともありますが、フルバージョンでは必須項目です。事業運営に必要な**開発・製造・管理などの主要活動**を説明します。さらに、コスト低減やノウハウ蓄積など、それらの活動によってもたらされる効果も明示しましょう。

⑤まとめ

フルバージョンでは「まとめ」を入れ、重要点を強調するとともに、運営体制の準備状況、協力交渉の進捗状況なども伝えます。

収支・財務計画で投資家などを説得

収支・財務計画は、投資家や意思決定者向けの章と

適当なところで「まとめ」を入れよう

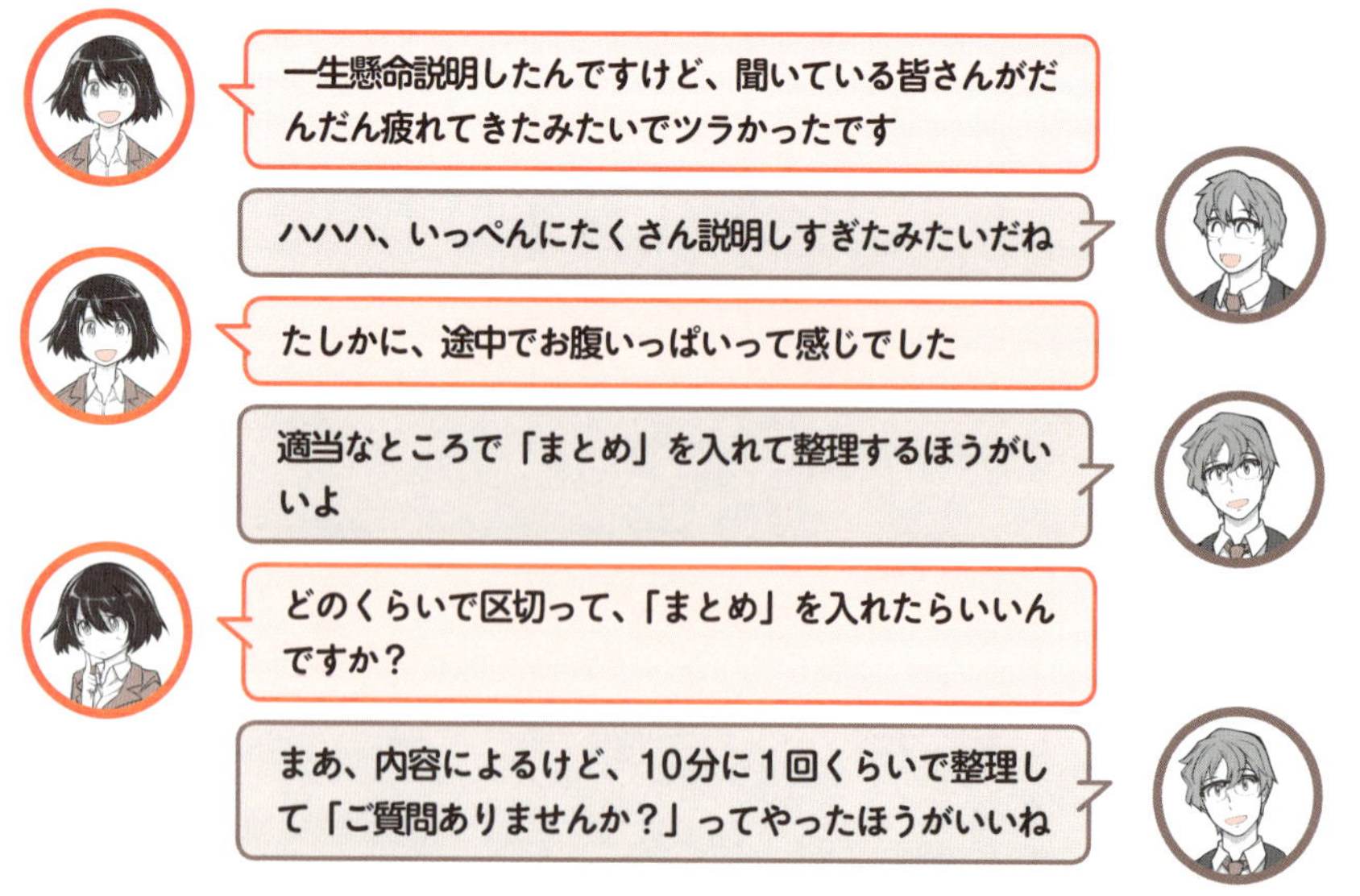
一生懸命説明したんですけど、聞いている皆さんがだんだん疲れてきたみたいでツラかったです
ハハハ、いっぺんにたくさん説明しすぎたみたいだね
たしかに、途中でお腹いっぱいって感じでした
適当なところで「まとめ」を入れて整理するほうがいいよ
どのくらいで区切って、「まとめ」を入れたらいいんですか？
まあ、内容によるけど、10分に1回くらいで整理して「ご質問ありませんか？」ってやったほうがいいね

なります。第5章で解説した「キャッシュフローモデル」を参考に、次の項目を説明していきます。

①収支計画

収支見通しを伝えます。ポイントは、黒字（損益分岐点）達成の確度と時期、将来の売上・利益の可能性です。フルバージョンでは、「粗利の見通し」「業績評価指標」も加えます。

②資金計画

資金計画は、主にフルバージョンで必要な項目です。特に**最大資金需要とリターンの大きさ（投資収益率）**を示して、投資家や意思決定者の判断の参考にします。撤退時の最大リスク額も明らかにしましょう。

③資金調達計画

資金計画と同様に、資金調達計画も主にフルバージョン用の項目です。**資金の使途や資金の調達方法**をここで示しますが、資金需要を充足させるために増資などを依頼する場合は、資本政策や調達時の条件などの説明も必要になります。

最後に、**今後のアクション**をまとめて事業計画書が完成します。ここでは、事業の実現と成長に向けての取り組みや必要な支援を明確に打ち出します。

①展開ステップ

事業の将来像を伝えることを目的に、「いつまでにこの目標を達成し、次にこの目標を達成する」という展開ロードマップを示します。事業を成長させるためのカギとなる具体的な活動についても説明します。

②要請・検討事項

支援を依頼する際には、**相手側のメリットやリターン**も示せるようにしておくことが必要です。また、資金、人材、営業、技術などに関する検討課題があれば、それも明確にしておきましょう。

配布用のフルバージョンは、じっくり腰を据えて読んでもらうものなので、内容の情報量を充実させよう。一方、ベーシックはプレゼン用なので、相手に合わせて重要ポイントを押さえた内容にすることが大切だよ。

説得力のあるコンテンツ10のポイント（1）

ストーリーを際立たせるには、説得力のあるコンテンツが重要。「なるほど！」と思わせるコンテンツの作り方を紹介します。

コンテンツにまず必要なことは、具体的であることね

コンテンツとは？

コンテンツとは、**ストーリーの各項目に盛り込む内容**のことです。ストーリーが「お品書き」や料理方法を書いた「レシピ」だとすると、コンテンツは「個々の料理」そのものということになります。

P251でも簡単にふれましたが、コンテンツは以下のようにタイプ分けできます。

①論点（議題、視点など）
②メッセージ（結論、主張、提言など）
③根拠（理由、証明など）
④事例（類例、体験、きっかけなど）

論点やメッセージは、根拠や事例を示すことで説得力が増します。ですから根拠や事例で、どんな情報を盛り込めば相手が納得するのか考えることが大切です。

たとえば事業の可能性を語る根拠として、「ヒアリングの結果、10人中7人がこのサービスを使うと回答があった」というだけでは、聞き手の心をつかむには物足りません。しかし、「こういうサービスが欲しかったんだ。これまでは大変で…」などのヒアリングで拾った「生《なま》の声」を加えると、インパクトが大きくなります。

生の声や見せ方でメッセージを伝える

私はこれまで多くの事業計画書を添削してきましたが、その経験から見えてきた「コンテンツの10のポイント」を紹介しましょう。

①生の声を入れる
②一目瞭然《いちもくりょうぜん》の見せ方を考える
③具体的に語る
④情報の解像度を上げる
⑤数字で見せる
⑥相手が知りたいことを盛り込む
⑦顧客目線の損得勘定を意識する
⑧競合目線の解釈・判断を意識する
⑨個人的体験や想いを入れる
⑩刻んで提案する

このうち①〜⑤は本節で、残りの⑥〜⑩はP270「説得力のあるコンテンツ　10のポイント（2）」で解説していきます。

まずは、コンテンツに**①生の声を入れる**ことです。

定量化するときは比較の「モノサシ」を明確に

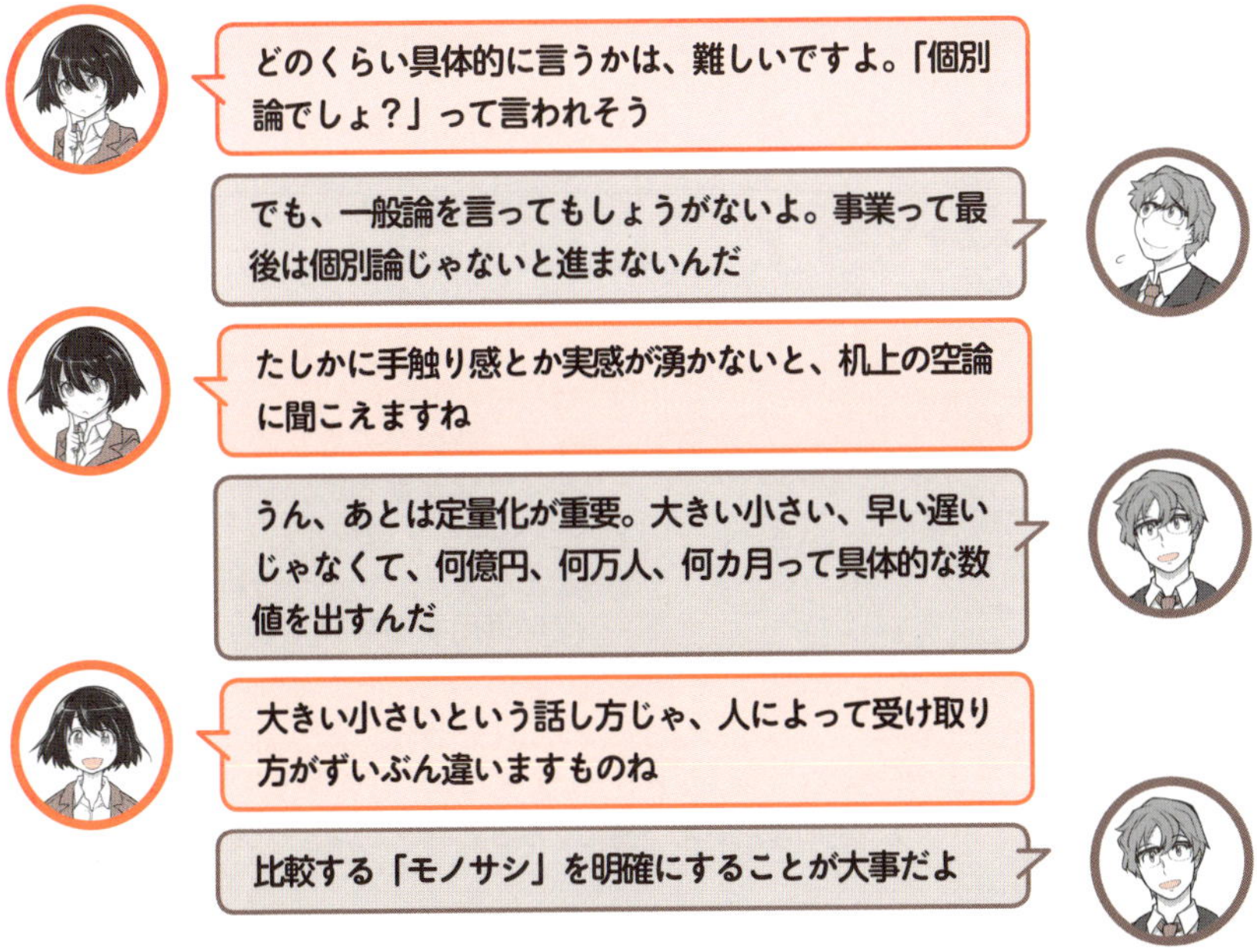
どのくらい具体的に言うかは、難しいですよ。「個別論でしょ？」って言われそう
でも、一般論を言ってもしょうがないよ。事業って最後は個別論じゃないと進まないんだ
たしかに手触り感とか実感が湧かないと、机上の空論に聞こえますね
うん、あとは定量化が重要。大きい小さい、早い遅いじゃなくて、何億円、何万人、何カ月って具体的な数値を出すんだ
大きい小さいという話し方じゃ、人によって受け取り方がずいぶん違いますものね
比較する「モノサシ」を明確にすることが大事だよ

実際の顧客や協力者の声は、事業検討において最重要のコンテンツです。事業への確信は、顧客や協力者の生の声を知ることで高められます。生の声は極力そのまま伝えましょう。極端な話を言えば、検討の初期段階では資料の半分くらいが「ヒアリングコメントの引用」でもいいくらいです。

次は、スライドを示す際に**②一目瞭然の見せ方を考える**ことです。見せ方を工夫すれば、メッセージが伝わりやすくなります。たとえば、メッセージに適した写真やイラストなどを使うと非常に効果的です。このスライドの見せ方については、P274の「わかりやすいスライドを作るコツ」で詳しく解説します。

具体的で解像度の高いコンテンツを

次のポイントは、**③具体的に語る**ことです。「顧客ニーズ」とか「競合優位性」などといった**ビッグワード**を使うと、何となく大切なことのように聞こえます。けれど、一般論で具体性がないとあまり実感が湧かず、実際の行動につながりません。人を動かすのは、その

ビッグワードを避けて具体的に語る

ビッグワード
＝人によって
認識のズレが生じる言葉

- **一般的・抽象的な言葉**
  状況によって
  内容が異なってしまう
- **新しい言葉**
  人によって
  知らない場合がある

⇒

5W1Hで語ろう！

「顧客満足度を向上させたい」
⇒誰をどんな点でどのくらい満足させるのか？
「競合優位性がある」
⇒誰に対してどんな点がどのように優れているのか？
「シナジーが発生する」
⇒なぜ、誰のどんな活動の相乗効果があるのか？
「ビッグデータを活用する」
⇒どんなデータをどう分析して、何に活用するのか？

認識のズレを生じさせないためには、具体例を挙げたり、別の言葉で言い替えてみるといいよ。

ワードに結び付いた「具体的内容」なのです。

具体的に語るために、④**情報の解像度を上げる**ことが重要になってきます。たとえば「事業のターゲットは高齢者」と言っても、退職したばかりのアクティブシニアをイメージする人と、寝たきりの高齢者をイメージする人がいて、議論が噛み合いません。少なくとも「ターゲットはアクティブシニア」といった具合に、情報の解像度を上げる必要があるのです。

同じような例で、「中小企業」という言葉も解像度が問題になることが多いようです。私がセミナーなどで聞いてみると、中小企業の社員規模のイメージは、人によって5人から1000人までの幅があります。当然、各人のイメージのズレをそのままにして中小企業を語っても議論は進みません。

数字で見せれば誤解は生じない

また、内容の具体化という面では、⑤**数字で見せる**ことも重要です。たとえば「大きな市場」と言っても、人によって「大きい、小さい」という基準が違っているので、市場規模が曖昧《あいまい》になってしまいます。

物事は定量化すると誤解なく伝えることができ、説得力も高まります。「大きい、小さい」とか「多い、少ない」といった表現をせず、何十万人、何十億円というように明確な数字を示すようにしましょう。

ただし、数字の取り扱いには注意が必要です。たとえば、推計によって顧客数などを出した場合、事業検討の進捗《しんちょく》に応じて顧客数が見直されることもあり得ます。そうしたときに、同じ資料の中で更新モレが起こって数字の整合性がとれていないことがあると、「数字が甘い資料は信用できない」という評価を受けてしまいます。

コンテンツ作りの基本ポイントは、強いインパクトをもたせること、そして曖昧さを排除して明確にすること。いくらストーリーが整理されていても、コンテンツがぼんやりしていると、資料の説得力がなくなるよ。

説得力のあるコンテンツ10のポイント〔2〕

前節のP267でコンテンツの10のポイントを挙げました。その後半部のポイントについて、ここで解説していきます。

読み手や顧客、競合などの外部の視点も盛り込まなくちゃ…

相手が知りたいこととは何か?

コンテンツの10のポイントのうち、6つめのポイントは、⑥**相手が知りたいことを盛り込む**というものです。事業計画で「自分が言いたいこと」だけを並べているケースが多く見られます。当たり前のことなのですが、事業計画は相手に理解してもらうために作成するものなので、相手の知りたいことの比率をもっと上げる必要があります。

では、事業計画で「相手が知りたいこと」とは何でしょうか。さまざまなものがありますが、代表的なものを挙げてみましょう。

・その事業アイデアは何が新しいのか
・その事業の意義は何か
・その事業によってどんなメリットを得られるのか
・真似《まね》のできない技術やノウハウはあるのか
・なぜユーザーがそのプロダクトを使うのか
・きちんと実現できるのか
・その事業に対する世の中や他社の評価

しかし、相手が知りたいことに答えるというのは、簡単なことではありません。

たとえば「その事業に対する世の中や他社の評価」

といった場合、単なる自分の直感を伝えても意味がありません。相手を納得させるためには、その事業に関連する記事を見せるなど、**根拠となる客観的な情報**を提示することが大切です。

顧客目線と競合目線を取り込む

次のポイントは、⑦**顧客目線の損得勘定を意識する**ことです。「顧客目線の損得勘定」とは、顧客が対価を払ってその製品・サービスを使ったとき、それに見合う費用対効果が発生するかどうか、ということです。

法人向けサービスでは、これが明確かどうかが特に重要です。顧客が「買いたくない」と売れないわけですから、事業を判断する会社の意思決定者や投資家にとっては、非常に気になる点です。

また、顧客目線と同様に、⑧**競合目線の解釈・判断を意識する**ことも重要です。事業の立ち上げ時は競合がいなかったとしても、事業がうまく立ち上がり始めると、既存競合や新規参入者との競争が起こる可能性が高まります。あなたの会社の参入や成長に対して競

顧客目線の損得勘定には顧客理解が必要

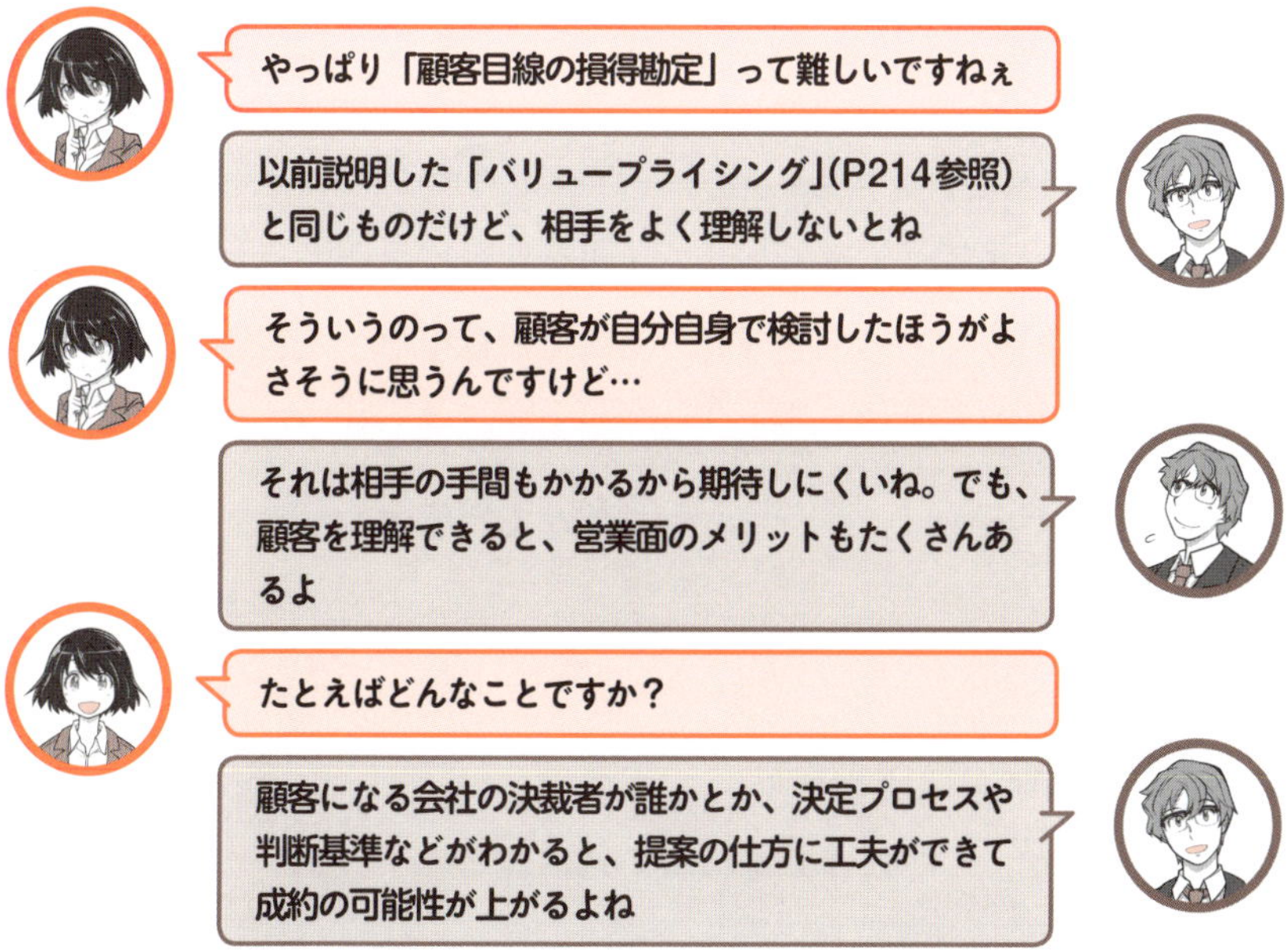
やっぱり「顧客目線の損得勘定」って難しいですねぇ
以前説明した「バリュープライシング」(P214参照)と同じものだけど、相手をよく理解しないとね
そういうのって、顧客が自分自身で検討したほうがよさそうに思うんですけど…
それは相手の手間もかかるから期待しにくいね。でも、顧客を理解できると、営業面のメリットもたくさんあるよ
たとえばどんなことですか？
顧客になる会社の決裁者が誰かとか、決定プロセスや判断基準などがわかると、提案の仕方に工夫ができて成約の可能性が上がるよね

合は静観するのか、同質化戦略か、差別化戦略か、あるいは価格競争を仕掛けてくるのか、その反応をどう読むのかは大切な判断です。

競合の反応を検討するには、「競合の目には、その事業がどう映るのか」と考えてみましょう。そうすれば、競合が参入できない事情や参入障壁のヒントが見つかるかもしれません。

あなた自身をもっと語ろう

私は、事業計画書にはもう少し**⑨個人的体験や想いを入れる**べきだと思っています。

多くの事業計画書には主語が見えません。「よい事業計画書は客観的であるべきだ」と思われているのでしょうか。顧客の生《なま》の声を入れたがらない傾向があるのも、その人の主観的意見が混じるのを避けたいということなのかもしれません。しかし、どんなに頑張ろうと、完璧《かんぺき》に客観的な事業計画書は作成できません。

それどころか、会社の意思決定者や投資家が最も知りたがっていることは、客観的な情報だけではなく、

説得力のあるコンテンツ　10のポイント（まとめ）

①生《なま》の声を入れる
②一目瞭然《いちもくりょうぜん》の見せ方を考える
③具体的に語る
④情報の解像度を上げる
⑤数字で見せる
⑥相手が知りたいことを盛り込む
⑦顧客目線の損得勘定を意識する
⑧競合目線の解釈・判断を意識する
⑨個人的体験や想いを入れる
⑩刻んで提案する

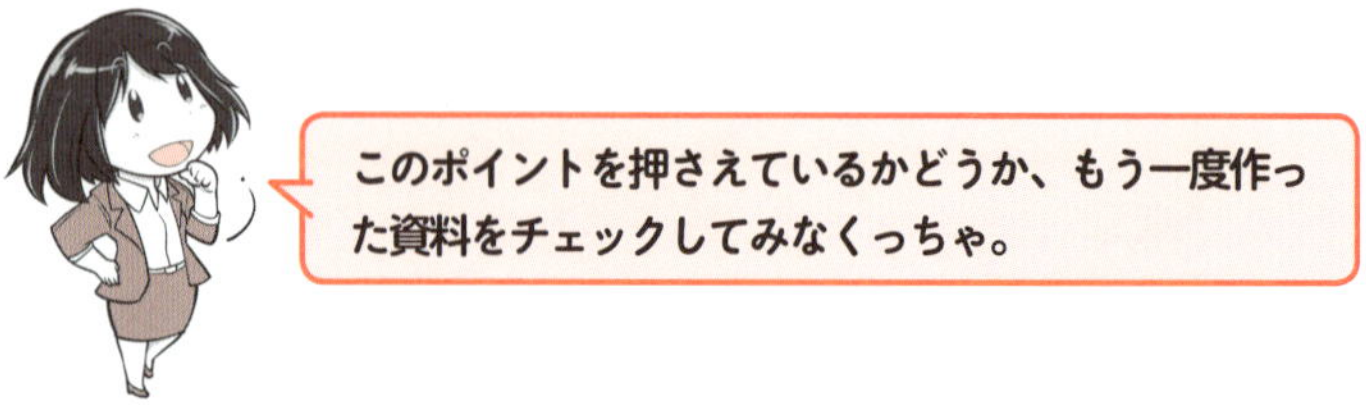
このポイントを押さえているかどうか、もう一度作った資料をチェックしてみなくっちゃ。

その事業をやろうとしている人間に**意志と能力があるかどうか**という点です。

事業に投資するというのは、その事業を動かす人間に投資することです。そのため、あなたが事業にどんな想いで取り組もうとしているのか、その「本気度」を相手に伝えること、また、あなたの「能力」を信じてもらうために、これまでの実績を伝えることなどが大切になってきます。

会社によっては事業計画書の書式が決められていて、自分の想いを書くことが難しい場合もありますが、プレゼンテーションの際に口頭であっても、あなたの想いを伝えることが重要です。

最初からすべては実現できない

最後のポイントの⑩**刻んで提案する**というのは、提案を通しやすくするためのテクニックです。

たとえば、「事業開始のための技術開発に何億円が必要だが、承認がおりない」という話をよく聞きます。たしかに最初からいきなり大きな金額の投資を提案されても、意思決定者は躊躇《ちゅうちょ》するはずです。

しかし、最終的にその金額が必要でも、本格稼働するまでには、顧客検証や技術検証をする部分がたくさんあります。まずは金額を抑えてその時点で必要な分だけを獲得し、「これはいける！」となった段階で、何度かに分けて徐々に大きな金額を提案していけばよいのです。

どんな事業であっても、「できるだけ低コスト・低リスクで進めたい」というのが経営者の心情です。まずは決裁しやすい範囲の金額から提案し、実績を作っていきましょう。

必要となるコンテンツは何か、さまざまな角度から考えよう。相手が知りたいこと、その事業に対する顧客や競合の見方、あなた自身の想いなどもコンテンツに盛り込むことで、事業検討がより充実するはずだよ。

わかりやすいスライドを作るコツ

スライドは「一目瞭然《いちもくりょうぜん》」が理想。そうしたビジュアルデザインを作るためのテクニックを紹介します。

スライド作成のタブー

スライド作成でありがちな失敗は、**全部入れておきたい症候群**に陥《おちい》ることです。これは、検討した事柄をともかく全部スライドに盛り込めば安心という考え方なのですが、それは自己満足にすぎません。

情報はたくさんあればあるほど説得力が高くなる、という誤解があるようです。けれど、実は情報というのは、少なければ少ないほど伝達力が高まるのです。情報が多すぎると、見る側は混乱してしまい、結局何も伝わらないという状況になりかねません。

一方、**スッキリしすぎ症候群**というものもあります。これは、せっかくいろいろな検討をして、顧客の生《なま》の声もしっかり聞けているのに、スライドにはあっさりした抽象的な表現があるだけというケースです。資料の見た目をスッキリさせることを最優先させたり、ビッグワードに頼ろうとして、インパクトのある具体的な事例や手触り感のある話を捨て去ってしまうわけです。それでは説得力が生まれません。

スライドの「構造」で理解させる

「よいスライド」の条件は次のようなものです。

●パッと見て頭に入る
●内容に興味が湧く
●あとで思い出せる

スライドは相手の理解を助けるためのものですから、必要な事柄がきちんと書いてあり、不要な事柄は一切書いていないのが理想です。そうしたスライドにするためには、伝えたいメッセージを絞り込むことが重要になります。ポイントは**必要なことと不要なことを見極める**ことです。

しかし、その見極めは難しいものです。シンプルにしつつ内容をしっかり伝える、つまり「スッキリ感」と「相手の理解」を両立させるにはどうしたらよいのでしょうか。

両立させるコツは、**スライドの構造によって相手に理解させる**ことです。スライドは、タイトル、メッセージライン、ボディというのが基本構成です。そこで、タイトルやメッセージに即して、下図のようにボディ部分の構造を検討していくのです。

たとえば、何かと何かを比べたいなら、ボディの構

スライドのボディ構造の例

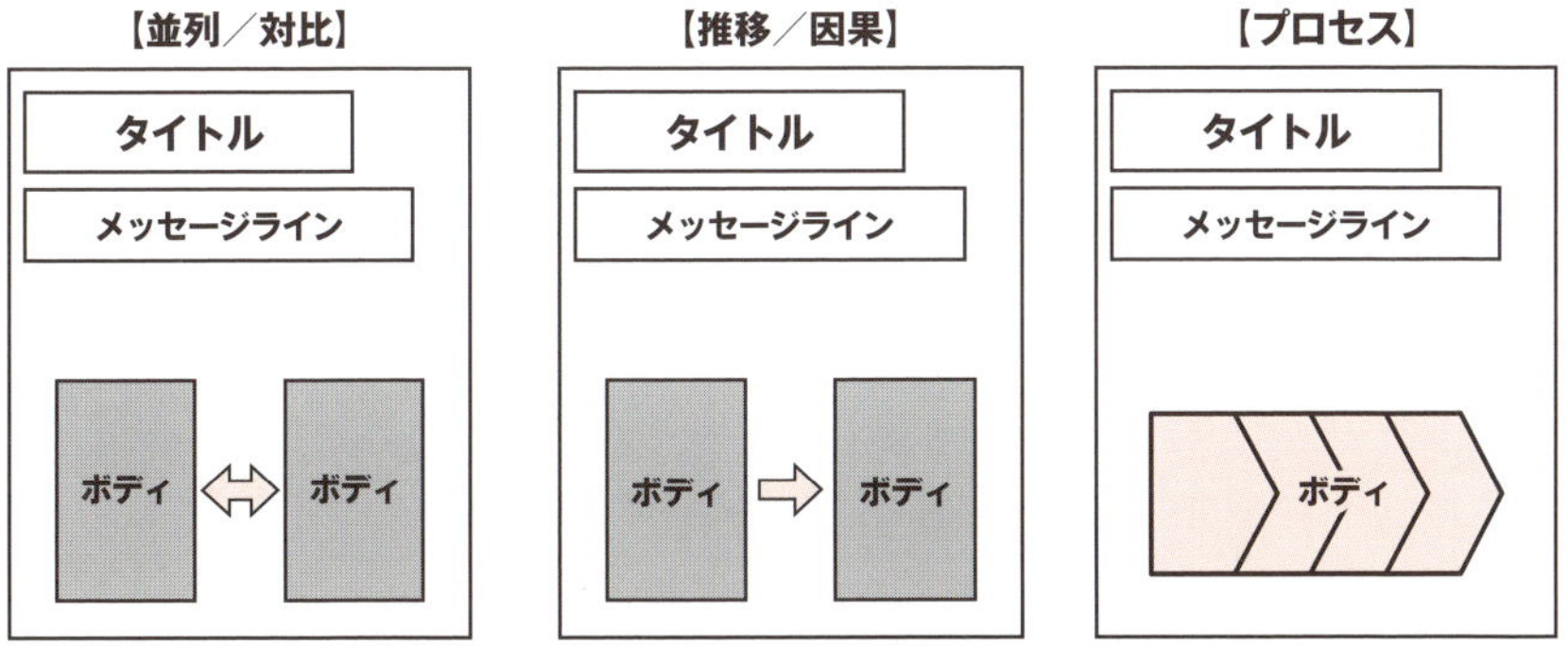
【並列／対比】
タイトル
メッセージライン
ボディ
ボディ
【推移／因果】
タイトル
メッセージライン
ボディ
ボディ
【プロセス】
タイトル
メッセージライン
ボディ

●タイトル：スライドの概要を示す
●メッセージライン：伝えたいメッセージを書く
●ボディ：メッセージの根拠や補足説明

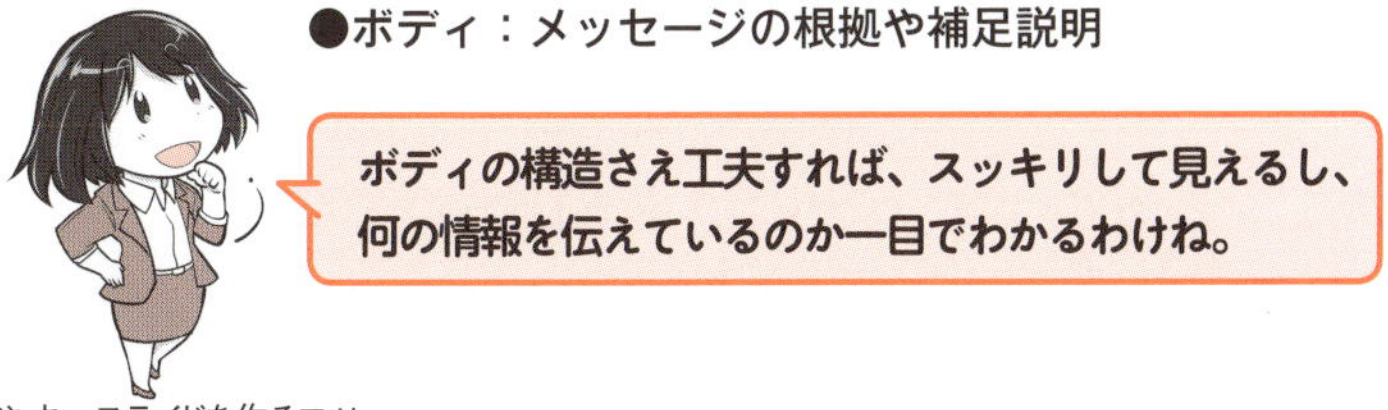
ボディの構造さえ工夫すれば、スッキリして見えるし、何の情報を伝えているのか一目でわかるわけね。

造は、左右に情報を同じように並べ、比較しやすいよう整理します。また、左の情報に「これまで」、右の情報に「これから」とあって、それを矢印で結んでおけば、あえて説明を加えなくても相手は「推移を示してるんだな」とわかります。このように、ボディの構造によって内容が頭に入りやすくなるわけです。

読ませるよりも「見せる」が大切

スライドは、内容に興味をもってもらえなくてはなりません。そのために大切なのは**ボディの見せ方**です。どんなによいことが書いてあったとしても、長い文章がだらだら続いていては読む気がしません。原則としては、文章よりも箇条書き、箇条書きよりも表、表よりも図です。読ませるよりも、「見せる」ことを心がけるのです。具体的で生々《なまなま》しいヒアリングコメントは、顧客の息遣いを相手に伝えてくれますし、テーマに合った写真やイメージ図は、一目瞭然に内容を伝えてくれます。

さらに、見せ方という点では体裁も大切です。使う

わかりやすさのポイントは「予測のしやすさ」

若い頃の上司が、「いいスライドは犬が見てもわかる」って言ってたよ

アハハ、それおもしろいですね！　でも、写真や絵で表現できるもの以外は難しそう

まあ、犬が見てどうかは別として、スライドをわかりやすくするポイントは「予測のしやすさ」なんだ

ええと〜、並べ順とか、ボディの構造とか、一貫性がないとダメってことですね

そう。色使いも一貫性がいるよ。カラフルできれいだけじゃ、視覚も内容も混乱しちゃう

言われてみれば、わかりにくいスライドってだいたいそうですね。気をつけます！

フォントの種類や色使い、枠線の太さなど、**すべてのスライドで体裁を統一**すると、見やすくて内容も頭に入りやすくなります。そして体裁を統一したうえで、強調したい部分に違うフォントや色を使えば、その部分を一層際立たせることができます。

特に、チームでスライド作成を行う場合は、各自が異なるフォントや色を使っていると、あとからの修正が大変になるので、体裁の統一ルールが必要です。

並べ方もわかりやすさに影響する

最後にもうひとつ大事なポイントがあります。それは、**情報の並べ方**です。

47都道府県をリストアップしたとして、一番上にたとえば鳥取県が掲載されていたら、「これはいったい何の順番だろう?」と思うはずです。北から順でリストの一番最初に北海道を掲載するか、あるいは人口順で東京都を掲載するべきです。

すべての並べ方には意味がないといけません。情報のランダムな並べ方は、混乱を招くもとです。重要な順、時系列、定番の並びなど、**意味をもった並べ方**をすれば、次に何が来るのか予測できるので、内容もわかりやすくなります。

これは個別のスライドだけではなく、ストーリー全体にも言えることです。相手に事業計画をわかりやすく伝えるには、どのスライドを先に見せて、どのスライドをあとから見せるかをしっかり考えましょう。

スライド作成のうえでの重要ポイントを紹介してきましたが、普通は実際に作ってみるまで細かいロジックや見せ方は詰め切れません。何度か書き直して、よりよいものに修正していくことが必要です。

スッキリしてわかりやすいスライドを作るためには、「構造」「見せ方」「並べ方」を検討しよう！　スライド例は、ナツメ社のホームページからダウンロードができるから、参考にしよう。

コラム

プレゼンがうまくなる5つの心得

①とにかく練習する

最低1回は声を出して通しで練習してみるだけで、ずいぶん違います。100回も声に出して練習すると確実にうまくなり、内容も洗練されます。プレゼンのうまい人の話し方や態度を真《ま》似《ね》てみたり、練習の様子をビデオに撮って見直すのも有効です。

②確信をもって言い切る

私がコンサルティング会社時代に、さんざん言われたのがこれです。「かもしれない」や「思います」ではなく、「こうです」と言い切ることが大事です。世の中の事柄のほとんどは未確定で不確実だと、まわりの人もわかっています。だから、いちいち保険を掛けた語り方をしなくてもいいのです。あなたの考え方をハッキリ語りましょう。人は確信をもって語る人を信じます。

③ゆっくり、明確に、堂々と

壇上に進んで聞き手に正対したら、にっこり笑って、ゆっくり話し始めるようにします。緊張しているでしょうが、こうした立ち居振る舞いで臨めば、自然と心も落ち着いてきます。また、間《ま》を作ることも重要です。一呼吸置きながら話すと、その間に聞き手は自分の頭の中で話の内容を整理できます。

④考えさせるような語りかけをする

聞き手も、ずっと受け身で聞き続けると疲れてしまいます。そこで、「こういうとき、皆さんだったらどうでしょう？」「答えは何だと思います？」などと、相手にも考えさせるような語りかけをすれば、聞き手の興味を持続させることができます。

⑤多少のミスを気にする必要はない

失敗したらどうしようと心配になるでしょうが、あなたが心配するほど聞いているほうはミスを気にしていません。それよりも、大事なポイントをきちんと話しているかどうかに、聞き手の関心は向いています。けれど、そうした部分はスライドに書いて見せるようにしているはずです。だから、気にしなくていいのです。

第7章

新しい価値を生み出す

第7話　「やるか、やらないか」の前に「やるならどうやるか！」

今さら、事業見直し!?
他の部門から反発があってね
そんな…
いまA部門の稼ぎ頭になっている事業と機能が一部かぶるんじゃないかって話が出て
せっかくここまでこれたのに…
待ってください!
こちらが引けば今はそれでいいかもしれません
ですが…そもそもターゲット顧客が違うじゃないですか
名取さん!!

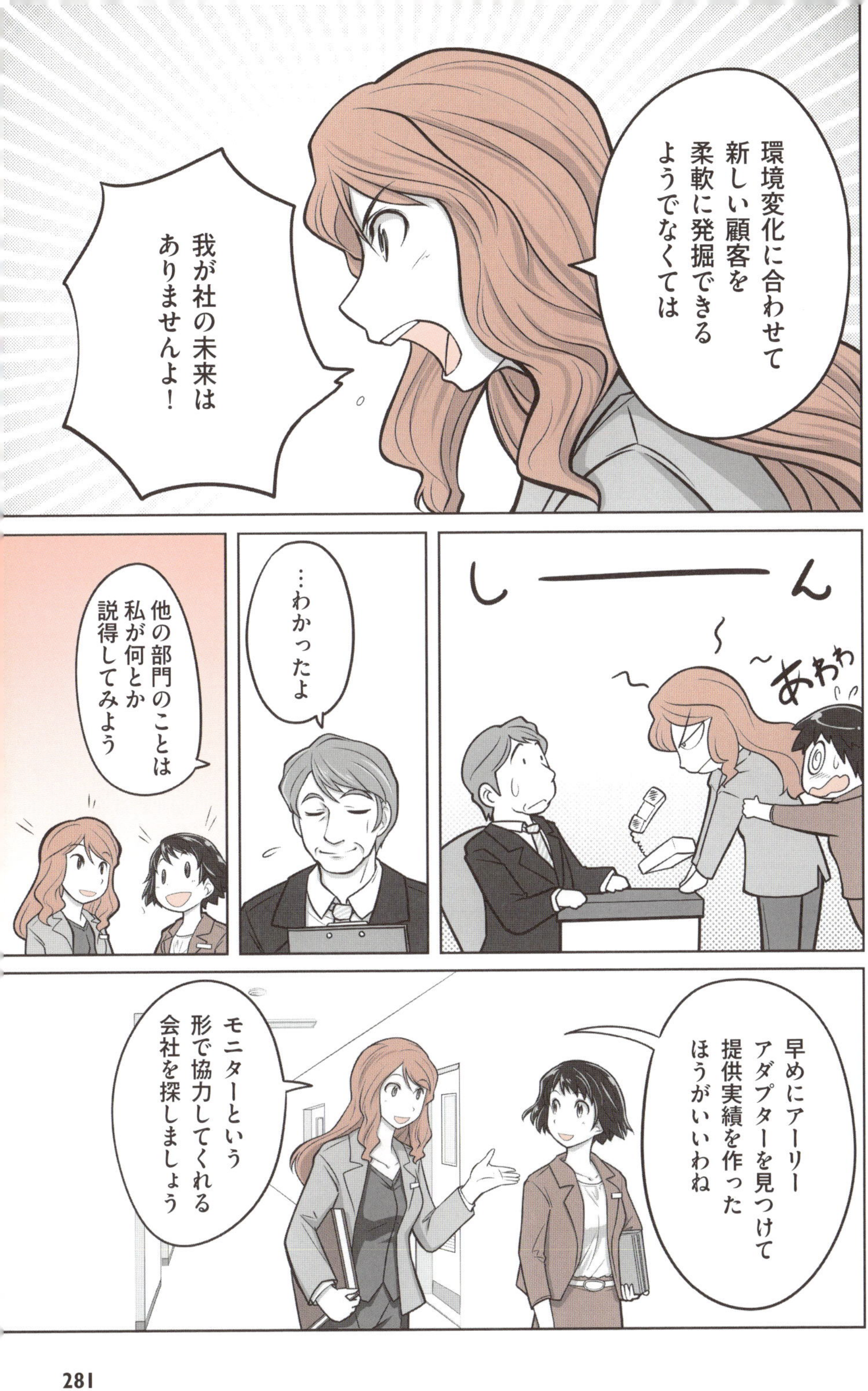
環境変化に合わせて新しい顧客を柔軟に発掘できるようでなくては
我が社の未来はありませんよ！
し――ん
あわわ
…わかったよ
他の部門のことは私が何とか説得してみよう
早めにアーリーアダプターを見つけて提供実績を作ったほうがいいわね
モニターという形で協力してくれる会社を探しましょう

ありがとうございます！
いいのよ 私たちはチーム でしょ
私も初めは単なる思いつきにすぎないと否定的だったけど
あなたの熱意ある態度と
事業計画書を見て確信をもったの！
そうなったらやるかやらないかではなくて
やるならどうやるか!!が大事なのよ
やぁ

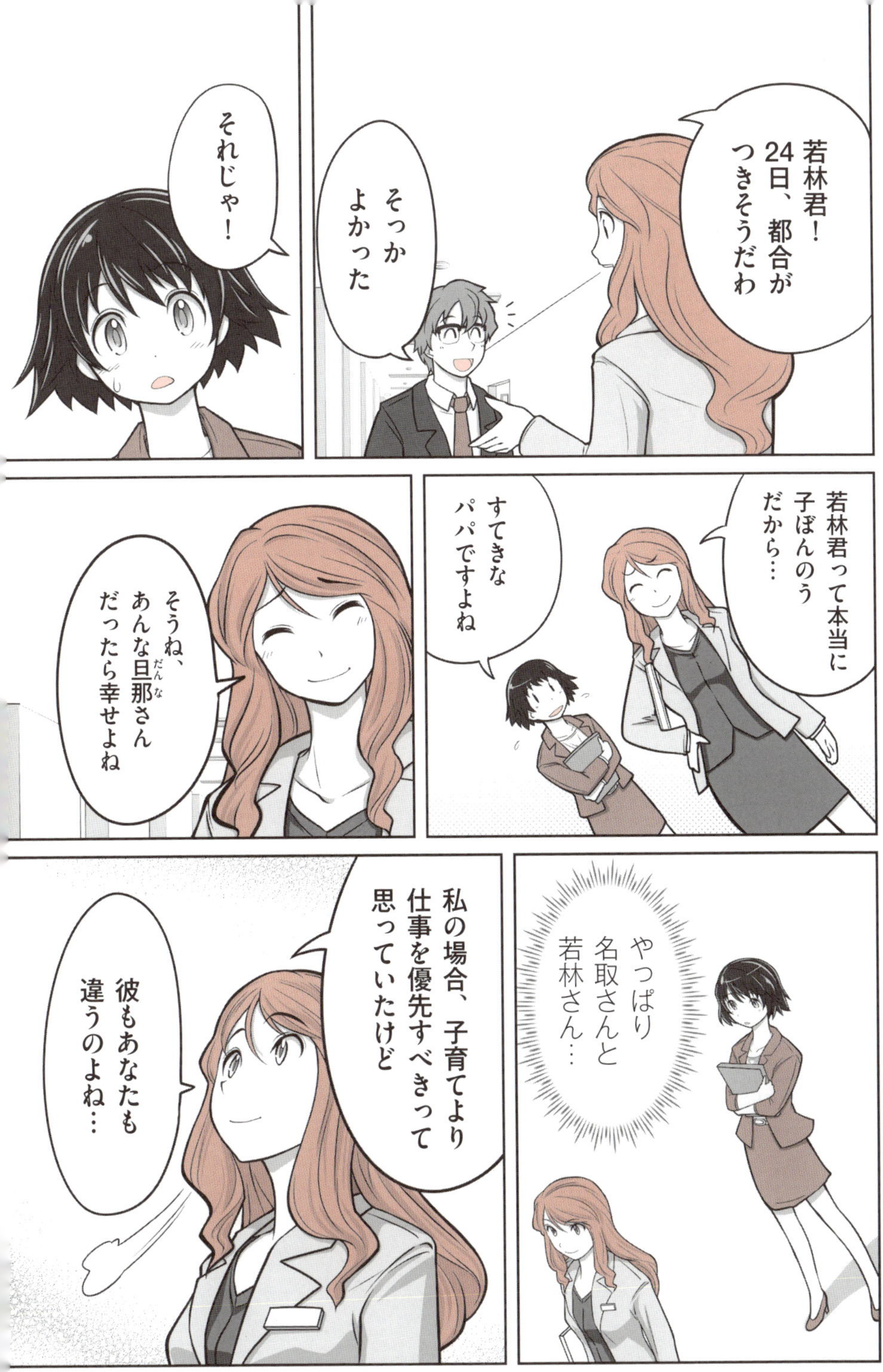
若林君！24日、都合がつきそうだわ
そっかよかった
それじゃ！
若林君って本当に子ぼんのうだから…
すてきなパパですよね
そうね、あんな旦那《だんな》さんだったら幸せよね
やっぱり名取さんと若林さん…
私の場合、子育てより仕事を優先すべきって思っていたけど
彼もあなたも違うのよね…

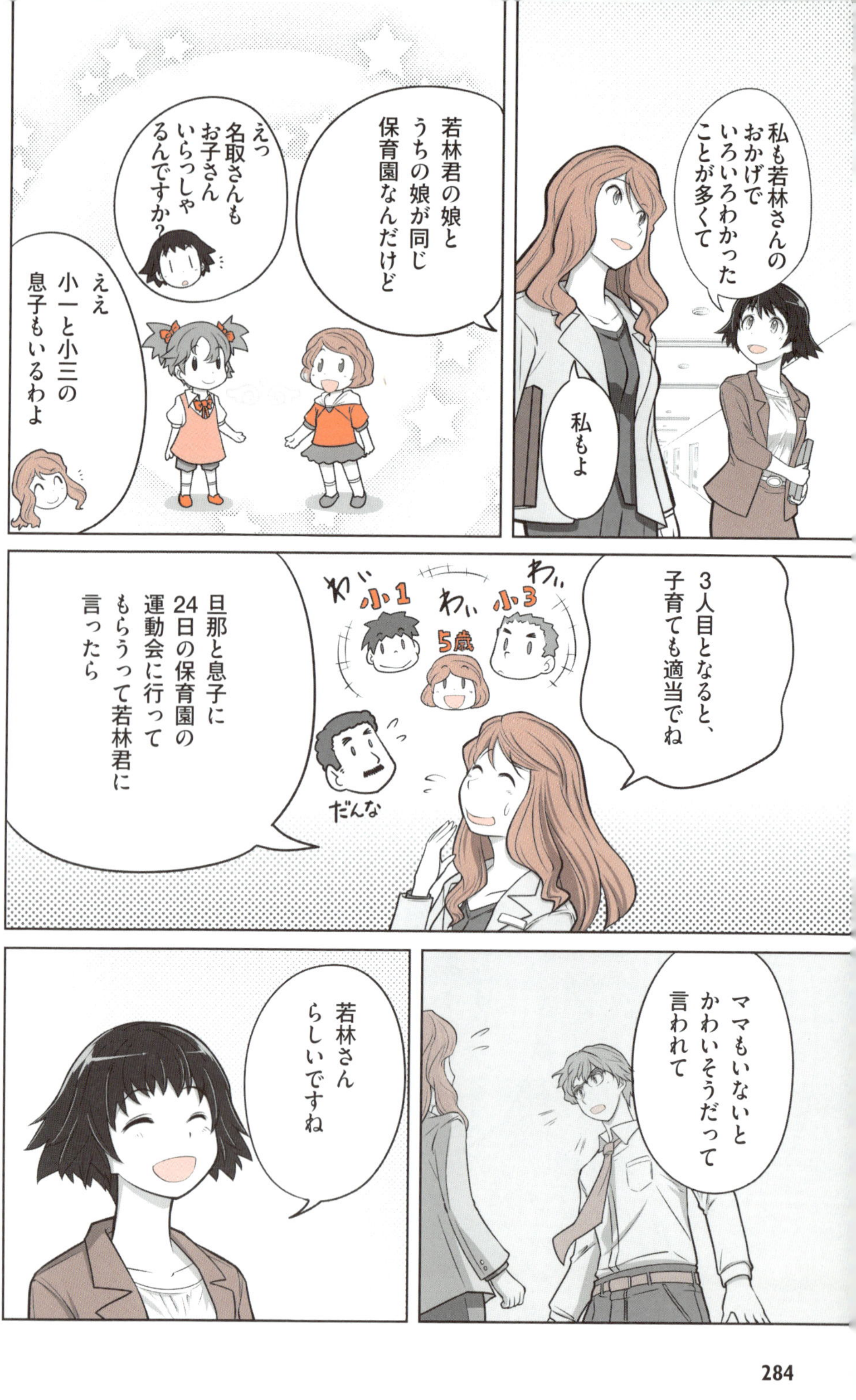
私も若林さんのおかげでいろいろわかったことが多くて
私もよ
若林君の娘とうちの娘が同じ保育園なんだけど
えっ名取さんもお子さんいらっしゃるんですか？
ええ小一と小三の息子もいるわよ
3人目となると、子育ても適当でね
わい
小1
わい
5歳
小3
わい
だんな
旦那と息子に24日の保育園の運動会に行ってもらうって若林君に言ったら
ママもいないとかわいそうだって言われて
若林さんらしいですね

なんだろう
胸のつっかえが
取れたというか
聞いてください
えっ
モニターになる
会社が
決まったの！
やったネ！
これで一歩
また前進した
じゃない！
はい！
私も若林さんに
追いつき
たいんです
え？
それにね、
若林君には
負けたくないのよ
え？

今、うちの本部でやっている事業、もともとは若林君の事業計画からスタートしたのよ
え～若林さんが!!
でも奥さんが亡くなって…
出世を捨てて総務部に移ったのよ
でもね彼は言ったわ
仕事は代わってもらえてもさ
この子の親は代わってもらえないだろ
なるほど

そろそろボクから君に教えることはなくなってきたかな
いえ!
これからはリーダーとして広い視野が大事だと思うんです!
なので来週の運動会応援に行きますね子育ての現場をリサーチしないと!
ええっ名取さんに聞いたの?!

新しい価値を生み出せない企業は生き残れない

常に世の中は変化します。それに対応して企業が生き残っていくためには、新しい価値を創造し続けることが必要不可欠です。

イノベーションのジレンマ

ハーバード・ビジネススクールのクレイトン・クリステンセン教授が書いた『イノベーションのジレンマ』という本をご存知ですか。業界大手が新興企業の前に敗れ去る理由を実証研究に基づいて解説した本で、世界中の大企業の経営者や起業家に読まれています。

通常、業界大手はしっかりした経営資源やノウハウ、顧客基盤といった強みをもっています、そのため、よほどの油断をしない限り、新規参入の新興企業に負ける要因はなさそうに思えます。

ところが、クリステンセン教授が指摘しているのは、業界大手が培ってきたそれらの強み自体が、**新規事業へのチャレンジを阻《はば》む制約**になっているということです。その結果、既存事業で勝ち続けてきた大企業が、新しい事業機会をものにできず、新興企業に敗れ去るというケースが出てきます。この現象が**イノベーションのジレンマ**であり、原因として挙げられているのが大企業の「意思決定の課題」です。

初期段階は技術も市場も不確実

イノベーションのジレンマは、左図に示したような

3つのステップで進行していきます。

まず第1ステップから見ていきましょう。そもそもこれまでにない革新的な新技術というものは、出てきた当初、次のような課題を抱えています。

●既存の製品・サービスと比べて低品質・低性能

●市場が小さい、または存在しない

ほとんどの新技術は、初期段階において既存技術に比べてこなれておらず、既存顧客が求める価値の面で劣ります。そのため、市場は限定的か、まったく見えない状態にあります。大企業にしてみれば、このような**技術も市場も不確実**といった新規事業に参入する意思決定は最も苦手《にがて》とするところです。うまくいかなかった場合、責任を問われるからです。

しかし、大企業が新しい事業機会を放置している間に、第2ステップで**新興企業が参入**し、次の現象が起こってきます。

●ノウハウ蓄積で性能向上とコストダウンが進む

●新しい用途を歓迎する顧客が開拓される

●徐々に実績が積み上がる

イノベーションのジレンマの進行ステップ

①革新的技術の登場

●既存顧客への価値では劣り低性能
●市場は小さいか存在しない
●技術・市場とも不確実なので既存事業者は意思決定できない

②新興企業の参入

●性能アップとコストダウンが進む
●新しい用途の顧客が開拓される
●市場は依然小さいが、徐々に実績が積み上がる

③主役の交代（既存事業者の破綻）

●既存顧客の求めるレベルに基本性能が向上
●本来の独自価値がクローズアップされる
●一気に顧客が既存品からスイッチして市場拡大

大企業でも既存事業の成功の上に胡坐《あぐら》をかいて、革新的技術の登場を無視していると、いつかは衰退してしまうということね。

本来は、こうした現象が見えてきたら警戒すべきなのですが、大企業は「あんなものはおもちゃだ」と黙殺してしまう場合が多いようです。実際、登場したばかりの新技術は、「おもちゃ」に見られる程度のものが多いのです。

たとえば開発当初のデジタルカメラは、画素数や鮮明さといった基本性能の面で、写真のプロのみならず一般ユーザーのニーズさえ満たしていませんでした。もちろん、現像不要ですぐに写真を確認でき、撮り直しが容易といった従来にないメリットはありましたが、そうしたメリットを重視してくれるユーザー層は限られており、市場は小さいものでした。

やがて主役交代が起こる

それでも小さな市場の中で、新興企業が新技術の特徴と品質に満足してくれる顧客を開拓して事業を進めるうちに、新技術の性能や品質、価格、関連インフラなどが、広い顧客層の要求を満たすようになります。

そして新技術の基本性能が既存事業と同等になり、

『イノベーションのジレンマ』は必読書

『イノベーションのジレンマ』っていう本、おもしろいですね〜。私には難しいかなって思ったけど、今の仕事の参考になります

日本だとさほどでもないけど、世界中の経営者や起業家に読まれてる本だからね

大企業の経営陣だけじゃなくて、起業家にもですか？

うん、シリコンバレーの起業家たちはこの本を読んで、どうやったら大企業を出し抜けるかを学んでるんだ

そうか〜、いろんな読み方ができるんですね

「これは○○向け」といったレッテルを貼らずに学ぶ姿勢が大事だよ

実績が伴うようになった瞬間、劇的な変化が起こります。既存顧客も既存の製品・サービスを使い続ける必要がなくなるうえに、もともとその新技術がもっていた独自価値がクローズアップされるので、**新技術の顧客が一挙に拡大**します。

ここに至って既存技術を提供していた大企業は、坂道を転げ落ちるように売上が急減します。企業が成長するには長い時間がかかりますが、転げ落ちるときはあっという間です。

大企業の「死角」は意思決定の苦手さ

誰も未来を確実に予測することはできません。ましてや革新的技術は登場当初、**低品質・無市場・不確実**なのですから、大企業に限らず、その新しい事業機会への対応は保守的なものになりがちです。当然、新技術を用いた事業にトライするかどうかの決断は、とても厳しいものになります。

しかし、そういった意思決定をしなかったために、新興企業に主役の座を奪われてしまって破綻《はたん》したトップ企業の事例はたくさんあります。不確実な新規事業への意思決定が苦手というのが大手企業の「死角」であり、新興企業にとっては、その死角を突いて新規事業にトライすることが競争に勝つための道となります。

大企業はリソースが十分あっても制約が大きく、新興企業はリソースがない代わりに制約もない、という事情の違いがありますが、いずれにしろ**新しい価値を創造しないと生き残れない**ことは明白です。そのため、革新的技術の登場や社会・顧客の変化を見逃さず、新しい事業機会の可能性にチャレンジする姿勢が絶対に必要なのです。

新規事業は、本質的に「低品質、無市場、不確実」。けれど、不確実だからといって、新規事業への取り組みを排除してしまう企業は、やがて衰退してしまうよ。生き残る道は、新規事業へのトライしかないんだ。

なぜ新規事業への挑戦が難しいのか？

新規事業の立ち上げにはさまざまなハードルが存在しますが、「従来の組織の常識」こそが最大のハードルとなります。

過去の成功経験が
強いほど、足かせも
強いみたい・・・

従来の組織の常識が足かせになる

多くの企業では、組織体制や人材、運営ルール、意思決定の際の基準といったものが既存事業用に最適化されていて、それが**組織の常識**とされています。しかし、実績や過去の経験に裏打ちされた「従来の組織の常識」は、新しい事業に取り組む場合には足かせになることがほとんどです。

というのは、既存事業はある程度見通しが立つ状況の中で規模と効率を追求するのに対し、新規事業は「不透明で変化する状況」の中で新しい可能性を探っていく必要があるからです。そのため、既存事業と新規事業では、組織に要求される事柄がおのずと異なってきます。

問題は、そのことに気付かず、どんな場合でも従来の組織の常識を適用してしまうことです。既存事業で実績のある企業が新規事業になかなか乗り出せないのは、このような**組織の常識が強い呪縛《じゅばく》となっている**のです。

最大の呪縛は効率性と確実性

前述した「従来の組織の常識」の中でも、最も強い呪縛は**効率性と確実性**です。「ムダを減らせ」「確実な根拠を示せ」という正論に抗《あらが》うのは難しいことですが、新規事業には**ムダと不確実性がつきもの**です。

新規事業では顧客の潜在的ニーズを追いかけてヒアリングを繰り返し、うまくいくかどうかわからない開発テーマにコストをかけて試行錯誤しなければなりません。そのため、従来の組織の常識にとらわれて、初期段階から効率性と確実性で判断してしまうと、たいていの新規事業は落第です。

この傾向は起業家予備軍の中にもあり、効率性と確実性の呪縛にとらわれて、せっかくの事業機会を見逃してしまうというケースも見受けられます。

しかし、どんな企業でも創業の頃は資金繰りに喘《あえ》ぎながら顧客を掘り起こし、試行錯誤でノウハウや強みを積み上げてきました。その中で徐々に効率性と確実性を高め、現在の既存事業を育て上げました。自社の歴史や他社の成功事例を紐解《ひもと》けば、短期的な視点で効率性や確実性を求めるだけでは事業が育たず、企業の成長もないとわかるはずです。

既存事業の経験しかないことも「常識の呪縛」の要因

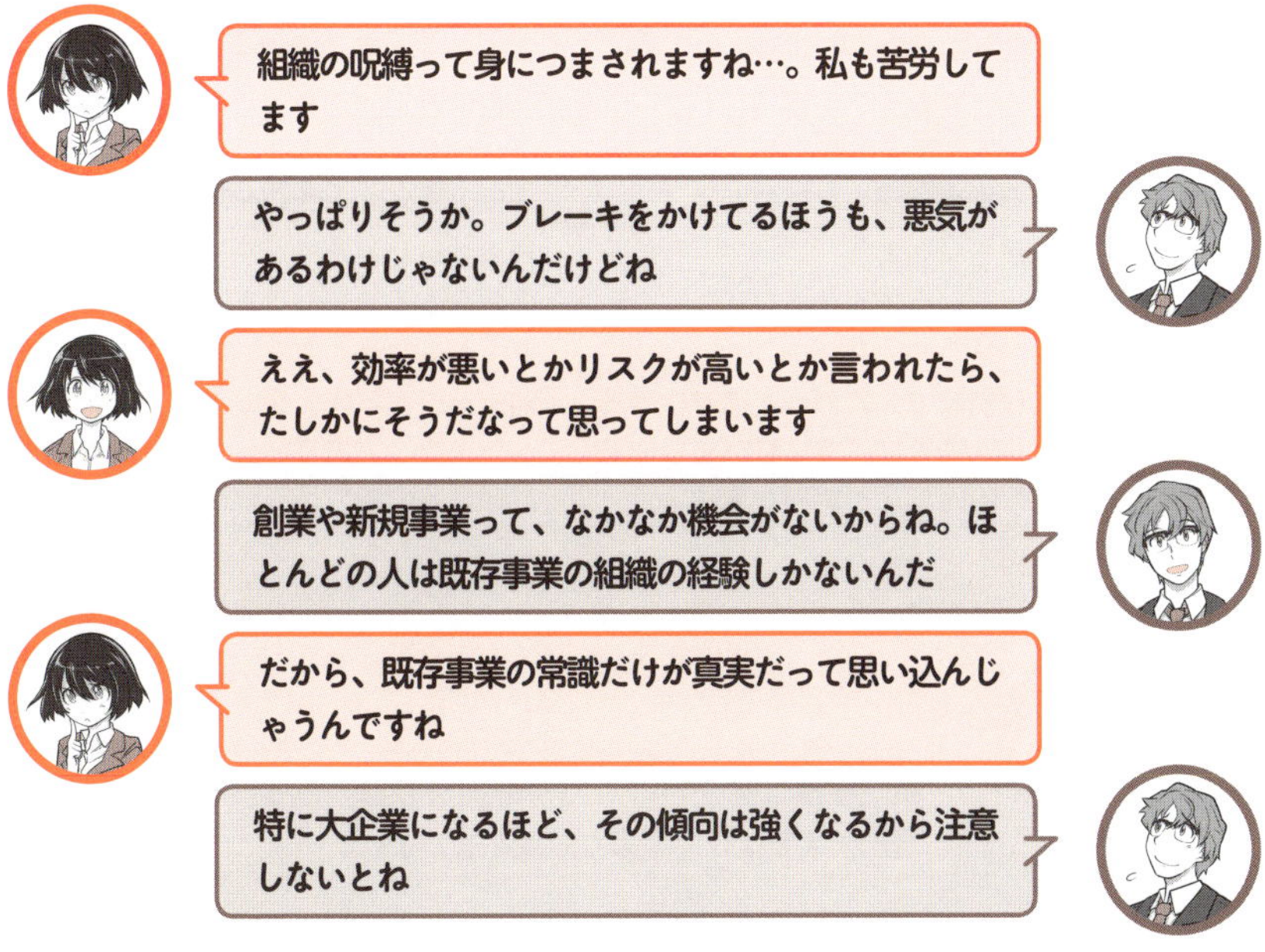
組織の呪縛って身につまされますね…。私も苦労してます
やっぱりそうか。ブレーキをかけてるほうも、悪気があるわけじゃないんだけどね
ええ、効率が悪いとかリスクが高いとか言われたら、たしかにそうだなって思ってしまいます
創業や新規事業って、なかなか機会がないからね。ほとんどの人は既存事業の組織の経験しかないんだ
だから、既存事業の常識だけが真実だって思い込んじゃうんですね
特に大企業になるほど、その傾向は強くなるから注意しないとね

多すぎる足かせ

新規事業への挑戦を妨《さまた》げる「従来の組織の常識」の呪縛は、「効率性と確実性」だけではありません。次のような組織の常識も新規事業にブレーキをかけます。

- ●既存顧客の重視
- ●品質や信頼性に関する完璧《かんぺき》主義
- ●資源調達に関する自前主義

「うちの顧客はそんなものに興味がない」という意見が営業部門あたりからよく出ます。多くの営業部門は新規事業に否定的です。**既存顧客の顕在ニーズだけから判断**してしまうからです。そもそも新規事業は潜在的ニーズを探して、新たな顧客層を掘り起こすものです。既存顧客重視で判断しては話が進みません。

さらに、これに**過剰な完璧主義**が加わります。品質管理部門は、既存事業の品質チェックリストを新規事業にも当てはめてコストを上げ、「この程度の品質・性能ではブランドに傷がつく」などと言って反発します。また、カスタマーサービス部門は、「5年先、10

新規事業は「組織の常識」と対立する

	既存事業の「組織の常識」	新規事業の考え方
価値観	・効率性と確実性を重視 ・無理して変わる必要はない ・事業の将来は調べればわかる	・創造性と可能性を重視 ・変わらなければ生き残れない ・事業の将来はやってみないとわからない
意思決定	・経験がモノを言う ・今もっている強みを活かす ・やるかやらないか	・経験で培われた常識を疑ってみる ・必要な強みを見つける ・やるとしたらどうやるか
組織行動	・顧客が明確で、言われた通りにやる ・ムダとミスをなくす、じっくりやる ・資源の内部調達と協力を重視	・顧客がまだ不明、まず飛び込み営業 ・トライアンドエラー、スピードを重視 ・外部資源の取り込みが必要

新規事業は真逆の考え方が必要なのね。だったら、
新規事業では既存事業の常識を捨てないと…

年先まで面倒を見られるのか?」と先回りの議論で疑問を呈します。もちろん製品の安全性には十分な配慮が必要ですが、品質や信頼性と、事業性との現実的な接点を見つけるように努力するべきです。

資源調達は社内でという自前主義も問題です。新規事業の場合、すべての資源や強みが揃《そろ》っているわけではないので、それらを社外から臨機応変に調達する必要があります。「強い企業と組むと言いなりにされる」「弱い企業と組むと信頼性が低い」などと思案ばかりしていては、新規事業は実現できません。

「明日の稼《かせ》ぎ」を作る新規事業

既存事業の場合、既存顧客の言う通りにしていれば大ハズレはありません。しかし、新規事業はそういうわけにはいかず、やってみないとわからない部分が多いので試行錯誤の中で高めていくプロセスが必要です。

そうした取り組み方に、品質を重んじる真面目《まじめ》な社員ほど抵抗を感じるかもしれません。ときには既存事業の部門から、「俺たちが一生懸命稼いでいるのに、新規事業の連中は遊んでいる」という声も上がります。

しかし、企業の将来には**新規事業に取り組む以外の選択肢はない**のです。ある調査で、新規事業に挑戦し続ける企業と既存事業での収益性重視の戦略をとる企業を比較したところ、後者は最初の10年は好調でも次の10年で凋落《ちょうらく》していく傾向が高かったそうです。

既存事業を粛々《しゅくしゅく》と進めて今日の稼ぎがあればよいというわけにはいきません。今日の稼ぎがあるうちに、明日のためにその稼ぎを投資するのです。新規事業の担当者は、**明日の稼ぎを作っている**という気概をもつことが重要です。

効率性や確実性が必要という「組織の常識」は正論だけど、常識という制約が新規事業の可能性をつぶしてしまいかねない。新しい価値を生み出すためには、「組織の常識」と戦うことが必要なんだ!

「まずはやってみる」文化 —チャレンジ精神を引き出す

イノベーションには既存制度との摩擦《まさつ》がつきもの。摩擦をおそれぬチャレンジ精神を、どのように引き出せばよいのでしょうか。

原則OKか、原則NGか?

世の中の規制やルールに対する考え方は、大きく2つのタイプに分けられます。ひとつは「やってもよいこと」が決まっていて、それ以外は**原則NG**というものです。もうひとつは「やってはいけないこと」が決まっていて、それ以外は**原則OK**というものです。

さて、ここで質問です。世の中全般を見渡したとき、この2つのタイプのうち、どちらのタイプのルールが多いと思いますか。この答えに表れるメンタリティによって、新規事業への取り組み方に大きな違いが出てきます。

一般的には、「原則NG」と考える人が多いようです。私も新規事業の相談を受ける際に、「この業界で、こういうやり方はあり得るのでしょうか?」という質問をよくされます。たとえば医療領域などの場合、安全性にかかわる規制には細心の注意を払うべきですが、それ以外の活動でも、既存の規制やルールに抵触しないか非常に気にかけているわけです。

このように「原則NG」派の人は、トラブルを避けるために「確実にやってもよいこと」を第一に考えようとします。そうすると、できることの範囲は大きく狭まり、無難な事業に落ち着くしかありません。

原則OKから新しい価値が生まれる

新しい価値を生み出そうとするならば、「原則NG」ではなく、**「原則OK」という考え方が不可欠**です。

世の中には多くの変化が起こっていて、新しい技術やニーズもどんどん生まれてきています。当然、旧来の規制やルールは、新しい技術やニーズを想定して作られていません。そのため、新しい価値を生み出す事業に取り組もうとすればするほど、**既存の制度との摩擦**が相当の確率で発生してくるのです。

もちろん法律は守らなければいけませんが、その新規事業が本当に素晴らしい価値を顧客に提供できるものであれば、既存制度との摩擦をおそれずトライしてみる勇気が大切です。そして、新規事業が従来の規制やルールの枠に収まり切らない場合は、規制やルールのほうを見直してみようというのがイノベーションに必要な考え方です。

たとえば、オンラインで個人宅を宿泊施設として貸

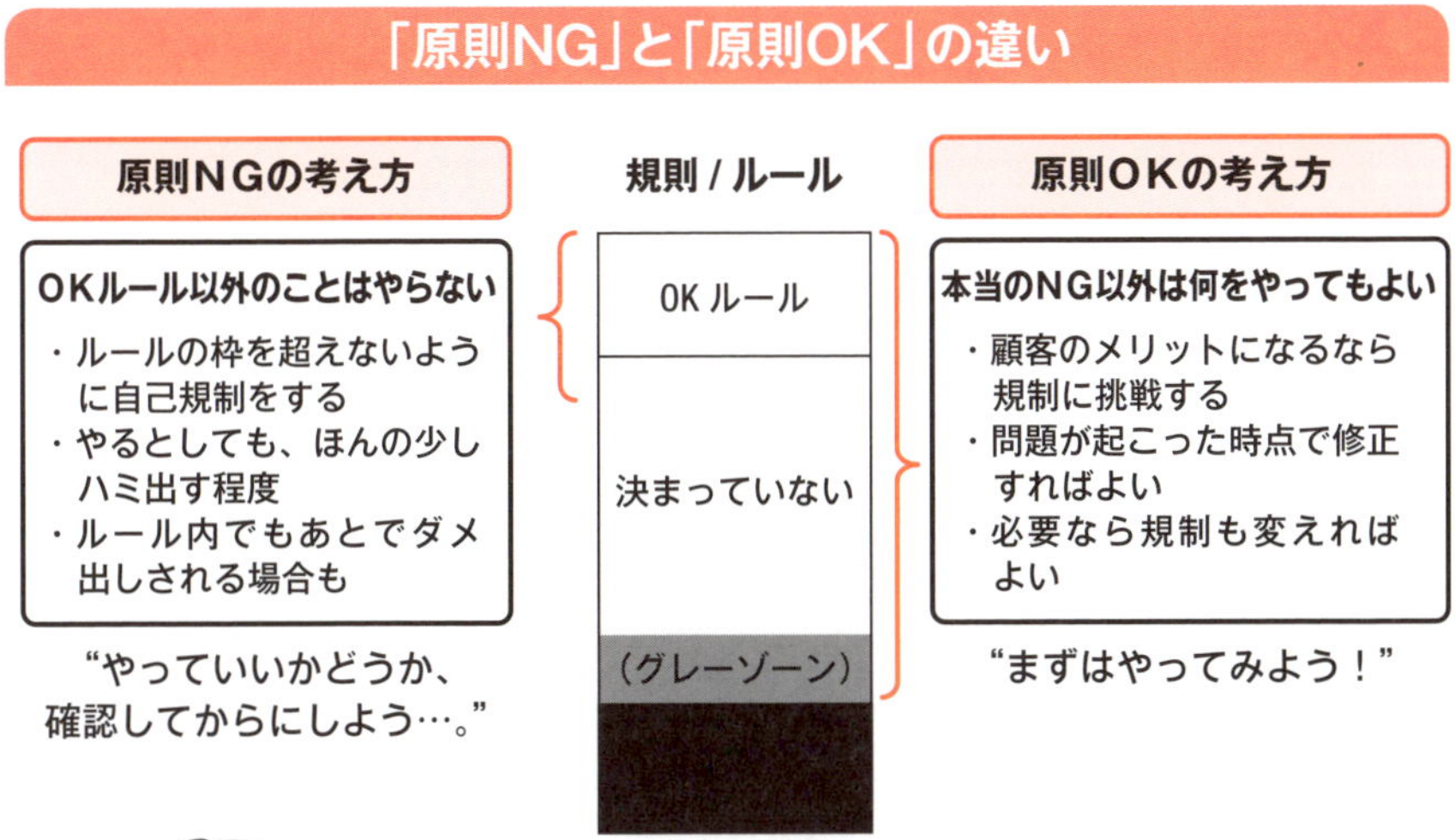
「原則NG」と「原則OK」の違い
原則NGの考え方
規則 / ルール
原則OKの考え方
OKルール以外のことはやらない
・ルールの枠を超えないように自己規制をする
・やるとしても、ほんの少しハミ出す程度
・ルール内でもあとでダメ出しされる場合も
“やっていいかどうか、確認してからにしよう…。”
OK ルール
決まっていない
（グレーゾーン）
本当のNG以外は何をやってもよい
・顧客のメリットになるなら規制に挑戦する
・問題が起こった時点で修正すればよい
・必要なら規制も変えればよい
“まずはやってみよう！”

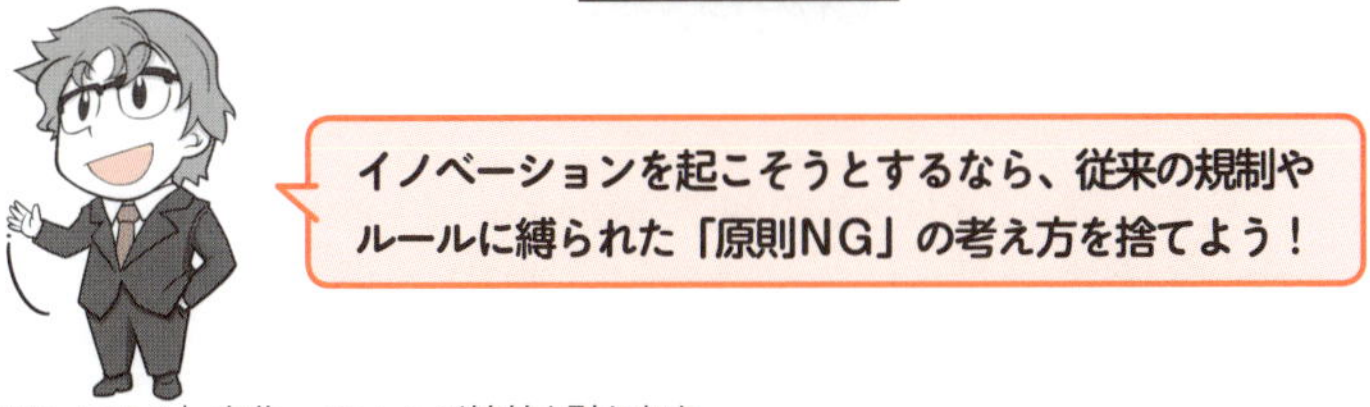
イノベーションを起こそうとするなら、従来の規制やルールに縛られた「原則NG」の考え方を捨てよう！

し出す「Ａｉｒｂｎｂ」、タクシー代わりに個人の自動車を配車する「Ｕｂｅｒ」など、アメリカ生まれの新規事業が日本にも広がりつつあり、従来の規制との調整が議論され始めています。

新しい価値の創造は「古い制度」を変えていくチャレンジでもあるので、困難が伴います。しかし、だからこそ顧客に大きなインパクトを与え、競合に先んじることができるというメリットもあります。

チャレンジを可能にする企業文化を

企業組織においても、「原則ＮＧ」という文化から新しいチャレンジは出てきません。「原則ＮＧ」の企業文化では、これまでにない新規事業を提案しても、「既存のやり方よりも効率が悪い」「既存顧客が反発するかもしれない」などと従来の常識を金科玉条《きんかぎょくじょう》として、「いかがなものか」という一言《ひとこと》でチャレンジが阻《はば》まれてしまいます。

しかし、新しい価値を創造しなければ企業は生き残れません。特にルールが決まっていない事柄であれば、

革新的な事業は「新しい大通り」を作る

Airbnbは私も使ったことありますよ。普通のお家に泊まるから、とっても新鮮な経験でした！

世界中で広がってるね。ここで集客した顧客に住居を貸し出して資産運用する人も多いらしいよ

でも、既存の宿泊業界からは、「規制の抜け道だ」っていう批判もあるって聞きました

抜け道っていうよりも、技術革新やインフラで「新しい大通り」ができてきたと考えたほうがいいね

昔の規制では想定されなかったことが、新しいインフラによってできるようになったんですね

法律を守ることは当然だけど、規制が今の時代とズレているなら、新しいルールを作っていかないとね

まずはやらせてみるという判断が必要なのです。

また、組織としてチャレンジを後押しするためには、人事評価の基準も変える必要があります。

思い切ってチャレンジしても、うまくいかなければ評価が下げられるというのでは、あとに続く人が出てきません。そもそも新規事業は、既存事業に比べて成果を出すハードルが高いので、従来の人事評価基準を当てはめてはダメなのです。そこでは新規事業にマッチした評価とキャリアパス（昇進・昇格のモデル）が必要です。

まず始めてみて走りながら考える

新規事業に取り組むうえで、まず理解すべきことは「完璧《かんぺき》な準備が整うことはない」ということです。もちろん慎重にやりたい気持ちはわかりますが、調べている間に状況は変わりますし、完璧に調べたつもりでも動き出したら全然違ったという例ばかりです。実際のところ「やってみないとわからないこと」がほとんどです。

まずは小さく具体的に、予算や人員も**今あるリソース（資源）で始めてみる**ことです。

最初から多額の予算と人員をドカドカ投入した挙句《あげく》、結局成果が上がらず泥沼にハマるケースのほうが多いのです。むしろ資源が足りないほうが知恵が出ます。そうする中で効率的なやり方や確度の高いアプローチが見つかり、実績ができてきます。その実績をもって次のリソース調達と事業展開が可能になるのです。

ですから、ある程度まで検討したらともかく始めてみないと埒《らち》が明きません。大事なことは**走りながら考える**という姿勢です。

新しい試みに挑戦するには、ともかく「原則ＯＫ」の考え方をもつ。新しい価値に従来のルールが沿わないのなら、そのルールを変えていこうという積極姿勢が必要。走りながら考えることで、新規事業を前進させよう！

意思決定者のための新規事業の評価項目

新規事業に踏み出せるかどうかは、事業計画の評価にかかっています。どんな基準でどのように評価するのがよいのでしょうか。

私の事業計画は
評価項目をクリア
できるかしら

完璧主義の評価では前に進まない

第2章のP98では、事業推進者の立場で事業計画の初期段階におけるアイデアの評価方法を解説しましたが、ここでは企業の意思決定者の立場から、事業計画の評価の仕方について解説します。

事業計画の評価項目は、次頁の表の左列のようなものが一般的です。問題となるのは、評価の際にも**必勝前提の完璧《かんぺき》主義**が顔を出すことです。新規事業は「やってみないとわからない」という中で意思決定をして、改善しながら進めていくものです。けれど、完璧主義の組織では、これらの項目について少しでも物言いがつくと話が前に進みません。

特に大企業では、この傾向が強いようです。その新規事業を少しでも他社が始めていたりすると「もう遅い」、逆に他社がやっていないと「何か欠点があるのではないか」となり、登場したばかりの新技術や新サービスの未熟な側面だけを見て「おもちゃだ」と判断し、事業機会を逃しているわけです。

評価項目には順位がある

では、どうすればよいのでしょうか。意思決定者が本来評価すべき項目を整理したものが、下表の右列です。これらの評価項目で重要なのは、**その優先順位**です。上の項目の優先度がより高くなっています。

最初の評価項目は、「自社として取り組む意義があるか」です。

儲《もう》かるかどうかの前に、価値判断として「そこに賭けるに足る意義」が必要です。あまたある可能性の中からその事業を選択するには、企業のビジョンや戦略に合致しているかどうかが重要です。

起業家の場合は、「やりたいかどうか」が最初の評価項目になります。情熱が傾けられる事業でないと続きません。

本質的に最も重要なのは2番めの「顧客は付くのか」、つまり顧客ニーズの強さの評価で、しっかりした検証が必要です。これが3番めの「儲かるのか」よりも上位にきているのは、どんな事業も顧客さえ付いていれば、バリューチェーンとマネタイズモデルの設計次第で儲かる余地がありますが、そもそも顧客がいなければどうしようもないからです。

事業計画の評価項目

一般的な評価項目

- 市場性（市場の大きさ、ニーズの強さ）
- 収益性（利益率、投資額の大小）
- 新規性（既存事業との違い）
- 優位性（競合に対する強み）
- 差別性（競合との違い）
- 模倣困難性（真似のされにくさ、参入障壁）
- 実現性（不可能な要素が含まれていないか）
- 確実性（リスクの少なさ）
- 実行性（メンバー）

（※上記項目にすべてOKが必要）

▶

意思決定者の評価項目

①自社として取り組む意義があるか？
②顧客は付くのか？
③儲かるのか？
④本当に実現できるのか？
⑤自社の強みは活かせるのか？
⑥競合に真似されないか？

（※①～⑥は優先順位）

完璧主義では何も進まないよ。やる意義と顧客が確認できたら、あとはやり方次第と考えよう。

実現性と強みは努力で獲得可能

4番めは「本当に実現できるのか」ですが、この項目の優先度が下位というのは不思議に思えるかもしれません。しかし、もし実現性を最優先にしてしまうとどうなるでしょうか。どんな新規事業も実現には困難が伴うので「なんだか難しそうだからやめておこう」となり、チャレンジができなくなってしまいます。

実現できるかどうかは努力次第、やり方次第です。「会社としてやるべきで、顧客が付いていて、儲かりそう」となったら、**どうしたら実現できるか**を考え抜く以外にないのです。

5番めの「自社の強みは活かせるのか」も同様です。自社の強みが一番活かせる事業は既存事業ですから、自社の強みを強調しすぎると、選択肢は既存事業とその周辺しか残らなくなってしまいます。

もし、見つけた事業機会に自社の強みを活かせるなら、それはラッキーというもので、たいていは自社の強みが足りないケースが多いはずです。そこであきら

「儲かりそうもない」だけで切り捨てるのは問題

事業アイデアを聞いただけで、「それは儲かりそうにないな」って言う人っていますよね

よくいるよ（笑）。バリューチェーンとマネタイズの工夫で、儲かるかどうかは変わるのにね

検討もせずにわかるなんて、経営の神様じゃあるまいし…

収益性も実現性も参入障壁も、結局は知恵と工夫次第なんだ

そうやって前向きに評価してもらうには、どうしたらいいんですか？

うん、「これができたら本当にスゴイ！」という魅力ある事業アイデアかどうかが、やっぱりカギになると思うよ

めては、いつまでも新規事業に踏み出せないので、**どうすれば必要な強みを獲得できるのか**を考えるのです。表層的な「自社の強みの議論」には要注意です。

問うべきは「どうすればできるか」

最後の評価項目は、「競合に真似《まね》されないか」です。しかし、どんな事業も中長期で見れば、いつかは必ず真似されます。事業がうまくいけばいくほどそうなりますし、ありきたりなアイデアや簡単に実現できる事業であればなおさらです。

真似されにくい事業を見つけるヒントは、第2章のP101で述べたように、**非常識と思えるアイデア**を検討することです。非常識で実現が難しいアイデアであっても、それが**顧客に大きな価値を提供できる**のであればトライしてみることです。

困難を乗り越えて事業を成立させれば、市場の果実はあなたのものです。難しそうに見えるからこそ、他社も躊躇《ちゅうちょ》するはずですし、「非常識と思えるアイデア」を何とか実現しようという工夫の中から独自のノウハウが生まれ、そのノウハウが参入障壁となるわけです。

新規事業は、むしろ**「ありえない」というもののほうが有望**です。困難を伴わずに取り組める事業では、競合も簡単に参入できて、すぐに儲からなくなるおそれがあります。そのため、意思決定者が事業計画の評価を行う場合、評価項目をクリアしないものは失格と単純に判断せず、**評価項目をクリアするためにどうしたらよいか**を問いかけて、さらに検討を促すことが大切です。

新規事業で問わなければいけないことは、「できるか、できないか」の前に、「やるならどうやるか」という点なのです。

事業計画の評価では、評価項目の優先順位に注意しよう。事業の意義と市場性が確認できたら、実現性、自社の強み、模倣されないかなどの項目はどうすればクリアできるかを考えるんだ。

周囲を巻き込む組織と仕掛け

前節までは、新規事業の意義や取り組み方を解説してきましたが、ここでは新規事業を進める実践的ポイントを解説していきます。

社内にチャレンジできる環境があるかどうかも大切よね

新規事業はタグボート的な組織で

本章の冒頭で紹介した『イノベーションのジレンマ』の著者であるクリステンセン教授は、ジレンマに陥《おちい》らないための処方箋《しょほうせん》として次の点を挙げていますが、これらは新規事業推進のポイントにもなり得ます。

①新規事業用の組織を既存部門と分ける
②新規事業用の組織は小規模で身軽に
③存在しない市場を新しく開拓するつもりで
④分析よりも試行錯誤から学ぶ

それぞれのポイントを見ていきましょう。

まず、現実の企業では事業アイデアが通ると、効率性を重視してか、その事業領域と近い既存部門に育成を任せるケースが多いようです。しかし、これはご法《はっ》度《と》です。既存部門は「従来の組織の常識」の中で動いていて、近い領域の新規事業に対してことさら厳しい見方をする場合がほとんどです。やはり新規事業のためには、**新しいやり方に合致した判断基準をもつ組織**が必要になってきます。

さらに、その新規事業用の組織は小さく身軽にして、試行錯誤をしやすくすることも大切です。たとえば、港湾内で大きなタンカーが方向転換をしたり、新しい目的地を目指して動き出すためには、水先案内をする身軽な「タグボート」が必要です。新規事業用の組織はまさに**タグボートの役割を担う**ものなので、軽快かつ低コストで動ける組織であることが理想です。

わらしべ長者方式で新市場を開拓

３つめのポイントの新市場の開拓は、「事業アイデアさえよければ一挙にできる」というものではありません。**わらしべ長者方式**で取り組んでいきましょう。知っての通り「わらしべ長者」とは、藁《わら》を物々交換していくうちに大金を得たというお伽噺《とぎばなし》です。つまり最初は小さく始めて、**人を巻き込んでいく**ことで事業の完成度を上げ、徐々に新市場を開拓していくのです。

最初の第一歩は、あなた自身から始まります。まずあなたが実現したい事業アイデアをある程度形にしたら、次に気心の知れた協力者に相談し、意見をもらいながら事業内容を詰めていきます。さらに社外の協力者も巻き込んで議論を重ね、最終的には巻き込みの輪を市場のアーリーアダプターへと広げて、実績も積み

やりたい新規事業があるなら、まず自分で動いてみよう！

新規事業の検討許可を取ることさえ難しい会社があるって聞いたんですけど…

でも、やりたいなら、まずプライベートで検討してみればいいんだよ

たしかにプライベートだったら、誰も止められないですよね

そうだよ。自分がどうしてもやりたいと思う事業であれば、ともかく動き始めてみることさ

友人やツテをたどれば業務時間外で相談できるし、関係者に話を聞いたりもできますものね

最近は起業や新規事業に力を入れている社会人MBAもあるから、そういう機会を考えてもいいね

上げていくわけです。
そうする中で事業の確度が高まり、新しい事業に対する自信が生まれます。自信をもって語ることができれば、より多くの協力者が社内外から集まり、新市場開拓の展望が大きく開けてくるはずです。

試行錯誤を推奨する取り組み

最後のポイントは、試行錯誤から学ぶことですが、そのためには**試行錯誤を推奨《すいしょう》する仕掛け**が必要です。
たとえば米国グーグル社では、勤務時間の20％を新規事業の企画などに自由に使うことを認めています。この「20％ルール」によって、社員の新しいチャレンジを積極的にバックアップしています。もし本人がこれまでになじみのない分野に取り組む場合は、その分野の研修も受けられます。
さらに、グーグル社では事業アイデアや成果の発表のために、定期的に「デモ・デイズ」というイベントも行っています。参加には1名以上の仲間を集めることが条件です。

新規事業の取り組みを活発化させる仕組み例

20%ルール

勤務時間内の一定割合の時間を、自分の自由な取り組みにあてられる制度を設ける。

社内ビジネスプランコンテスト

新規事業を検討するモチベーション向上が期待でき、人材育成の面でも効果がある。

ステージゲート法

技術・製品開発から市場投入までの過程を複数のステージに分け、ステージ間の評価に合格すれば、次のステージに進めるという効率的な新規事業の管理手法。

アクセラレータプログラム

企業同士が資源を相互補完して、新規事業を立ち上げるというもの。大企業には資源の有効活用となり、スタートアップ企業には事業の加速化が可能になる。

新規事業を支援する仕組みが会社にあれば、やる気がもっと湧くわ。提案してみようかしら…

事業アイデアの試作品などを示して仲間集めを行いますが、実はこれがアイデアの検証プロセスにもなっています。同僚としても貴重な時間の20%を投じるのですから、そのアイデアをしっかり評価したうえで協力するかどうかを判断します。魅力的でない事業アイデアには、仲間が集まらないわけです。

実のところ、こうした全社的な取り組みがあるからといってイノベーションが生まれるとは限りませんが、社員の能力は必ず以前より高まり、さまざまな人的ネットワークもできるそうです。そして何よりも、新しい試みや失敗が許されるという経験が、**新しい価値を生み出すための力**につながっていきます。

アクセラレータプログラムも普及

また、新しい事業機会をとらえる試みとして、大企業が自社の資源を提供してスタートアップ企業を支援する**アクセラレータプログラム**という仕組みも広がっています。米国のナイキやディズニーといった企業が、期待できるスタートアップ企業に自社のライセンスやノウハウ、資金や販売チャネル、技術・人材・設備などを提供して協業を図っています。

こうした取り組みに対して、「スタートアップ企業と組まなくても、自社だけで新規事業ができる」「本当に成果が出るのか」といった反対意見もよく聞きます。しかし、大企業は多くの制約を抱え、限界もあることを思い出してください。その限界を乗り越える取り組みが、アクセラレータプログラムととらえるべきです。

米国ではアクセラレータプログラムを請け負う支援会社があります。日本でも類似のサービスがありますが、大企業とスタートアップ企業の双方に適切なアドバイスをするには支援会社に相当の力量が必要です。

新規事業が前進できるかどうかは、いかにまわりを巻き込めるかがカギなんだ。小さな組織から始めて実績を積み上げることで、賛同者を増やしていこう！ そのためのベースとして、試行錯誤を応援する仕組みも必要だよ。

新規事業を担う人材の育成

新しい価値を生み出せるかどうかは、人材にかかっています。ここでは管理者の立場から、人材育成のための心得を解説します。

注目はイノベーション人材とハブ人材

企業が新規事業に取り組む際には、それを担う**人材の育成**も課題になってきます。決められたことをやり遂げる能力と、試行錯誤で新しい価値を生み出す能力は異なるものです。そうした観点から人材タイプを区分したものが、次頁のマトリクスです。

マトリクス右上の**真のエース**は、既存事業にも新規事業にも能力をもちますが、めったにいない存在です。組織の中で最も多いのが右下の**オペレーション人材**です。オペレーション人材は手順の決まった業務でしっかり成果を出せますが、新規事業の困難を乗り越えていく強さや新しい発想力の面では不十分です。

そこで、新規事業を担う人材として注目してほしいのは、左上の**イノベーション人材**と**ハブ人材**です。イノベーション人材は、新しい発想に抵抗がなく、むしろトライアンドエラーに意欲が湧くタイプです。また、ハブ人材は人と人とをつなぐ存在で、部門間や社内外、事業領域や専門性の壁を崩し、人とのつながりを通してアイデアやノウハウ、資源などをもたらします。

イノベーション人材やハブ人材は、普段あまり評価されていない存在かもしれません。しかし、彼らのような既存の価値観にとらわれない人材を集め、プロジェクトチームとして動かせば、大きな力を発揮します。バックグラウンドの異なる**多様な能力を組み合わせる**ことで、新しい価値が生まれてきます。

そうした人材を束ねて力を発揮させるために非常に重要なことは、チームを監督する管理職の対応です。管理職は、彼らをさまざまな横ヤリから守り、**活動の自由度を確保する**ことが大切です。

アイデアに対する否定は禁物《きんもつ》

管理職がプロジェクトチームを指導していくうえで、注意しなくてはならない8カ条があります。ひとつずつ紹介していきましょう。

多少難があっても、①**まず褒《ほ》める**ことです。そもそも新規事業の立ち上げは、ハードルが高いのです。ダメ出しやできなかったときのリスクばかり気にしていては、せっかくの芽を摘んでしまうことになります。

もしダメ出しが必要な場合でも、②**感覚論や印象論で語らない**ことが大切です。なぜそれがダメなのかと

新規事業のための人材マトリクス

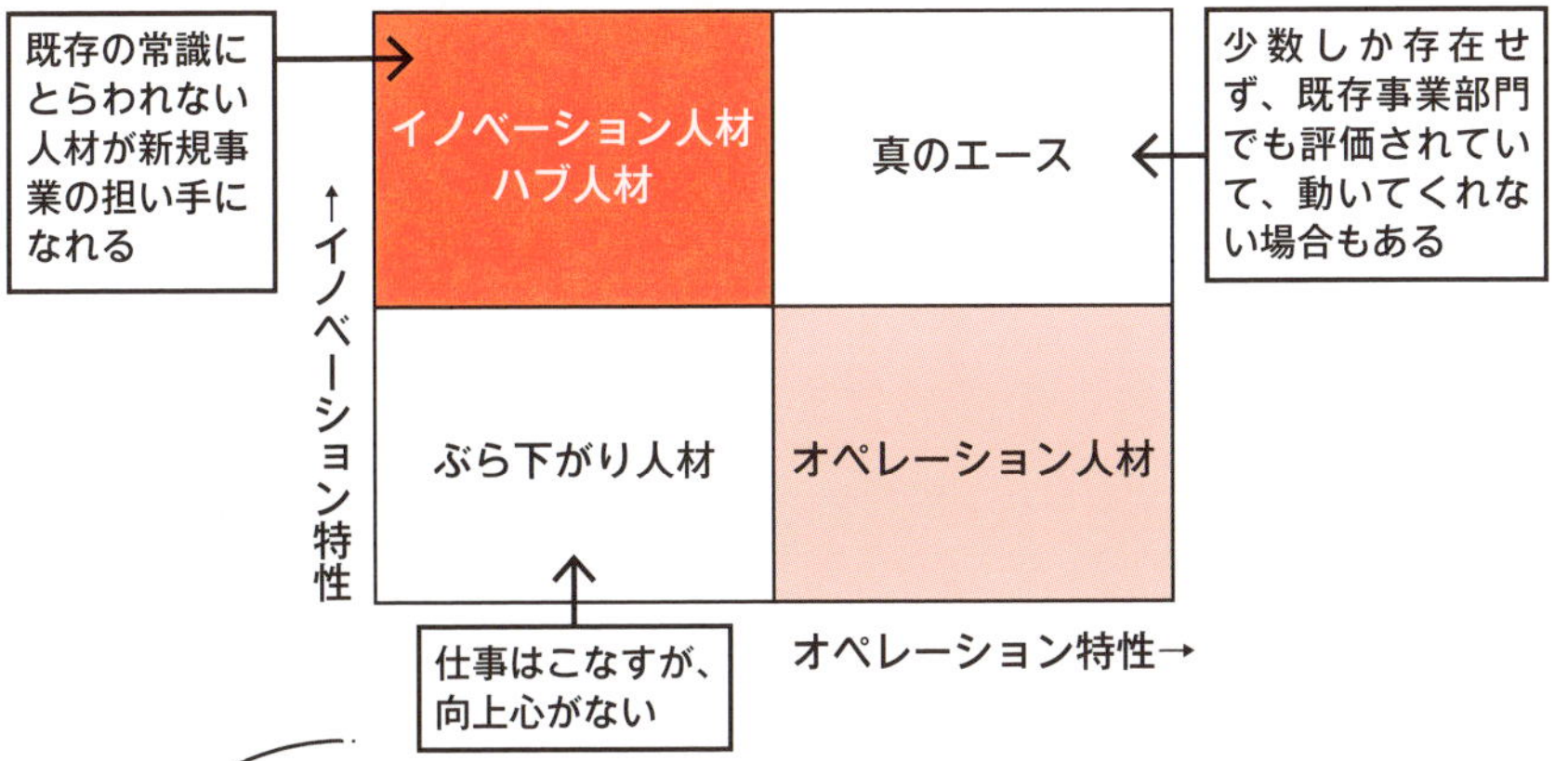

既存の常識にとらわれない人材が新規事業の担い手になれる
イノベーション人材
ハブ人材
真のエース
少数しか存在せず、既存事業部門でも評価されていて、動いてくれない場合もある
↑イノベーション特性
ぶら下がり人材
オペレーション人材
仕事はこなすが、向上心がない
オペレーション特性→

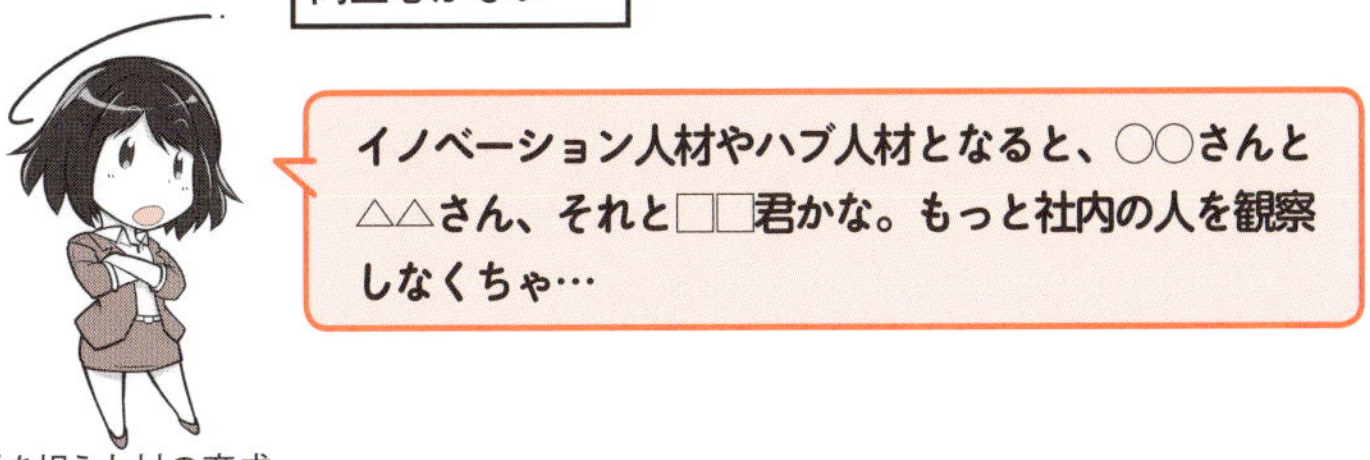

イノベーション人材やハブ人材となると、○○さんと△△さん、それと□□君かな。もっと社内の人を観察しなくちゃ…

いう理由を、メンバーが納得するように説明しなければいけません。ダメ出しの理由が理解できれば、メンバーは改善策を考えてくるはずです。

そして何よりも大切なことは、③**前向きなアドバイス**です。「そのアイデアは難しそうだ」といった感想は誰でも言えます。管理職ならば大きな視点から、さらなる可能性や実現のためのヒントを示唆《しさ》しましょう。

さらに、④**わずかな可能性を否定しない**ことも大切です。たとえば、競合との協力関係を築くという提案があれば、「まあ無理だろう」と否定したくなるかもしれません。しかし、可能性は小さくても、実現できたら成果が大きいのですから、どうやったらできるのかを一緒に考え、背中を押してあげましょう。

チームには裁量権と多様な人材を

見通しが立ちにくい事業開発の現場では、ＰＤＣＡ（計画・実行・評価・改善のサイクル）をいかに早く回せるかが重要になります。ＰＤＣＡを回せば回すほど知見とノウハウが蓄積して、新規事業の確度も向上していきます。そのスピードを確保するために、チームの担当者にある程度の⑤**裁量権を与える**必要があります。いちいち「お伺《うかが》い」を立てなくてはいけないようでは、時間がかかりすぎます。

予算も、既存事業のように事前に経費を積み上げておくやり方では間に合いません。トライアンドエラーが主体の新規事業開発の場合、大枠の予算を取っておいて、事後チェックなどで臨機応変な使い方ができるようにしておかないと、身動きが取れません。

また、活動の自由さを高めるには、チームに⑥**変わり者・若者・よそ者を集める**ことです。イノベーション人材やハブ人材は変わり者だと見られますが、だからこそ自由な発想ができる可能性があります。また、若者は既存組織の常識にまだ染まっていないので、常識の制約を乗り越えることに躊躇《ちゅうちょ》しません。

そして、新しい可能性はいつもよそ者がもたらします。そもそも新規事業の場合、すべてのリソースを自前で揃《そろ》えることが難しいのですから、必要に応じて他部門や社外の人材の活用を示唆しましょう。

チャレンジとリスクをコントロール

このように、ある程度の裁量権をもたせて取り組みを任《まか》せるうえで大事なことは、⑦**失敗しても非を責めずに次のチャレンジを促す**ことです。失敗することは問題ではありません。新規事業を形にしていくには、むしろ失敗を前提に取り組み、その失敗から学んだことを次の試みに活かすことが重要です。

ただし、⑧**挑戦させつつも博打《ばくち》にはさせない**ようにすることも必要です。新規事業の取り組みの基本は、トライアンドエラーを重ねることです。リスクが大きい博打的な一発勝負を許して、1回の失敗でチームが致命的な傷を負ってしまってはそこで終わりです。

新規事業に意気込むチームは突っ走りがちな傾向があるので、チャレンジを促す一方で、コストやリスクもコントロールすることが管理職の腕の見せ所です。

管理職自身もチャレンジが必要

管理職として実現しなければならないことは、新しい価値を創造できる人材の育成です。背中を押してどんどんチャレンジを繰り返させ、**失敗も含めて経験を積ませる**ことが人材育成には不可欠です。

しかし、メンバーにチャレンジさせることは、実は**管理職自身のチャレンジ**でもあります。失敗と試行錯誤に怯《ひる》むことなく、「おもしろそうだな、応援するからやってみよう」と言えるか、他部門からの干渉を調整できるか、気の利いたアドバイスができるかといったことが問われます。

失敗と試行錯誤に立ち向かう部下のチャレンジを支援するには、管理職自身もまた「従来の常識」を乗り越えなければならないのです。

既存部門で評価されている人材が、新規事業でも戦力になるとは限らない。新規事業を担う人材には、常識を跳ね返す力が必要なんだ。常にチャレンジできる自由な環境を確保して、彼らをバックアップしよう。

価値を生み出す10のキーワード

事業検討を進めるために、検討の道筋の示唆《しさ》や問題点の発見、説得力の向上に有効な10のキーワードを知っておきましょう。

「10のキーワード」を押さえておけば、事業検討がスムーズよ

順序や手順があれば検討しやすくなる

本書では、新規事業を構築していくアプローチやノウハウをさまざまな角度から述べてきましたが、いくつか頻出《ひんしゅつ》するキーワードがあったことに、あなたも気付いたことでしょう。それらを「10のキーワード」として次頁の表に整理してみました。

次頁の表にあるキーワードは、事業計画における検討の道筋や問題点の発見、説得力の向上に重要なポイントとして解説してきたことです。特に⑦～⑩のキーワードは、事業検討の前提となる**物事《ものごと》の示し方**に関するものです。本節では、この「物事の示し方」について考えていきます。

まずは、⑦の**順序や手順**についてです。物事には因果関係や論理、時系列や優先順位といった「つながり」があります。一見バラバラに思える物事でも、そのつながり方を考えて、一気通貫で順序や手順を示すようにすれば、検討がしやすくなり実現の道筋も意識しやすくなります。

新規事業の検討がうまく進まないという場合は、この「順序や手順」がおかしいことが多いようです。本書で紹介した「事業の中身を考える5つのステップ」

「キャッシュフローモデル構築の5つのステップ」「意思決定者のための新規事業の評価項目」などは、関連する課題の検討順序を示した例です。

フレームワークで全体像も俯瞰《ふかん》できる

⑧の**枠組みと全体像**とは、いわゆるフレームワークのことです。

何の手がかりもない暗中模索《あんちゅうもさく》の状態で情報を集めようとしてもキリがありません。新規事業の立ち上げでは、道に迷わないために必要な情報を整理した「地図」が必要になってきます。この「地図」が、フレームワークや枠組みと呼ばれるものです。新規事業では、たとえば次のようなものがあります。

・狙っている市場の変化
・新しい技術やその基盤
・ターゲット顧客の課題や不満、妥協点
・競合の動き
・必要な資源や資金
・事業運営の組織体制

新しい価値を生み出すための10のキーワード

検討と推進の視点	①組み合わせ	さまざまな組み合わせから新しい可能性を見出せないか？
	②新しい変化	その変化がどんな事業機会を生むのか、インプットが必要
	③提供価値	受け手が感じる機能的・経済的・心理的価値は？
	④モデル、パターン	どんなモデルやパターンを選択するか、組み合わせるか？
	⑤事実や根拠	メッセージを裏付ける情報はあるか？
	⑥巻き込み	ゼロから大きくしていくために何をすべきか？
物事の示し方	⑦順序や手順	プロセスを理解させて、検討や実行をスムーズにする
	⑧枠組みと全体像	フレームワークで情報を整理・分析し、今後の方向性を示唆する
	⑨集中と絞り込み	ターゲット顧客や資源を集中すべき点などを明確に示す
	⑩具体性と解像度	曖昧さを排除して、相手に伝わりやすくする

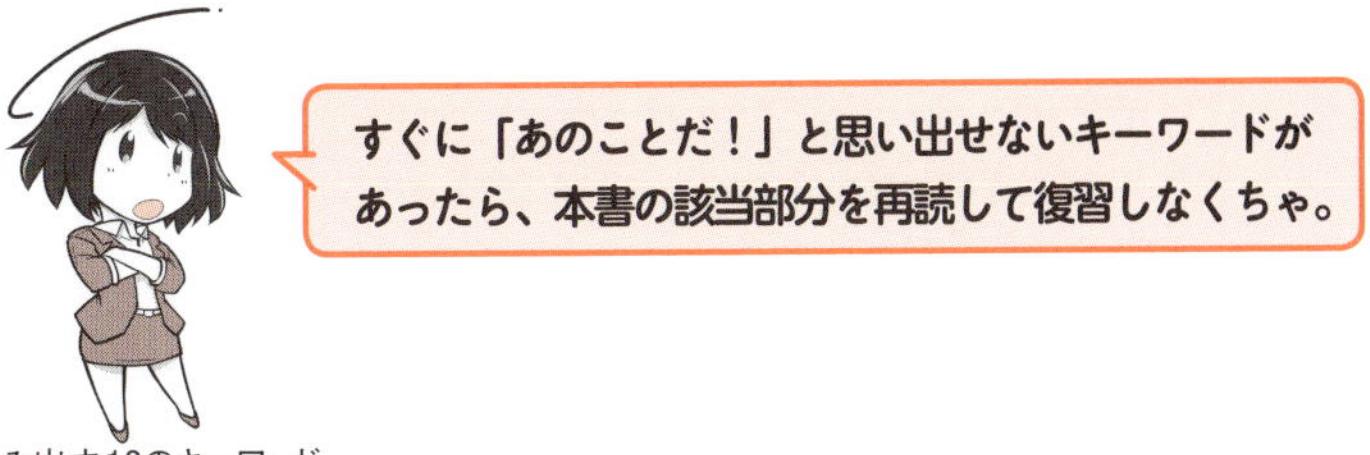
すぐに「あのことだ！」と思い出せないキーワードがあったら、本書の該当部分を再読して復習しなくちゃ。

これらの項目に沿って、それぞれの関連情報を分類・整理して示していくわけです。そうすることによって**検討漏れを防ぐ**ことができ、事業の**全体像も俯瞰**することができます。さらに、この枠組みと全体像を分析することで、気付いていなかった問題点を発見できたり、今後の方向性なども見えてきます。

絞り込んで攻めどころを示す

⑨のキーワードは、**集中と絞り込み**です。事業検討の初期段階では、物事の選択肢が多数出てきます。その選択肢をギュッと絞り込んでいかなければ、事業は前に進みません。

たとえば「ターゲット顧客」と言っても、「高齢者」とか「若い女性」程度では不十分です。高齢者とは、アクティブシニアなのか介護が必要な高齢者なのか、さらに家族と同居している高齢者なのか独居高齢者なのか、ターゲット顧客を絞り込んでいく必要があるのです。

ターゲットを絞り込むと市場が狭まるわけですが、

顧客が付いたら景色が変わる

やっぱり絞り込みって大事なんですね

そうだよ。事業推進の作業でも、あれもこれもでは話が進まないでしょ

でも、気になることはたくさんあるし、何に絞り込んだらいいですか？

何といっても「プロダクト」だよ。お客さんが評価して使ってくれないと、どうにもならないからね

「プロダクト」がダメじゃ、いくら宣伝をやっても仕方ないですもんね

いい製品を作って、それにお客さんが付いたら景色が変わるよ。実績が出たら、まわりも手のひらを返してくるものさ

それによってこれまでにないユニークな価値が見えてきます。ここは、第3章の「顧客市場を絞り込む（1）」（P116～）を参照してください。

また、事業の立ち上げには、ターゲット顧客以外にも、マーケティングやオペレーション、資金調達など、気になることがたくさんあります。しかし、結局は提供するプロダクトがよくないとどうにもなりません。活動初期の資源の集中先は、プロダクト開発とそのレベルアップに絞り込むことが重要となります。

このように新規事業では必要な物事を絞り込んで、**そこをピンポイントで攻める**ことでしか最初の扉は開きません。

具体性と解像度が必要

最後は⑩の**具体性と解像度**です。事業の立ち上げには、さまざまな関係者の賛同や支援が必要ですが、そのためには内容を具体的に相手に伝えなくてはいけません。「なんとなくよさそう」という程度では、人は動かないのです。

そこで、可能な限り**曖昧《あいまい》さを排除**した具体的な表現が必要になります。たとえば、製品・サービスの具体的イメージ、事業が成立する根拠、事業運営の具体的な方策などを端的に示して、具体性と解像度を向上させることが大切なわけです。

わからない点がある場合、「そのへんはぼかして提案しよう」と曖昧なままにしておくのはNGです。ごまかしても、気付く人は気付きます。わからないなら、顧客と現場に聞きに行きましょう。それをせずに事業の検討が進むということはあり得ません。現場には会議室で見えないことがたくさん転がっています。

本書のこれまでの内容を踏まえて、しっかり「物事の示し方」を身に付けておけば、検討の議論がスムーズに進むはず。P313に掲載した「10のキーワード」は、既存事業や日常業務でも役に立つ考え方だよ。

ハードルを乗り越えてイノベーションを起こそう！

イノベーションの必要性は、いくら強調しても足りません。まず一歩を踏み出す勇気をもちましょう！

最後は、「あきらめない」という強い意志をもつことね

イノベーションのための3つの心構え

経済学者のシュンペーターが唱えた**イノベーション**の定義は、「アイデアや技術をきっかけとして、人、組織、社会が幅広く変革されること」というものです。つまり、個人から社会まで多くの人々を巻き込みながら、世の中を新しい価値で塗り替えていくことがイノベーションなのです。

社会を変えてしまうイノベーションも、最初は小さな発想から始まります。その流れを次頁の図で見ていきましょう。

情報をまずインプットして、その情報のさまざまな組み合わせによって、事業コンセプトが出てきます。出てきた事業コンセプトに「儲《もう》けの仕組み」が加わってビジネスモデルが構築され、周囲の協力者やアーリーアダプターを巻き込んで新規事業が立ち上がります。この流れにマジョリティ層や競合も巻き込んでいくことで、イノベーションが実現するわけです。

このようにイノベーションを起こそうというとき、必要な心構えが3つあります。

- **見えないものを見る**
- **やるとしたらどうやるか**

●断固たる決意とついていきたくなる人間性をもつ

イノベーションにつながる新規事業が難しいというのは、**見えないものを見る**ことが必要だからです。

新規事業は、「潜在的な顧客」を狙って「今までにない価値」を提供するものなので、これまでのやり方や経験に頼っていては、顧客の課題もその課題の解決策も見えてきません。そうしたことを見えるようにするには、ヒアリングや検証を繰り返しながら、**試行錯誤の取り組み**をしていかなければならないのです。

全力で「どうやるのか」を考え抜く

新しい価値を生み出すには、大《おお》風《ぶ》呂《ろ》敷《しき》を広げる必要があります。**普通に考えたらできないような発想**に顧客が驚き、競争力が生まれるのです。

事業アイデアが革新的であればあるほど、実現には難問が立ちはだかります。けれど、難問を解決するノウハウを見出せれば、そのノウハウが独自の強みとなり、競合を寄せ付けない参入障壁ともなります。

つまり、難しい事業アイデアを排除するのではなく、

イノベーションを実現する4つのステップ

インプット	組み合わせ	モデル化	巻き込み
●変化や予兆 ●他業界のビジネスモデルや事例 ●現場・現物・現実 ●顧客と競合	●離れた事柄を組み合わせる ●コンセプトを示す ●提供価値を明確化 ●非常識に思えるものに着目	●ビジネスモデルを構築 ●やるならどうやるか ●ブレイクスルーを生む ●独自の強みをもつ	●人とのつながり ●根回しとすり合わせ ●トライアンドエラー ●めげない・こりない姿勢

非常識に思える事業コンセプト、ブレイクスルーといったことが、イノベーションにつながるのね。

むしろ実現が難しい事業アイデアだからこそ、チャレンジする価値があるのです。

イノベーションを目指すならば、「やるか、やらないか」で検討してはいけません。**やるとしたらどうやるか**を全力で考えることが重要なのです。新しいことを始めるには、さまざまな課題やハードルがつきものです。それを知恵と勇気でブレイクスルーしていくのが、新しい価値を生み出すということです。

人とのつながりが不可能を可能にする

新規事業の開発は、続々と湧いてくる問題と失敗の連続です。小さな問題であっても、それで全体が止まってしまうこともあります。けれど、そこであきらめずに臨機応変に対処できるか、失敗から学んで改善を繰り返していけるかどうかが大切です。

そうした苦難を乗り越えるためには、**断固たる決意**と**志《こころざし》の強さ**が必要です。どんなに実現が不可能に見えても、その事業が内包している大きな価値をしっかり認識できていれば、「必ず実現させる」「解決策が見

めげない、こりない、あきらめない

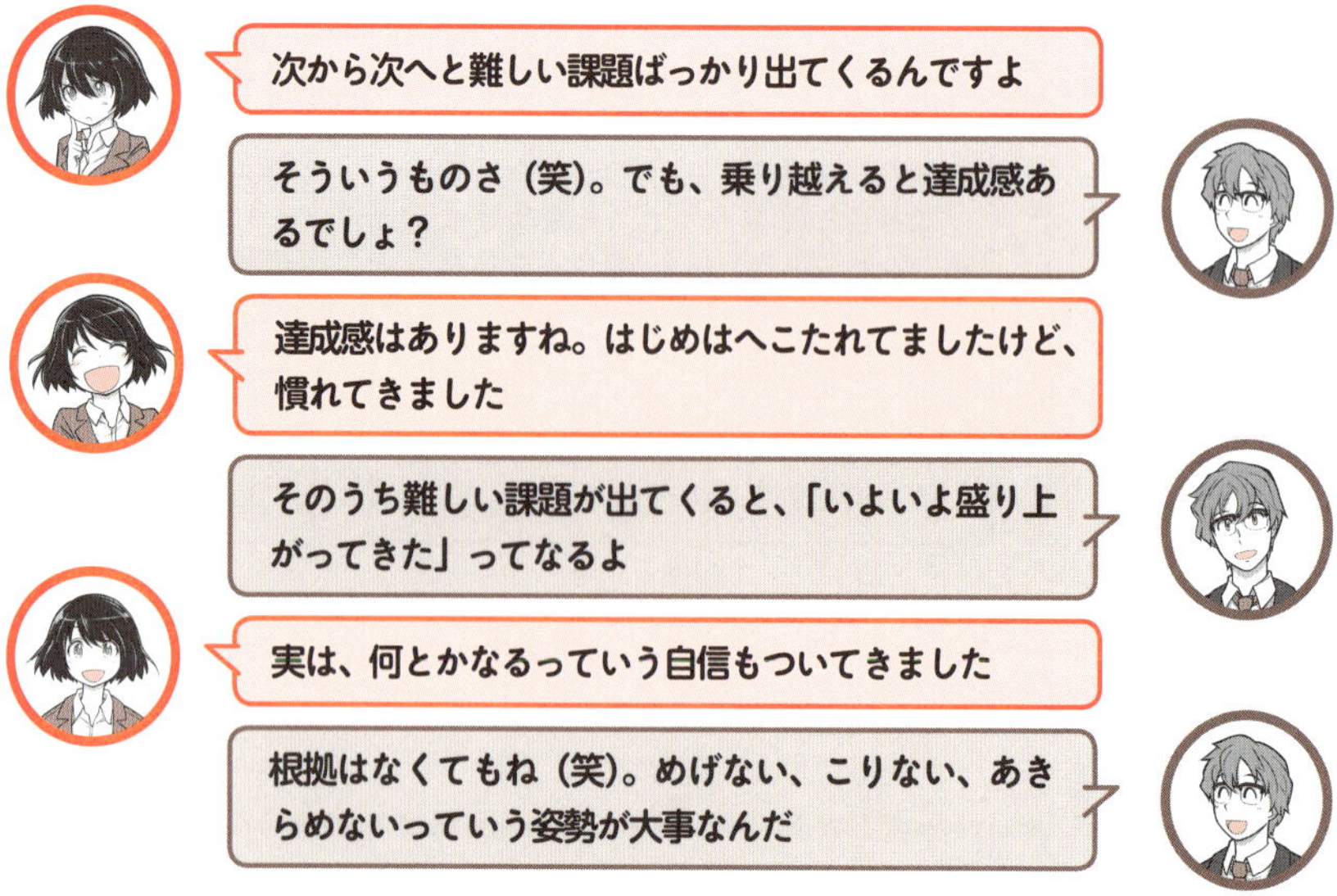
次から次へと難しい課題ばっかり出てくるんですよ
そういうものさ（笑）。でも、乗り越えると達成感あるでしょ？
達成感はありますね。はじめはへこたれてましたけど、慣れてきました
そのうち難しい課題が出てくると、「いよいよ盛り上がってきた」ってなるよ
実は、何とかなるっていう自信もついてきました
根拠はなくてもね（笑）。めげない、こりない、あきらめないっていう姿勢が大事なんだ

つかるまでやり続ける」という意志が生まれてくるはずです。

もうひとつ、不可能に思えることを可能にするカギは**人とのつながりを広げる**ことです。

ひとりでできることには限界があります。発想が実現できるかどうかは、ひとりで決めつけないことです。衆知を集めれば思いもよらない解決策が出てきて、実現の可能性が見出せるかもしれません。

人とのつながりを広げられるかどうかは、**その人の人間性**にかかっています。虚勢《きょせい》を張ったり、うまく立ち回ろうとして、あちらこちらで言っていることが違うようでは信用されません。また、損得勘定の判断も人によって相性がありますが、短期的な儲けで判断していては大をなすのは難しいでしょう。真摯《しんし》で無私な姿勢や謙虚《けんきょ》さがないと、優秀な人材はついてきません。

問われるのは自らを変える勇気

どんな事業も永遠には続きません。予期せぬ競合の出現や顧客の離反は、いつでも起こり得ます。そのときになってから新しいことを始めようとしても手遅れですし、チャンスを見つけても手を出さなければ、それまでです。生き残るためには、そうなる前に自らを変え、**こちらからイノベーションを起こしていく**ことです。

そうは言っても、なかなか難しいと思ってしまう人もいることでしょう。しかし、楽をしてうまくいく方法などありません。変化のハードルを懸命に乗り越えていくしかないのです。

もちろん、自らを変えるか変えないかは自由です。さて、あなたはどちらを選択しますか。

企業が今後も生き抜くには、イノベーションの実現が不可欠！　困難な課題を解決してイノベーションを実現できるかどうかは、小手先のテクニックではなく、あきらめない断固たる意志があるかどうかなんだ。

●著　者●
秦充洋（はた・みつひろ）
ミレニアムパートナーズ代表取締役として、ライフワークである起業家の育成、大企業の新規事業支援などに携わる。事業開発支援サービス「BDスプリント」プログラムディレクター。過去、ボストンコンサルティンググループ（BCG）にて既存事業の見直し、新規事業、人事組織戦略、M＆Aなど、プロジェクトマネジャーとして幅広いプロジェクトを指揮。
その後、医療従事者向け情報サービス・（株）ケアネットを共同創業、副社長として放送事業、資金調達、人事ほか実務全般を統括、同社は東証マザーズ上場。またグロービス経営大学院講師を経て、現在は一橋大学ビジネススクール（HUB）および早稲田大学ビジネススクール（WBS）講師。1967年生まれ。一橋大学商学部卒。

◆事業開発支援サービス「BDスプリント」ご案内・お問い合わせ
URL　http://www.millenniumpartners.co.jp/bds/
Email　bdsprint@millenniumpartners.co.jp

◆その他企業研修やオープンセミナーのお問い合わせ
URL　https://www.facebook.com/millenniumpartners/
Email　info@millenniumpartners.co.jp

●スタッフ●
マンガ　増田慎
ストーリー　海山幸
本文デザイン　ごぼうデザイン事務所
編集協力　株式会社エディポック
編集担当　田丸智子（ナツメ出版企画株式会社）

ナツメ社Webサイト
http://www.natsume.co.jp
書籍の最新情報（正誤情報を含む）は
ナツメ社Webサイトをご覧ください。

プロ直伝《じきでん》！　成功《せいこう》する事業《じぎょう》計画書《けいかくしょ》のつくり方《かた》

2015年 9月 1日　初版発行
2019年 8月20日　第15刷発行

著　者　秦《はた》 充洋《みつひろ》
発行者　田村 正隆

© Hata Mitsuhiro, 2015

発行所　株式会社ナツメ社
東京都千代田区神田神保町1-52　ナツメ社ビル1F（〒101-0051）
電話　03（3291）1257（代表）　FAX　03（3291）5761
振替　00130-1-58661
制　作　ナツメ出版企画株式会社
東京都千代田区神田神保町1-52　ナツメ社ビル3F（〒101-0051）
電話　03（3295）3921（代表）
印刷所　ラン印刷社

ISBN978-4-8163-5890-6　Printed in Japan

本書に関するお問い合わせは、上記、ナツメ出版企画株式会社までお願いいたします。

〈定価はカバーに表示してあります〉
〈乱丁・落丁本はお取り替えします〉

本書の一部または全部を著作権法で定められている範囲を超え、ナツメ出版企画株式会社に
無断で複写、複製、転載、データファイル化することを禁じます。